COLLECTION TEL

Hans Magnus Enzensberger

Politique et crime

NEUF ÉTUDES

Traduit de l'allemand
par Lily Jumel

Gallimard

Titre original :

POLITIK UND VERBRECHEN

Réflexions devant une vitrine

1. *Définitions.*

Ce qu'est un crime, nous le savons sans le savoir. L'*Encyclopaedia britannica* nous donne là-dessus les indications suivantes : « *Crime...*, désignation générale d'infractions à la *législation criminelle* (s. d.). On a défini le crime comme un " mépris ou un refus des normes du comportement, que par ailleurs la collectivité considère comme obligatoires ". Sir James Stephen le décrit comme une " action ou omission pour laquelle la personne qui s'en rend coupable peut être punie par la loi " » [1] [1]. La définition qu'en donne Thomas Hobbes n'est pas très différente ; il écrivit il y a trois cents ans : « Un *crime* est un péché que commet celui qui, par les actes ou la parole, fait ce que la Loi défend ou s'abstient de faire ce qu'elle ordonne » [2]. La structure tautologique de ces paragraphes est évidente et, comme toutes les tautologies, elle est réversible : ce qui est puni est un crime, ce qui est un crime est puni ; tout ce qui est punissable mérite d'être puni et vice versa. Le modèle syntactique de ce genre de définitions doit être recherché dans le dogme biblique : « Je suis Celui qui est ! » Elles placent le législateur au-delà de toute logique, au-dessus de tout raisonnement. Le droit codifié s'approprie cette forme de langage. Dans le Code allemand, il est dit tout simplement : « Un acte menacé de prison ou d'une incarcération de plus de cinq ans est un crime. »

1. Les références et notes sont à consulter en fin de volume.

Les avantages pratiques d'une définition excluant toute discussion ne sont pas minces. Elle dispense une fois pour toutes l'exercice de la juridiction de poser la question du crime en soi et repasse le travail théorique sous forme de spécialité à des esprits sagaces. Dans les écoles, on s'est livré à de longues considérations sur « la notion matérielle du crime » sans qu'il en soit résulté rien de très concluant. Comment s'en étonner quand la législation criminelle elle-même n'est pas non plus un système concluant, mais un ramassis hautement hétérogène et souvent bizarre où se sont historiquement entassées des dispositions destinées à protéger les « biens légitimes » et les intérêts les plus divers, les conceptions des tabous et des morales les plus variées et de simples règles du jeu pragmatiquement sans valeur ?

Au surplus, les jurisconsultes se trouvent dans un cas très ordinaire. Plus un phénomène est général, plus il est fondamental, plus leur conception est vague. Tout le monde (et personne) sait expliquer ce qu'est une nation (quoique chacun le fasse d'une manière différente). Tout le monde connaît l'argent, beaucoup savent le manier, mais les économistes ne parviennent pas à se mettre d'accord sur la question de savoir ce que c'est. Qu'est-ce que la santé ? La médecine fait des suppositions. Qu'est la mort ? Les biologistes répondent par des propositions.

Dans des cas de ce genre, mieux vaut peut-être descendre dans la rue et interroger les dix premiers passants que l'on rencontre. La réponse la plus fréquente n'est pas une définition, mais un exemple et, assez curieusement, toujours le même : « Un crime, c'est par exemple un meurtre. » La fréquence de cette réponse n'offre aucun rapport avec les statistiques criminelles, dans lesquelles des délits complètement différents jouent le rôle principal. Bien qu'il soit relativement rare, le meurtre, dans la conscience populaire, tient une position clef. C'est à travers son exemple que l'on commence enfin à saisir ce qu'est un crime.

Les romans et les films policiers, reflets de cette conscience populaire, confirment que l'assassinat occupe la place centrale ; mieux, qu'il est pour ainsi dire confondu avec la notion du crime.

Que le meurtre soit le crime originel, le crime capital, le crime en soi ressort de la loi du talion et du châtiment qu'elle préconise : cette punition, la plus ancienne, la plus radicale et, jusque très tard dans le Moyen Age, la punition fondamentale, c'est-à-dire la peine de mort, présuppose ce qu'elle veut faire payer : le meurtre.

2. *Anthropologie du crime.*

Nous ne possédons aucune donnée sérieuse sur l'origine historique du crime. On trouve des « violateurs de la justice » dans les sociétés primitives actuellement accessibles à l'observateur, et cela même quand les règles codifiées manquent. Dans les documents relatifs aux époques les plus reculées de l'humanité, le meurtre joue un rôle considérable. Comme l'état originel de la société ne peut d'aucune façon être empiriquement concevable, toute recherche concernant son histoire demeure hypothétique. Restent à la disposition du chercheur les sources suivantes : la science du comportement biologique (laquelle, à vrai dire, ne permet que certaines déductions sur l'attitude humaine) ; l'ethnologie, la science des mythes et aussi la psychanalyse.

C'est à Sigmund Freud que l'on doit l'hypothèse classique du « premier crime ». Elle découle de la « horde primitive » de Darwin : « Un père violent, jaloux, qui garde pour lui toutes les femelles et chasse les fils adolescents, rien de plus. » Le crime en soi est décrit de la manière suivante :

« Un jour, les frères chassés se sont réunis, ont tué et mangé le père, ce qui a mis fin à l'existence de la horde paternelle. Une fois réunis, ils sont devenus entreprenants et ont pu réaliser ce que chacun d'eux, pris individuellement, aurait été incapable de faire. L'aïeul violent était certainement le modèle envié et redouté de chacun des membres de cette association fraternelle. Or, par l'acte d'absorption, ils réalisaient leur identification avec lui, s'appropriant chacun une partie de sa force. Le repas totémique, qui est peut-être la première fête de l'humanité, serait la reproduction et comme la fête commémorative de cet acte mémorable et criminel qui a servi de point de départ à tant de choses : organisations sociales, restrictions morales, religion » [3].

Cette hypothèse présuppose l'objection évidente qu'il ne peut être question de crime là où il n'y a pas de loi. Ce genre de scrupule est juridique et non philosophique ; il tourne court ; la question spécieuse à laquelle il aboutit ressemble à celle de la priorité de la poule ou de l'œuf. Ce n'est qu'à la faute, en tant que limite, que peut se définir le droit, qu'il peut être reconnu comme tel. Les « restrictions morales » ne doivent être considérées que comme une riposte à une provocation. En ce sens, le crime originel est sans aucun doute un acte créateur. (Walter Benjamin a traité de sa puissance pour la mise en vigueur de la Loi dans son ouvrage *Zur Kritik der Gewalt* — « Contribution à la critique de la puissance ».)

L'hypothèse que Freud exposa dans son étude sur *Le Retour infantile du totémisme* est à la fois célèbre et inconnue ; pour des raisons bien simples. Freud s'est fait peu d'illusions sur la résistance à laquelle se heurterait sa tentative de faire « remonter le début de nos propriétés culturelles, desquelles nous sommes à bon droit si fiers, à un crime abominable qui offense tous nos sentiments ». Si l'on excepte les savants spécialisés dans la question, son « Mythe scientifique » n'a même pas été discuté, mais tout bonnement ignoré [4]. Il y a beau temps que ce ne sont plus en premier lieu les tabous sexuels qui s'opposent à l'acceptation de sa thèse, mais leurs conséquences sociales et politiques. Plus ces conséquences apparaissent historiquement évidentes, plus on s'entête à les refouler.

3. *Politique et assassinat.*

Donc, l'acte politique originel, si nous en croyons Freud, se confond avec le crime originel. Il existe entre le meurtre et la politique une vieille, étroite et obscure relation. Il a été conservé jusqu'ici dans la structure fondamentale de tous les gouvernements ; et le gouvernement appartient à quiconque peut faire tuer les personnes sur lesquelles il règne. Le souverain est le « survivant ». Cette définition est d'Elias Canetti, à qui nous devons une remarquable phénoménologie du gouvernement [5].

A l'heure présente, le langage de la politique reflète encore l'acte criminel qui l'a fondée. Dans les luttes électorales, si inoffensives et civilisées soient-elles, l'un des candidats « bat » l'autre (ce qui signifie en réalité qu'il l'abat, le tue) ; un gouvernement est renversé (c'est-à-dire à terre, écrasé) ; les ministères « tombent ». Ce qui s'est symboliquement conservé dans ces expressions se développe et se réalise dans les situations sociales extrêmes. Aucune révolution ne peut s'abstenir de tuer l'ancien souverain. Elle est obligée de rompre le tabou qui défend aux dominés de s'attaquer à lui ; car, seul « quiconque a réussi à transgresser cette interdiction acquiert lui-même le caractère de ce qui est défendu » [6]. Le « Mana » du souverain tué passe à son meurtrier. Jusqu'ici, toutes les révolutions ont été contaminées par l'ancien état prérévolutionnaire et ont hérité de la structure fondamentale du gouvernement contre lequel elles se sont élevées.

4. *Contradiction.*

Les organisations sociales les plus « progressistes », les plus « civilisées » prévoient, elles aussi, le meurtre d'êtres humains par d'autres êtres humains, mais dans des cas extrêmes, comme, par exemple, la révolution ou la guerre. D'autre part, la structure fondamentale du gouvernement ne s'étale pas au grand jour, elle reste cachée. Après comme avant, l'ordre est une « condamnation à mort suspendue » (Canetti). Mais cette condamnation n'est exprimée que comme une menace perpétuellement remise, elle n'existe que virtuellement [7]. Cette restriction apparaît institutionnellement établie dans l'Histoire sous le nom de « droit ».

Que le droit, comme tout ordre social, repose sur le crime originel, qu'il soit fondé sur la Faute — c'est là une contradiction que toutes les philosophies juridiques se sont efforcées de résoudre : en vain ! Car, jusqu'ici, toute règle de droit est à la fois une protection contre l'autorité et son instrument. Peut-être pourrait-on concevoir toute l'histoire du droit comme celle de sa séparation d'avec la sphère politique. Ce processus colossal ne peut être démêlé que par des spécialistes compétents ; toutefois, il semble que l'on n'ait pas réussi à trouver la solution des contradictions intimes de sa raison d'être, qu'il traîne à sa suite. La séparation d'avec les pouvoirs exécutif, juridique et législatif ; l'indépendance et l'inamovibilité des juges ; la dissociation du ministère public d'avec le Parquet et son instauration en « partie » ; la multiplicité des garanties assurées par le droit judiciaire : tout cela représente des médiations d'une valeur inestimable. Néanmoins, le souverain demeure toujours en même temps la plus haute instance de la Justice, et le juge, en tant que « personnage impartial », est toujours en même temps serviteur de l'Etat.

C'est dans le problème du châtiment que cette double nature du droit apparaît avec le plus de netteté. Si chaque commandement est une « condamnation à mort suspendue », la punition qui en résulte, quelque adoucie qu'elle soit, en représente l'exécution. La mort est le châtiment le plus ancien, le plus considérable ; c'est le châtiment en soi. Le supprime-t-on, d'obscures représentations religieuses et magiques, le devoir et le droit qu'a l'Etat de punir passent dans le champ de la supériorité rationnelle. Avec la peine de mort, le châtiment prête tout bonnement à discussion ; ce qui explique pourquoi les esprits et les constitutions sont divisés à son propos. Cela suffit à motiver la passion avec laquelle on se bat pour ou contre elle. Ce n'est ni la possibilité des erreurs judiciaires ni la simple pitié pour les suppliciés, encore moins l'intention de protéger la société contre les criminels qui alimentent cette querelle. Peu importe ce que prétendent les partisans de la peine de mort ; une nuance d'hystérie trahit leur désir d'une autorité absolue avec laquelle ils peuvent s'identifier. Ce qui est interdit à l'individu, c'est-à-dire de mettre d'autres êtres humains « hors d'état de nuire » — donc, de les tuer —, lui est permis en tant que membre de la collectivité. De là provient la curieuse *mystique* qui l'accompagne : celle d'un rite. Qu'autrefois la peine de mort s'accomplît en public est tout à fait logique ; la mise à mort au nom de tous ne peut avoir lieu que publiquement, car tous y ont leur part ; le bourreau n'est que notre exécuteur.

L'abolition de la peine de mort, conçue jusqu'au bout, transformerait la nature de l'Etat. Elle est une anticipation de contrats sociaux desquels nous sommes très éloignés. Elle retire à l'autorité de l'Etat le pouvoir de décider de la vie ou de la mort de l'individu. Et ce pouvoir est le noyau même de la souveraineté.

5. *Souveraineté*

L'historien allemand Heinrich von Treitschke a écrit : « La souveraineté au sens juridique du mot, la complète indépendance de l'Etat de tout autre pouvoir sur terre, fait tellement partie de son essence que l'on peut dire qu'elle est le critérium de la nature de l'Etat » [8]. Le pouvoir de cette mystification demeure immuable, bien que, de toute évidence, il n'ait jamais existé de souveraineté prise dans ce sens. De cette idée, il découle que l'Etat est au-delà de tout droit, c'est-à-dire au-dessus de lui. Pour qui s'en tient à cette conception, il ne peut pas y avoir de droit des gens. La souveraineté et le droit des gens s'excluent mutuellement.

Un ouvrage de références de 1959 constate à ce sujet : « L'existence actuelle d'un droit des gens paraît très douteuse... Ce que l'on a jusqu'ici appelé droit des gens — ou droit international — s'est essentiellement borné à développer des règles diplomatiques destinées à l'échange d'explications et à établir les règles du jeu en cas de guerre... Il n'existe pas encore de normes sociales obligatoires entre Etats » [9].

L'expression la plus absolue de la souveraineté de l'Etat telle que la conçoit Treitschke est, à l'intérieur et dans ses rapports avec l'individu, la peine de mort ; à l'extérieur, et dans ses rapports avec d'autres Etats, la guerre. Si l'Etat, dans son rôle de souverain placé au-dessus du droit, peut tuer les individus, il peut également, en son nom et en leur nom, en faire tuer beaucoup, sinon tous, et faire de l'accomplissement de cet acte de souveraineté un devoir pour tous les citoyens.

« Chaque ressortissant d'une nation, écrivait Freud à propos de la Première Guerre mondiale, peut, avec horreur, constater au cours de cette guerre ce dont il avait déjà eu une vague intuition en temps de paix, à savoir que si l'Etat interdit à l'individu le recours à l'injustice, ce n'est pas parce qu'il veut supprimer l'injustice, mais parce qu'il veut monopoliser ce recours comme il monopolise le sel et le tabac. L'Etat en guerre se permet toutes les injustices, toutes les violences dont la moindre déshonorerait l'individu... Qu'on ne vienne pas nous dire que l'Etat ne peut pas renoncer à avoir recours à l'injustice, car, s'il y renonçait, il se mettrait en état d'infériorité. Se conformer aux normes morales, renoncer à l'activité brutale et violente est, pour l'individu, aussi peu avantageux que pour l'Etat, et celui-ci se montre rarement disposé à dédommager le citoyen des sacrifices qu'il exige de lui » [10].

Plus que par la violence dont les Etats nationaux ont déjà fait preuve dans la Première Guerre mondiale, nous sommes surpris aujourd'hui par l'étonnement bourgeois face à son œuvre et à sa catastrophe. La plus simple réflexion démontre que le meurtre privé, au cours des temps historiques, n'a jamais pu se comparer au meurtre public. Tous les crimes violents, de Caïn à Landru, ne pèsent rien dans la balance, comparés aux torts causés par les guerres de Succession européennes au XVIIe siècle ou les actes de domination coloniale pendant une seule décennie.

De telles réflexions passent, bien entendu, pour du dilettantisme. Les hommes d'Etat et les juristes faisant autorité ne s'y sont jamais arrêtés longtemps. Cette réserve est compréhensible. La relation entre la politique et le crime n'a jamais été complètement oubliée. Il s'en était conservé aussi comme une sorte d'intuition au XIXe siècle. Refoulé aux extrêmes limites du conscient et, ainsi, aux extrêmes limites de la société, le problème est devenu le domaine des « outsiders ». Quiconque, tel Freud, a voulu s'en occuper se trouve en douteuse compagnie, au nombre des grands hérétiques et des petits quérulents, des ratés et des exploités, des saints curieux et des sectaires de toutes couleurs. Plus une société est sûre de ses postulats, moins elle admet que les « outsiders » les mettent en doute. Le XIXe siècle bourgeois a su étouffer toutes les attaques à main armée perpétrées contre sa forme de gouvernement, mais a autorisé les discussions les plus radicales de ses fondements comme un passe-temps bon pour les utopistes. Ce n'est pas pour rien qu'aujourd'hui encore, on considère comme le comble du ridicule de réformer le monde, alors que les efforts contraires peuvent toujours compter sur une certaine estime. C'est par le ridicule, notamment, que se verra puni quiconque voudrait prendre au sérieux les enseignements de la Seconde Guerre mondiale. Seulement, le ridicule ne tue pas. Les matraques de caoutchouc et les dossiers, appelés à la rescousse, en sont une preuve.

6. *Epoque.*

Quiconque voudrait savoir à quelle époque il vit n'a, aujourd'hui, qu'à ouvrir n'importe quel journal. Il apprendra : qu'il se trouve au siècle de la fibre synthétique, du tourisme, des épreuves sportives ou du théâtre absurde. En conjonction avec cette ambiance, le conscient industrieux a su faire fi de la loi qui veut que notre époque soit baptisée des noms d'Auschwitz et d'Hiroshima. Vingt ans après ce baptême, cette loi est déjà devenue un lieu commun tiré d'une chronique de la civilisation. D'authentiques lois tombent aujourd'hui en désuétude avant même que d'avoir pu s'épanouir et sont traitées comme des biens de consommation éphémères que l'on jette à volonté et remplace par des modèles plus récents. Tout ce qui s'exprime paraît être soumis à ce processus de vieillissement artificiel ; on croit se débarrasser d'une loi en la mettant au rancart. Mais il est plus facile de se défaire d'une marchandise que d'une vérité.

Ce qui s'est passé durant les années quarante ne vieillit pas ; au lieu de s'enfoncer dans la nuit des temps, cela nous tombe dessus et nous oblige à une révision de toutes les notions et de tous les rapports humains ; nous ne pouvons imposer notre conception ancienne de la justice et de l'injustice, du crime, de l'Etat, qu'au prix d'un perpétuel danger de mort pour nous et notre descendance.

Que les Etats nationaux modernes et leurs partisans soient moralement capables de tout n'est pas une découverte : dès le siècle dernier, les porte-parole de l'impérialisme l'ont proclamé avec orgueil. Depuis lors, nous savons aussi qu'ils sont également capables de tout, techniquement parlant. L'antique relation entre le crime et la politique, les contradictions intérieures du droit, la mégalomanie de la souveraineté les obligent à se faire de plus en plus violents et ils finissent par « éclater », au sens littéral, explosif du mot.

Rien ne peut demeurer comme c'était et c'est encore. Mais la révision à laquelle nous sommes obligés, chacun le sait, sous peine de suicide, ne fait que commencer et, déjà s'apprête, pour emprunter le jargon hautement spécialisé de la « domination », à étouffer. La réalité du nom d'Auschwitz doit être exorcisée comme si elle appartenait au passé, mieux, au passé national : non à un présent et un avenir communs. On se sert pour cela d'un rituel compliqué d'auto-accusations locales ne comportant aucune suite. Ce rituel veut en finir d'un événement qui a révélé au grand jour les sources de la politique telle qu'elle a été pratiquée à ce jour (ce qui revient, en fin de compte, à dire l'oublier) sans avoir à en tirer les conséquences logiques auxquelles seraient contraints les participants (il n'y a pas de non-participant). Il est clair qu'une telle « domination » ne peut qu'être stérile, qu'elle est incapable d'en résoudre les conséquences les plus superficielles et les plus évidentes. A plus forte raison qu'elle parvienne à supprimer les postulats qui ont rendu cet événement possible. L'idée fixe de la souveraineté n'est pour ainsi dire pas ébranlée pour autant. Après comme avant, le « caractère même de l'Etat, c'est de ne pouvoir tolérer aucune puissance supérieure au-dessus de lui » (Treitschke). Après comme avant, la souveraineté, envisagée sous cet angle, passe pour « le critérium de la nature même de l'Etat » ; sauf qu'aux yeux des « leaders » politiques et militaires allemands, quinze ans après la défaite allemande et l'anéantissement d'Hiroshima, le critérium de ce critérium est devenu la possession de l'engin nucléaire.

Mais cet engin est le présent et l'avenir d'Auschwitz. De quel droit quiconque, disposant de toutes sortes de moyens scientifiques et industriels lui permettant de projeter et de préparer soigneusement le génocide de demain, veut-il condamner, voire « dominer » le génocide d'hier ? L'engin fait tomber des mains de ses maîtres (en fait, ses serviteurs...) toutes les raisons tirées de l'arsenal des idéologies en honneur dont ils se sont armés. Il ne peut pas servir à la défense de droits et de libertés ; au contraire, par sa seule existence, l'engin tient suspendus tous les droits humains : le droit d'aller se promener, le droit de fonder des partis, le droit de travailler ou de manger — ils n'existent, comme tous les autres, que sous sa protection, c'est-à-dire sous sa menace, à sa convenance, et sont en train de devenir une simple marque de bienveillance qui peut à tout moment être contremandée. C'est également ainsi que l'engin supprime toutes les libertés politiques et n'autorise la démocratie qu'avec des réserves qui l'épuisent. Comme l'a démontré aux pires aveugles la crise cubaine, il retire une fois pour toutes aux Parlements les véritables décisions et les met entre les mains d'un petit nombre d'individus dont chacun est plus puissant, plus solitaire, peut et doit décider plus irrévocablement que n'importe quel despote de l'Histoire. Tout appel au système coercitif de la stratégie est impuissant. Les nazis avaient aussi leur système coercitif. (Hannah Arendt, entre autres, l'a décrit avec toute la précision imaginable.) Non moins paranoïde que l'idée obsessionnelle de la « conjuration juive mondiale », le principe de la course aux armements poursuit un but trop connu pour que l'on ait encore besoin de s'en enquérir. L'engin n'est pas une arme dans la lutte des classes ; ce n'est pas plus une arme capitaliste qu'une arme communiste ; ce n'est pas du tout une arme, pas plus que ne l'est une chambre à gaz.

Cela étant — ou plus précisément, étant donné les conditions qui règnent depuis vingt ans dans notre univers, quiconque a des lois à imposer ou des droits à exprimer se trouve dans une curieuse situation. Cette situation est facile à élucider. Ce ne sont pas les exemples qui manquent.

7. *Premier exemple : protection des animaux.*

Décret concernant l'abattage et la conservation de poissons vivants et autres animaux à sang froid — en date du 14 janvier 1936.

« § 2 (1). — Les écrevisses, homards et autres crustacés dont la chair est destinée à la consommation humaine doivent être tués de manière qu'ils soient autant que possible jetés séparément dans l'eau bouillante. Interdiction de les plonger dans l'eau froide ou tiède pour ne les faire cuire qu'ensuite. »

Dépêche de Berlin n° 234404, en date du 9 novembre, adressée à tous les postes et commissariats de police de l'Etat.

« 1. On va très prochainement entreprendre dans tout le pays des actions contre les juifs et surtout leurs synagogues. On ne devra en aucun cas s'y opposer...

» 3. Se préparer à l'arrestation de 20 000 à 30 000 juifs dans tous les pays. Choisir d'abord les juifs riches. Des instructions plus détaillées seront publiées au cours de la nuit... »

» Gestapo II. — Signé Müller » [11].

Décret concernant la protection des plantes sauvages et les animaux que l'on ne chasse pas ; en date du 18 mars 1936.

« § 16 (1). — Les propriétaires fonciers, les personnes revêtues d'un droit de jouissance ou leurs mandataires sont autorisés à capturer sans leur faire de mal et à prendre en charge les chats étrangers ou sans surveillance qui seraient découverts durant un laps de temps allant du 15 mars au 15 août et aussi longtemps que durera l'enneigement des jardins, vergers, cimetières, parcs et établissements analogues. Les chats recueillis devront être convenablement traités... »

Dépêche de Varsovie n° 663/43 du 24 mai 1943, adressée aux officiers supérieurs des SS et de la police de l'Est.

« 1. D'un total de 56 065 juifs appréhendés, 7 000 ont succombé à la suite de la grande action entreprise dans l'ancien quartier juif. Pendant le transport à T. II, 6 929 juifs sont morts, en sorte que, dans l'ensemble, 13 929 juifs ont été anéantis. On estime en outre qu'en plus de ce nombre de 56 065, 5 000 ou 6 000 juifs ont perdu la vie à la suite des explosions ou des incendies... Le « Führer » des SS et de la police du district de Varsovie. Signé : Stroop [12].

Extrait des entretiens d'Himmler avec son masseur :

« Comment pouvez-vous prendre un plaisir quelconque à tirer sur ces pauvres animaux en train de brouter avec tant d'innocence, qui sont là, sans défense, dans la forêt, et ignorent ce qui les attend, monsieur Kersten ? C'est, en fait, de l'assassinat tout pur... La nature est si belle et les animaux ont bien le droit de vivre. C'est cette manière de voir que j'admire tant chez nos ancêtres... Ce respect des bêtes se retrouve chez tous les peuples indo-germains. J'ai appris l'autre jour avec le plus grand intérêt qu'aujourd'hui encore, les moines bouddhistes ne se promènent jamais le soir dans la forêt sans s'être munis d'une petite clochette, pour inciter les petits animaux qu'ils pourraient écraser sans les voir à s'écarter de leur chemin afin de ne pas leur faire de mal. Quand on pense que chez nous on n'hésite pas à marcher sur les limaces et qu'on écrase les vers ! » [13].

Discours d'Heinrich Himmler aux SS-Gruppenführern, à Posen, en date du 4 octobre 1943 :

« ... La plupart d'entre vous savent ce que représente cent cadavres entassés, quand trois cents, voire mille autres gisent sur le sol. Avoir tenu bon à travers tout cela et — à de très rares exceptions près, dues à une faiblesse bien humaine — n'en être pas moins demeuré honnête, cela nous a rendus durs. C'est là une glorieuse page de notre histoire qui n'a pas encore été et ne devra jamais être écrite » [14].

Décret concernant la protection des plantes sauvages et des animaux que l'on ne chasse pas :

« § 23 (1). Afin de protéger les bêtes sauvages qui ne sont pas des bêtes de chasse, il est interdit :

« 1° De les capturer ou de les tuer en masse sans un motif raisonnable et justifié. »

8. *Deuxième exemple. Jeu des planifications.*

En avril 1961, a commencé devant le Tribunal suprême de Jérusalem le procès de l'ancien *Obersturmbannführer* A. Eichmann. L'accusation n'allait pas jusqu'à prétendre que le prévenu avait fait fonctionner de ses mains les fours à gaz. Eichmann a minutieusement et consciencieusement mis au point l'assassinat de six millions d'êtres humains.

En cette même année 1961 a été publié à Princeton, New Jersey, un ouvrage dû à la plume du mathématicien, physicien et théoricien militaire Herman Kahn, *On Thermonuclear War* (« A propos de la guerre nucléaire »). Dans ce livre, on trouve le tableau suivant :

TRAGIQUES MAIS PRÉVISIBLES BILANS D'APRÈS GUERRE

Morts.	*Période de reconstruction de l'économie.*
2 000 000	1 an
5 000 000	2 ans

Morts.	*Période de reconstruction de l'économie.*
10 000 000	5 ans
20 000 000	10 ans
40 000 000	20 ans
80 000 000	50 ans
160 000 000	100 ans [15]

« Des examens objectifs montrent que la somme des tragédies humaines (*sic*) augmenterait énormément dans le monde d'après guerre, mais que cette augmentation n'exclurait pas pour autant une existence normale et heureuse pour la majorité des survivants et de leur descendance » [16].

« Mais ces survivants seraient-ils en état de mener la vie à laquelle ils sont habitués en tant qu'Américains, c'est-à-dire avec des autos, des maisons de campagne, des réfrigérateurs, etc. ? Personne ne peut l'affirmer avec certitude, mais je crois que même si nous ne faisions pour ainsi dire aucun préparatif en vue de notre remise en état — sauf l'achat de compteurs de Geiger, la distribution de manuels et certains exercices préventifs —, le pays se remettrait relativement vite. »

Des morts embryonnaires n'auraient « qu'une importance relative... Il est probable que, dans la première génération, on rencontrera environ cinq millions de ces cas et une centaine de millions dans les générations suivantes. Je considère ce dernier chiffre comme ne pesant pas trop lourd dans la balance, indépendamment de la minorité des cas où il s'agira de fausses couches complètes ou de mortinatalité. Quoi qu'il en soit, l'humanité est tellement féconde qu'une petite diminution de sa fertilité n'a pas de raison d'être prise particulièrement au sérieux, pas même par l'individu qui en est frappé. »

De quel prix faudra-t-il payer « le châtiment des Russes pour leur agression ? » J'ai soulevé ce problème avec un grand nombre d'Américains et, d'une manière générale, au bout d'un petit quart d'heure de discussion, leur estimation d'un prix acceptable tombe entre dix et soixante millions. On finit par admettre un chiffre se rapprochant davantage du plus grand des deux... Il est très curieux d'observer la façon dont on arrive à cette limite extrême. On cite, en fait, un tiers de la population d'un pays, c'est-à-dire un peu moins de la moitié. »

A. Eichmann a été condamné à mort en décembre 1961 et pendu.

H. Kahn est membre consultatif du Conseil scientifique de l'Aviation militaire américaine, fait partie du comité technique de la Commission de l'Energie atomique, est expert au Bureau de la Défense civile et propriétaire de l'Hudson Institute de White Plains (New York), qui fournit les expertises nécessaires à la planification militaire américaine. Kahn est marié, père de deux enfants et jouit d'une réputation de fin gourmet.

Questions subsidiaires : Peut-on comparer K. et E. ? Existe-t-il des « examens objectifs » de la « somme des tragédies humaines » ? Quelle force démonstrative morale accorder à une discussion qui appelle soixante millions de tués un « prix acceptable » ? Le génocide peut-il faire l'objet d'une considération et d'un calcul neutres, sans prévision ? Où sont les différences entre considération et planification, calcul et préparatif ? De telles différences existent-elles ? Peut-on éviter le meurtre des peuples en le préparant ? Peut-on abandonner la prévention et la planification à des « experts » ? A qui ces experts proposent-ils leurs services ? Leurs intentions comptent-elles ? Leurs projets jouent-ils un rôle ? Qui les a mandatés, qui transmet leurs sentences ?

9. *Troisième exemple. Emotion compréhensible.*

Combien y a-t-il de personnes prêtes à obéir sans condition, volontairement, même quand elles savent que l'exécution d'un ordre cause à une autre de sévères souffrances corporelles ?

Dispositif de l'expérience : deux pièces dans lesquelles se trouvent respectivement un tableau de commandes électriques et une chaise électrique. On explique au

« cobaye » humain qu'il s'agit d'une expérience destinée à établir jusqu'à quel point les performances de mémoire d'un adulte peuvent être améliorées par des châtiments corporels. On prie A de se charger du rôle d'examinateur ou de professeur. Le rôle de l'examiné ou d'élève est assumé par le « cobaye » humain B. Le promoteur de l'expérience soumet à B un exercice de mémoire et le boucle sous les yeux d'A sur la chaise électrique. A va prendre place dans la pièce voisine devant le tableau de commandes. A chaque faute de B, A abaisse un levier. Les chocs sont dosés selon une échelle apposée sur l'instrument de torture. Le châtiment commence par un choc électrique de 15 volts et augmente à chaque erreur. Au vingtième choc, qui comporte 300 volts, B tambourine contre la paroi de séparation. A 375 volts apparaît au tableau un signal d'alarme : « Danger : chocs graves. » Les derniers leviers, qui produisent 435 et 450 volts, ne sont plus désignés que par le sigle XXX.

Le dispositif de l'expérience repose sur une fiction. Entre le tableau de commande et la chaise électrique, il n'y a pas de connexion ; les électrodes demeurent sans courant, B simule ses réactions. L'examinateur A l'ignore. Il se trouve donc placé dans la situation d'un véritable tortionnaire.

Une série d'expériences de ce genre a eu lieu en 1963 à l'Université de Yale, sous la direction d'un psychologue, le Dr Stanley Milgram. Tous les « cobayes » étaient volontaires et, tous, de braves citoyens. Ces expériences donnèrent le résultat suivant : 65 % des personnes observées exécutèrent les ordres du directeur de l'expérience et, conformément à leurs instructions, utilisèrent tous les leviers mis à leur disposition [17].

Au début de 1964, à Kempten en Allgäu, l'ancien adjudant chef L. Scherer fut traduit devant un tribunal. Il était accusé d'avoir, pendant la Seconde Guerre mondiale, enfermé dans une grange de bois quinze personnes, hommes, femmes et enfants, ramassés dans la région de Briansk pendant un quadrillage de la forêt, d'avoir mis le feu au bâtiment et de l'avoir arrosé de grenades. Le professeur Maurach, de l'Université de Munich, soumit un rapport à la Cour. Il y soutenait l'opinion suivante : on devait, au moment de la sentence, tenir compte de « l'excitation et de la fièvre des soldats ». Le meurtre de quinze hommes, femmes et enfants ne lui paraissait pas « illégal ». Le tribunal prononça le non-lieu. L'accusé, expliquaient les attendus, avait agi dans ce qu'il croyait être le sens des ordres reçus.

Après comme avant, et selon les règlements du Code pénal allemand, seront punis :

Quiconque circulerait en ville dans un traîneau sans timon fixe ou sans grelots ou clochette (§ 366, al. 4) ;

Quiconque arracherait par malveillance des affiches officielles, des proclamations, décrets, ordonnances ou annonces émanant des autorités ou des services publics (§ 134) ;

Quiconque détériorerait de propos délibéré et illégalement des objets destinés à orner la voie publique (§ 304, al. 1) ;

Quiconque ferait, pour des moyens d'obvier aux maladies vénériennes, une publicité offensant les bonnes mœurs et la décence (§ 304, al. 1) ;

Quiconque dénaturerait les emblèmes de la souveraineté de la République Fédérale Allemande officiellement établis par les autorités (§ 96, al. 2) ;

Quiconque négligerait l'échenillage imposé par ordonnance légale ou policière (§ 368, al. 2).

10. *Personnage factice.*

Le criminel, au sens traditionnel du terme, tel qu'on le voit encore et toujours apparaître devant les tribunaux, appartient au fonds mythologique de notre temps. Il y a longtemps qu'il a assumé les traits d'un personnage factice. Dans notre imagination, il tient une place qu'il n'est plus possible d'expliquer par sa signification réelle et avec laquelle ses actions ne s'accordent pas plus qu'avec le fait même de son existence. Ce qui reste extraordinaire et mystérieux, c'est la passion que nous mettons à nous occuper de lui et l'énorme appareil que nous déployons pour le combattre. On lui fait une publicité insensée. Des gros titres des journaux, on peut conclure qu'un simple assassinat accapare et excite beaucoup plus nos esprits qu'une guerre se déroulant à une distance rassurante — et combien plus encore qu'une guerre qui n'a même pas encore éclaté et que l'on se borne à préparer. On est tout d'abord tenté de chercher la raison de ce zèle dans la force d'inertie de notre machine judiciaire. Certes, la Justice s'accroche plus tenacement qu'aucune autre institution sociale — sans excepter les Eglises — aux vieilles conceptions et aux vieilles formes, même lorsqu'elles ne correspondent plus à la réalité (ce qui est d'autant plus grave pour la réalité). Les plus récentes raisons d'une prétendue réforme du Code pénal reflètent le retard culturel qui contamine toute cette sphère ; et le langage de nos codes est tellement riche en tournures archaïques que leur lecteur se voit obligé de recourir à la philosophie. Résidence obligatoire, attentat à la pudeur, boutefeu, troupes armées, maison de correction et autorité sont des fossiles de notre langage où se sont conservées des situations historiques dépassées depuis longtemps. Dans un certain sens, on peut admirer la ténacité avec laquelle le Code pénal s'est maintenu intact dans un monde hétérogène.

Néanmoins, le rôle du criminel reste institutionnellement inexplicable dans notre monde. Quand on y regarde de plus près, on s'aperçoit qu'on lui attribue tout un système de rôles qui le rendent indispensable et l'élèvent au rang d'une figure mythologique.

11. *Palliatif.*

Tout d'abord, le « criminel ordinaire » sert à tranquilliser les esprits. Bien sûr, son apparition éveille la peur dans la société, mais cette peur est extraordinairement inoffensive. Contrairement aux menaces politiques et militaires, bien plus réelles, auxquelles la société est exposée, on peut l'identifier. Son instigateur apparaît sur les affiches de police apposées sur les murs. Son comportement, en contradiction avec les nécessités actuelles, est compréhensible, prévisible. Ses agissements sont faciles à classer sur le plan moral. Les codes nous renseignent sur ce que nous devons en penser. Au sort réservé à l'assassin, on voit qu'il « y a encore des juges » et à son personnage s'attache l'illusion souhaitée que donner la mort est interdit. En le châtiant, la société se persuade que son droit est intact. C'est apaisant.

12. *Bouc émissaire.*

Pour l'individu, la condamnation d'un autre — et un criminel est d'une manière générale toujours considéré comme cet « autre » — équivaut à un acquittement. Quand on est coupable, on est puni. Donc, quand on ne peut pas être puni, on est innocent. La satisfaction avec laquelle la collectivité observe les poursuites entreprises contre un forçat évadé est pleine d'enseignement. Tout de suite, on tombe sur des métaphores empruntées au langage de la chasse. Le criminel est une bête sauvage que l'on a la permission d'abattre ; par voie plébiscitaire, on en arriverait en tout temps à un redoublement de l'habitude — d'ailleurs inqualifiable — qu'ont les policiers de faire feu au moindre prétexte. Le désir de la peine de mort est, lui aussi, très populaire ; tout particulièrement après la découverte de prétendus attentats aux mœurs, qui contiennent une énorme force publicitaire et à l'occasion desquels on voit ce désir se gonfler en vagues hystériques. Cette tendance à transformer le criminel en bouc émissaire de la société remonte à la plus haute antiquité ; mais, dans les circonstances présentes, elle apparaît avec plus de netteté que jamais. Plus il s'amasse de culpabilité collective, plus ses enchaînements sont diffus, anonymes et invisibles ses sources, plus il devient urgent d'en faire porter le poids à des individus isolés et aisément reconnaissables.

13. *Le substitut.*

En tant que « substitut », que remplaçant de tous, le criminel, avant de recevoir son châtiment — « le » châtiment —, agit déjà en leur nom, bien que sans leur ordre. Car il fait uniquement ce que chacun souhaiterait faire ; mieux, il le fait de son propre mouvement, donc sans concession de l'Etat. La colère qui éclate parce qu'il se permet ce que chacun s'interdit de faire tant que c'est défendu et pas encore ordonné — cette colère se calme quand on lui rend la pareille, que l'on renouvelle envers le « substitut » l'action qu'il a commise. A dire le vrai, cette répétition de l'action ne se fait pas directement, mais par l'intermédiaire de l'Etat, donc encore une fois par personne interposée, par un « substitut ». Ce que chacun se refuse lui revient aussitôt sous une forme symbolique et double : par la part prise à l'action du criminel et par la part prise à sa punition. L'assassin et le bourreau nous enlèvent ce que nous souhaitons à la fois faire et nous dispenser d'exécuter ; ils nous procurent ainsi non seulement un alibi moral, mais aussi le sentiment d'une supériorité morale. C'est peut-être de ce sentiment double que provient cette sourde reconnaissance que le public manifeste parfois envers certains criminels, notamment envers les « étoiles » de la profession. On leur accorde l'estime revenant de droit aux techniciens remarquables. Le mal passe pour un domaine spécial où le criminel évolue en vertu de son métier ; et c'est pourquoi la société, partisan de la division du travail, a songé à le lui déléguer.

14. *Concurrence.*

Ce n'est pas pour l'individu seul, mais aussi pour la société en général que le criminel intervient et s'oppose à elle ; et cela parce qu'il réclame pour lui ses prérogatives ; selon le mot du bûcheron Paul Ackermann, de l'Alaska, il se prend pour un homme qui « peut tout pouvoir ». Cette prétention le place dans son esprit à côté de l'Etat, mais parfois aussi l'oppose à lui. Dans ce sens, le criminel est le concurrent de l'Etat ; il met en question son monopole du pouvoir. Ce rôle aussi date de loin. Les voleurs de grands chemins et les brigands des temps passés l'ont exploité à l'extrême et tout ce qui est rébellion adopte leurs traits, sinon librement, au moins par contrainte ; ils lui sont attribués, que ce soit avec horreur ou admiration, par le monde [18].

Bien que la supériorité de l'Etat sur le criminel soit établie d'emblée, bien que les possibilités qu'a ce dernier d'exercer la violence ne puissent soutenir aucune comparaison avec l'appareil de l'Etat, celui-ci se trouve immédiatement menacé par les agissements de l'individu ou de la « foule ». Le pouvoir aime à parler des dangers encourus par ses « fondements » ; pour les « ébranler », point n'est besoin d'un crime crapuleux : suffit d'un vol à la tire ou de la rédaction d'un article. Mais ce qui paraît surtout irriter la législation moderne, c'est la « résistance aux pouvoirs publics ». Quand il est question de cela, les textes perdent facilement leur calme apparent. L'écume vient à la bouche de leurs défenseurs, un trouble anodin devient un « attroupement », le passant un délinquant. La fureur avec laquelle son délit est puni montre l'insécurité de notre ordre public, l'envers de sa puissance. Les monopoles des pétroles ou des diamants eux-mêmes ne se comportent pas avec autant de force et de faiblesse, de vulnérabilité et de brutalité ; il n'en est presque aucun qui s'attaque à un « outsider » avec autant de conviction.

15. *Parodie.*

Dès que la criminalité s'organise, elle tend à devenir un Etat dans l'Etat. La structure de ces sociétés de criminels reproduit fidèlement les gouvernements dont elles sont les rivales et les concurrentes. Les bandes de pillards de la fin du Moyen Age imitaient l'organisation féodale, et une sorte de vasselage s'est conservé jusqu'à nos jours dans les « gangs ». On a aussi volontiers et souvent copié les formes de l'organisation militaire. Chez les Carbonari du XIXe siècle, il y a eu des bandits fidèles au roi. D'autres « sociétés secrètes », comme la Camorra, étaient plutôt organisées sur le modèle républicain ; mais Salvatore Giuliano lui-même se considérait comme le libérateur de la Sicile « par la grâce de Dieu ». La

Maffia sicilienne a imité la structure d'un gouvernement patriarcal jusque dans tous ses détails et l'a étendu sur de grandes portions du pays ; elle disposait d'une administration très ramifiée, prélevait des droits de douane et des impôts et avait son propre appareil judiciaire.

Une symétrie analogue se retrouve entre la police secrète de la Russie tsariste, l'Okhrana, et les groupes de conspirateurs créés pour la combattre. Des organisations rivalisant entre elles sont souvent enclines à se ressembler. Il est très difficile de distinguer d'après leurs physionomies et leurs manières les gardes du corps des gangsters des protecteurs des hommes d'Etat.

Des organisations spécifiquement capitalistes ont également rencontré leurs pendants criminels. Les bandes de gangsters américains modernes se sont intitulées « Syndicat du Crime » ou « Murder Inc. » ; elles sont calquées sur le modèle des grandes corporations, disposent de leurs propres conseillers fiscaux, de comptabilités mécanographiques, de départements juridiques et accordent à leur personnel les mêmes avantages sociaux qu'une grande entreprise à ses « employés ». Brecht a décrit le fascisme comme un « racket », de la centrale « intermédiaire » de recel de Peachum au trust Karfiol. C'est ainsi que les sociétés criminelles apparaissent comme des parodies des constitutions sociales et politiques ordinaires et *vice versa.* Cependant, la plupart du temps, les criminels ne suivent que clopin-clopant le niveau de développement général, ce qui leur confère une aura romanesque. Le fascisme a très vite dépassé le type qui avait été exposé par Brecht. Il correspondait naturellement au type traditionnel du « fendeur de crânes », Röhm, par exemple, à la rigueur Göring, mais nous semble démodé à côté de figures comme Heydrich, Bormann ou Höss, qui annoncent une structure beaucoup plus abstraite de l' « ordre social ».

Donc, la criminalité est demeurée très en retard sur le fascisme. Aujourd'hui où le fascisme lui-même n'est plus de notre temps — l'engin nucléaire laisse dans les limbes jusqu'aux possibilités d'un Eichmann — le groupe des criminels les plus avancés nous fait l'effet d'un souvenir du passé et c'est injustement que des experts de la stratégie de l'atome, des auteurs comme Morgenstern, Brodie, Kahn et leurs homologues soviétiques parlent dans leur petit jeu des planifications d'une « situation entre deux gangsters », alors que leurs calculs débordent de loin le pouvoir d'imagination d'un criminel : en fin de compte, l'ambition de deux gangsters rivaux se borne à se détruire l'un l'autre, alors que les savants en question ont avant tout en vue les milliards qui restent exclus de leur jeu des plans.

16. *Phraséologie.*

Ainsi, dans notre univers, le délinquant devient une silhouette comparativement inoffensive, presque sympathique, presque humaine. Ses motifs sont compréhensibles. En tant que victime et complice de la morale répartition du travail, devenue illusoire, la société le revêt d'une parure mythologique. Le gangster n'a pas pu suivre l'irrésistible progression ; le développement technologique a liquidé les méthodes artisanales de « liquidation » et instauré des procédés industriels. Des personnages comme Trujillo et les nombreux « bienfaiteurs » de son espèce aujourd'hui aux commandes dans des douzaines de pays — et si réelle que soit leur autorité — témoignent plus du retard historique des pays qu'ils dirigent que des perspectives d'avenir de leur profession. Le criminel du vieux type, y compris le criminel « Père du Peuple », est un attardé.

D'où les difficultés sémantiques qui surgissent dès que l'on tente d'appliquer des concepts juridiques hérités du passé aux forfaits du « milieu » du XXe siècle. Promoteur, exécutant, assistant de l'exécution, complice, aide, faciles à distinguer au moment d'une irruption, vus comme des rôles, se confondent ou sont devenus sans objet. Dans la sentence de Jérusalem, il est dit :

« Quand il s'agit d'un crime aussi atroce et aussi complexe que celui qui nous occupe, un crime auquel prirent part beaucoup de personnes à des niveaux divers et par tant de procédés différents — comme promoteurs, organisateurs, organes d'exécution, selon leur rang respectif —, quand il s'agit d'un tel crime, il n'y a guère de raison de recourir aux notions habituelles d'instigation et de complot. Car ces crimes ont été commis en masse, non seulement en ce qui concerne les victimes, mais aussi en ce qui concerne les auteurs ; et que l'un des auteurs ait été éloigné ou tout à côté de celui qui a, en fait, tué la victime n'a aucune incidence sur le degré de sa responsabilité. Tout au contraire cette responsabilité augmente en général au fur et à mesure que l'on s'éloigne de celui qui a manié de ses mains l'instrument de la mort. »

Non seulement les notions subsidiaires du Code pénal et de ses classifications, mais encore la conception de crime en soi viennent se briser devant les personnages qui, aujourd'hui, comparaissent devant nos tribunaux ou font partie des états-majors chargés de la planification de forfaits futurs. En traitant Hitler comme un criminel ordinaire, on minimise le phénomène qu'il représente et le transforme magiquement en quelque chose de concevable. (L'*Arturo Ui* de Brecht est, d'un bout à l'autre, un *understatement* : l'auteur s'efforce vainement de rendre son personnage de gangster commensurable.) Egalement, parler d'un « crime de guerre » est un euphémisme, quoi qu'on en ait, comme si la guerre moderne pouvait être combattue par la dissimulation ou la falsification d'un résultat : celui de l'imaginable. Le crime, devenu total, fait éclater la conception qu'on en peut avoir.

Mais ceci n'est qu'un nouvel exemple de l'impuissance de notre langage et de nos conceptions face à la situation atomique. La plainte que déposa un Américain, il y a quelques années, à la Haute Cour de Washington, contre la continuation des essais atomiques, témoignait d'excellentes intentions, mais était absurde. La Haute Cour s'est déclarée incompétente. Nos notions sont devenues incompétentes. Le fait que notre engin militaire ne peut plus être considéré comme une arme a été clairement démontré par Günter Anders. Dans cet esprit, une décision politique qui supprimerait toutes les autres décisions politiques ne mériterait plus ce nom. Quand il s'agit d'un acte qui ne laisse plus aucune place à des questions, il ne peut plus y avoir de responsabilité au sens traditionnel du mot.

17. *Solution finale.*

I can build a device — I think I know how to do it to-day, I doubt that it would take me ten years to do and I doubt that it would cost me 10 billion dollars — and this device which I could bury, say, 2 000 feet underground and, if detonated, it would destroy everybody in the world — at least all unprotected life. It can be done, I believe. In fact, I know it can be done. (Herman Kahn — discours du centenaire de la fondation du *Massachusetts Institute of Technology*, 1961) [19].

Avec la théorie des ensembles, les mathématiques ont créé une discipline qui met les savants en mesure de pouvoir calculer les modifications de l'infiniment petit et de l'infiniment grand. Il n'existe pas de théorie des ensembles morale. Quand on tente de découvrir des différenciations à l'intérieur du Mal inimaginable, on ne se trouve pas uniquement placé devant des difficultés de sémantique. La faillite du langage ne fait que démontrer la faillite de nos facultés morales devant nos propres possibilités.

Pas plus que, jusqu'ici, la pratique de la politique, la casuistique judiciaire n'est à la hauteur de la situation. La postérité, préoccupée des préparatifs de celle qui lui fera suite, cherche aujourd'hui à juger les responsables de la « solution finale » d'Hitler et leurs hommes de main. Il y a là une inconséquence. Cette inconséquence est notre seul espoir ; un bien petit espoir ! Aucun forfait à venir ne peut contrebalancer ce qui a été déjà accompli : les forfaits ne permettent pas de soustraction, mais seulement l'addition. (Sans aucun doute, il existe une impuissance morale qui croit qu'Auschwitz peut être atténué. Elle est surtout répandue en Allemagne. Il s'y trouve des gens employant sérieusement, voire dans des documents officiels, le mot de *réparation.*) Les « solutions finales » sont irréparables et impossibles à contrebalancer, même devant un tribunal. C'est une raison de plus pour que le Monde soit tenu de les soumettre à un tribunal ; et une raison de plus aussi pour que ce tribunal ne suffise pas.

Entre la « solution finale » d'hier et celle de demain, donc entre deux actions inimaginables, il existe des différenciations :

1° La « solution finale » d'hier a été accomplie. La solution finale de demain n'est qu'en préparation. Mais il appartient à l'inconcevabilité de cet acte qu'on ne peut le juger tant qu'il n'a pas été réalisé, car il ne laissera aucun juge, accusé ou témoin.

2° La « solution finale » d'hier n'a pas été évitée. La solution finale de demain peut l'être. La société cherche à déléguer sa préparation et son empêchement, et cela de préférence aux seuls et mêmes spécialistes. Mais pas plus que les solutions finales elles-mêmes, leur empêchement ne peut être délégué. L'un comme l'autre ne seront par l'œuvre d'individus, mais l'action de tous ; ou alors, ne seront pas. Sans les impuissants les puissants sont impuissants.

3° La « solution finale » d'hier a été l'œuvre d'une seule nation, la nation allemande. L'engin de la solution finale de demain appartient à quatre nations. Les gouvernements de nombreux autres pays s'efforcent de se le procurer. Il existe des exemples du contraire.

4° La planification et la réalisation de la « solution finale » d'hier se sont effectuées dans le secret. La planification de la solution finale de demain s'effectue publiquement. En 1943, il y avait des gens qui ignoraient. En 1964, il n'y a plus que des gens qui savent.

5° Les auteurs de la « solution finale » d'hier étaient reconnaissables. Ils portaient un uniforme, leurs victimes portaient une étoile. Les auteurs de la solution finale de demain ne se distinguent pas de leurs victimes.

Le psychiatre israélien qui a examiné Eichmann a dit de lui qu'il était un « homme tout à fait normal : il me paraît plus normal que je ne le suis moi-même à mes yeux après l'avoir examiné ». Un autre expert le tenait pour un père de famille modèle. Eichmann s'est surtout occupé de dossiers, d'horaires, de moyens de communication et de statistiques ; néanmoins, il a vu ses victimes de ses yeux. Cette vision sera épargnée aux planificateurs de la dernière Guerre mondiale.

Edward Teller est-il coupable ? Est-il coupable, le journaliste qui écrit un article pour soutenir les prétentions des politiciens allemands sur l'engin ? Le mécanicien inconnu d'Oklahoma ou de Magnitogorsk est-il coupable ? Mao Tsé-toung est-il coupable ? Est-il coupable, celui qui croit à la chimère de la « détente », tant que des candidats comme Strauss ou Goldwater peuvent aspirer au pouvoir de mort ? L'entrepreneur de construction qui construit un abri bétonné destiné au commandement est-il coupable ? Y aura-t-il encore des coupables à l'avenir ? Y a-t-il des innocents ? Ou n'y a-t-il que des pères de famille, des amis de la nature, des gens normaux ?

La vitrine de Jérusalem est vide.

Rafael Trujillo

PORTRAIT D'UN « PÈRE DU PEUPLE »

Trépas.

La première annonce, ce 1er juin 1961, ne provenait pas de Saint-Domingue. Elle émanait de Washington, une ville située à deux mille cinq cents kilomètres du lieu du crime.

En cette nuit du 1er juin, sous les palmes des cocotiers de l'Autostrada George Washington, sur le bord de la mer des Caraïbes, à dix kilomètres à l'ouest de la capitale dominicaine en direction de San Cristobal, une ère venait de s'achever. C'est du moins ainsi que s'exprimèrent les agences de presse. Les industries auxquelles nous confions la rédaction de l'Histoire contemporaine se prennent volontiers pour des Romains et, dans le tohu-bohu de l' « instant historique », tout téléscripteur possède son Tacite. Quiconque reste étranger à cette ambition dira avec plus de simplicité qu'à cette époque s'est déroulé le film d'un crime qui dura trente et un ans. Sur le bord de la route restèrent les sinistres accessoires auxquels la politique du siècle ne peut apparemment renoncer ; accessoires d'un *découpage* « comme la vie en présente » : le magasin vide d'un pistolet mitrailleur, une flaque de sang, des éclats de verre et un képi d'uniforme avec les insignes de général. Le cadavre, mutilé et à peine reconnaissable, ne fut retrouvé que le lendemain matin, dans le coffre d'une voiture abandonnée dans le garage d'une maison vide d'un quartier résidentiel de Saint-Domingue.

Le « Bienfaiteur du Pays », l'honorable président, le

paladin de la démocratie, le premier médecin de la république, décoré de la grand-croix de l'ordre papal de Saint-Grégoire, le brave des braves, le génie de la paix, le sauveur du pays, le protecteur des ouvriers, le chevalier d'honneur de l'Ordre souverain de Malte, le premier professeur de la république, le père de la nouvelle patrie, le premier et le plus grand de tous les chefs d'Etat dominicains, le héros des travailleurs, le restaurateur de l'indépendance économique, le premier journaliste de la république, le commandant suprême des forces armées, commandeur de l'Ordre d'Isabelle la Catholique et de quatre-vingt-sept autres décorations de la plus haute distinction, S. E. le généralissime professeur, docteur *honoris causa* (Pittsburgh) Dr h. c. Dr h. c. Dr h. c. Dr h. c. Dr h. c. Rafael Leónidas Trujillo y Molina était enfin venu crever sur le bord d'une route.

Les circonstances ne semblaient pas se prêter à des obsèques nationales. Sept mois s'étaient écoulés depuis le trépas du Bienfaiteur quand arriva à Orly, transportée par un appareil de la Pan American World Airway, une grande caisse d'acajou contenant ses restes mortels dûment embaumés. L'enterrement eut lieu dans le plus grand secret au cimetière parisien du Père-Lachaise, où un mausolée d'une valeur de 185 000 marks perpétue le souvenir du défunt.

La succession.

Le « Bienfaiteur » laissa à son pays un héritage très complexe et peu facile à déterminer. De très loin, c'est sa fortune personnelle qui a excité le plus d'intérêt. Mais les estimations les plus sérieuses de cette succession s'écartent beaucoup les unes des autres. Les indications que l'on découvre dans tout ce qui a été écrit à ce sujet varient entre elles dans des proportions considérables : elles vont de 750 millions à 9 milliards de dollars. Ces différences d'opinions sont tout d'abord causées par l'objet en soi ; les chroniqueurs ne font guère de distinction entre les liquidités, les prétentions et les biens en nature ; et puis la puissance d'imagination d'un publiciste n'est pas à la hauteur de l'ordre de grandeur dont il s'agit. En outre, on serait en droit de se demander si une fortune d'une telle ampleur peut s'exprimer par des chiffres.

Chacun sait qu'une entreprise de moyenne importance dispose aujourd'hui, grâce à la technique des bilans, de possibilités devant lesquelles échoue tout contrôle, et le Capital s'organise en labyrinthes internationaux dont la structure n'est pas moins complexe qu'un ordinateur électronique [1].

A ces soucis objectifs, et d'une certaine manière inévitables, qu'entraîne la succession de Trujillo, se joignent toutes sortes de divergences d'opinions subjectives. On ne sait rien de l'existence d'un testament. La République dominicaine émet d'énergiques prétentions sur l'héritage, mais il semble peu probable que cet ordre de la succession soit dans l'esprit de ce qu'aurait désiré le « Bienfaiteur ».

Car le restaurateur de l'indépendance économique a laissé à la postérité non seulement sa fortune, mais encore une famille aussi largement ramifiée qu'une grande industrie. Il est impossible de déterminer le nombre de ses enfants ; on croit savoir qu'il y en a plus de quarante. Les épouses et les fiancées du « Bienfaiteur » atteignent un chiffre correspondant, sans même parler de ses frères, demi-frères, sœurs, oncles, tantes, beaux-parents, neveux, nièces, cousins et autres parents. C'est à leurs efforts qu'il faut attribuer le fait qu'au moins 250 millions de dollars sortis du portefeuille du Bienfaiteur ont pris le chemin de l'Europe ; résultat qui n'eût pas été possible sans l'aide active de plusieurs banques européennes fort estimées. La banque de la manufacture française d'armes Schneider-Creusot s'est tout particulièrement dévouée à la prospérité de la famille. Trente et un membres, au moins, du clan ont retrouvé dans le vieux monde une deuxième patrie : ils vivent tous comme hôtes de l'Etat d'un autre Bienfaiteur dans la capitale espagnole.

En dehors des onze cent quatre-vingt-sept monuments

érigés à sa gloire, Rafael Leónidas Trujillo a légué à la République dominicaine l'héritage suivant :

— 40 % de chômeurs ;

— 55 à 70 % d'analphabètes ;

— 65 % de tous les paysans sans terre ; ainsi qu'un revenu moyen annuel d'environ deux cents dollars par tête.

Sa carrière.

Le Bienfaiteur vint au monde non loin du lieu où il le quitta soixante-dix ans plus tard, c'est-à-dire à San Cristobal, en 1891 ; il était le fils d'un petit employé des postes du nom de Pepito.

En 1955, soit en l'an XXV de l' « ère Trujillo », le Congrès dominicain prit un décret selon lequel toute déclaration publique qui ne correspondrait pas à la vérité historique serait considérée comme une falsification de l'Histoire et punie par la loi. Pour ce qui était de la vérité historique, c'était à l'Académie d'Histoire de Ciudad Trujillo d'en décider. Il en résulte qu'il est très difficile de se faire une idée des années de jeunesse du Bienfaiteur ; on peut en conclure qu'elle ne résisterait guère à une critique sérieuse de ses sources.

En 1901, T... entra à l'école communale de San Cristobal. En 1905, il quitta cette institution d'éducation, la seule qu'il eût fréquentée.

Vers 1910, il trouva une place de télégraphiste.

Entre 1912 et 1915, il fit ses premières armes comme voleur de chevaux et souteneur.

En 1916, il entra au service d'une grande firme sucrière américaine, et, en qualité de mouchard et d'agent provocateur, veilla à ce que le travail s'exécutât en paix dans ses vastes plantations.

En 1918, T... et son frère Petan furent condamnés à six mois de prison pour escroquerie, faux et usage de faux.

A sa libération, il fut engagé par le major James McLean — qui doit être considéré comme son « inventeur » et qui en fit un espion à la solde des forces d'occupation américaines.

En 1919, après avoir été soumis à certaines épreuves, il devint lieutenant dans la *Guardia civil,* une troupe de policiers créée par les Américains et uniquement formée de « volontaires » ; il s'y signala par son « excellent travail » et son attitude valeureuse dans la guerre de guérilla contre ses concitoyens.

En 1921, il suivit des cours à l'école militaire de Haina, une émanation de l'autorité militaire américaine, et s'y distingua. En 1922, on le nomma capitaine de la police et, avec tout le personnel de la troupe de collaborateurs, il passa au service de Saint-Domingue.

En mars 1924, après une cabale sanglante, il reçut de l'avancement, devint commandant ; en décembre de la même année, on lui accorda le titre de lieutenant-colonel d'état-major.

En 1925, le président de la République lui confia le poste de chef de la police d'Etat avec rang de colonel.

En 1927, après la transformation des troupes de police en armée nationale, T... devint commandant des forces armées et fut nommé général de brigade.

En mars 1930, au moment des élections présidentielles, il se présenta et, en mai, fut élu.

T... passa les trente et une années de vie qui lui restaient à être le souverain absolu et le possesseur du pays.

Ses « principes ».

Discours prononcé le 16 août 1955 devant l'autel de la Patrie, lors de la remise du Grand Cordon de l'Ordre national que lui conféra le Congrès au vingt-cinquième anniversaire de l'ère Trujillo :

« Messieurs :

« Vous honorez aujourd'hui en ma personne les vingt-cinq premières années d'une œuvre patriotique qui a apporté au peuple dominicain le plus grand bonheur, la plus grande prospérité et la certitude qu'il lui est échu en partage un destin exceptionnel...

« Parmi les devoirs qui m'incombent, il m'appartient de prendre à mon compte le jugement porté par nos contemporains sur mes agissements et mon action historique. C'est dans ce sens que je me réjouis de votre décision et qu'en cette heure solennelle, j'accepte avec satisfaction les remerciements de la Nation. Sans aucun doute, vous avez exprimé là un jugement prophétique qui anticipe sur ce que la postérité dira de moi. Vous m'avez vu à l'œuvre, vous connaissez la nature du combat que je mène, vous en êtes les témoins les mieux informés et les plus légitimes.

. . .

« Je suis très humain et il est naturel qu'un hommage d'une aussi haute signification me cause une sincère émotion ; cependant, en homme d'Etat pénétré du devoir d'enrichir constamment son pays par plus d'éclat et de grandeur, et par ailleurs profondément attaché à ses compatriotes, je me vois, en cet instant, contraint de vous faire part de mes sentiments et de mes convictions personnels. Nous voici devant l'autel de la Patrie. De tout temps, les autels ont été des hauts lieux de sacrifices. Je voudrais, dans l'avenir, faire plus pour mon pays et pour mon peuple que je ne l'ai fait jusqu'ici. C'est pourquoi, devant ces dures pierres qui renferment les cendres du fondateur de notre Etat, je jure et fais le serment que, tant que mon cœur battra, il sera consacré au service de la République... Il y a ving-cinq ans, j'ai promis à mes compatriotes — et j'ai tenu cette promesse — qu'aussi longtemps qu'il existerait encore en eux de la pureté d'âme et le clair sentiment du devoir, la liberté demeurerait une vierge immaculée qu'aucune force brutale ne parviendrait à violer...

« C'est dans l'avenir que nos lauriers nous attendent. Ils ne couronnent que les peuples courageux, laborieux et idéalistes. Avançons pleins de confiance à leur rencontre, armés de notre patriotisme sans tache et de la plus haute résolution dont nous soyons capables : celle de servir l'humanité en bons chrétiens » [2].

Les conditions.

La République dominicaine (trois millions et demi d'habitants, deux tiers de mulâtres, un sixième de Noirs, un sixième de Blancs, un territoire de la grandeur de la Basse-Saxe, densité de la population 70, catholique, augmentation de la natalité 30 pour mille) est, comme toutes les républiques de la région des Caraïbes, à l'unique exception de Cuba, un pays agricole à demi colonial, dont le sort ne dépend pas de ses propres intérêts, mais bien des intérêts politiques et économiques des Etats-Unis.

Le pays produit des matières premières et des denrées alimentaires, surtout du sucre, du cacao, du café, du tabac, des bananes et des bois précieux. Parmi ces produits qui représentent les neuf dixièmes de l'ensemble des exportations, le sucre occupe une position clef. Pour son placement, la République dominicaine dépend entièrement du marché intérieur américain, lequel est régi selon une politique oligarchique et soumis à une réglementation politique des importations. En revanche, le marché dominicain des marchandises industrielles, de la brosse à dents aux usines de force motrice, est complètement soumis aux importations américaines.

On voit se poursuivre — sans qu'il soit le moins du monde affecté par les périodiques déclarations de la Maison Blanche au sujet de « directives nouvelles », de « politique du Bon Voisinage », ou d' « Alliance pour le Progrès » — le classique système de l'exploitation semi-coloniale : complicité du Capital national ou étranger, qui trouve dans le pays, à un dollar de salaire quotidien, une main-d'œuvre très bon marché ; dépendance de partenaires et d'une contrepartie très supérieurs sur le plan politique et économique ; prospérité à court terme pendant les périodes d'augmentation des prix des matières premières, crises chroniques et régulières au moment de leur baisse ; stabilité économique et politique uniquement garantie de l'extérieur, par des interventions « impérialistes ».

A peine cinq ans après le renoncement définitif de la

couronne espagnole à sa plus ancienne colonie (Christophe Colomb avait découvert l'île Hispaniola — petite Espagne — lors de son premier voyage et en avait fait le centre du mouvement de colonisation qui suivit) et après le retrait du dernier bataillon espagnol, le président Buenaventura Baez avait offert au gouvernement américain de faire entrer son pays dans l'Union. Le Sénat des Etats-Unis repoussa cette proposition en 1872 à une voix de majorité.

Ceux des Américains qui s'intéressaient à la question préférèrent une forme d'annexion les engageant moins. Au tournant du siècle, ils avaient éliminé la plus grande partie de la concurrence européenne sur le marché dominicain. Au début de la Première Guerre mondiale, les plantations et les raffineries de sucre étaient fermement aux mains du monopole américain. Déjà à cette époque, le pays était pratiquement gouverné de l'ambassade des Etats-Unis. La convention américano-dominicaine de 1907 ratifiait cet état de choses : afin d'assurer les droits des grandes banques américaines, les autorités des Etats-Unis s'attribuèrent la haute main sur les douanes et, ainsi, sur la principale source de revenus de l'Etat dominicain.

En 1919, la politique américaine fit un nouveau pas en avant. Comme il s'était avéré que la « stabilité » du pays était devenue impossible à maintenir sans une intervention directe, le 15 mai débarquèrent dans l'île sucrière d'Hispaniola des unités d'infanterie de marine américaines, les fameux « leathernecks ». Aucun gouvernement dominicain ne se déclarant prêt à remplir les exigences des envahisseurs, en novembre, un gouvernement militaire venu des Etats-Unis occupa les postes de commandement, renvoya le Parlement dans ses foyers, suspendit la Haute Cour, interdit toutes les organisations politiques, désarma la population et confisqua l'autonomie administrative des communautés au profit des commandants militaires. Jusqu'en 1922, le pays fut gouverné par voie de décrets. Le pouvoir militaire pouvait compter sur la collaboration des grands propriétaires fonciers et du bas peuple, en partie aussi sur la petite bourgeoisie ; en revanche, les agriculteurs s'organisèrent en groupes de partisans.

Il n'existe aujourd'hui aucun doute sur le caractère de cette occupation. Le diplomate américain Benjamin Sumner Welles, qui fut haut-commissaire des U.S.A. à Saint-Domingue de 1922 à 1924, s'est exprimé en ces termes à ce sujet :

« Il est indéniable que les forces d'occupation ont longtemps soumis les provinces orientales de la République dominicaine à un régime d'oppression politiquement inintelligent, dirigé surtout contre une population paisible et entraînant sans nul doute de nombreuses cruautés » [3].

Le Sénat américain décida la formation d'une commission chargée d'enquêter sur les meurtres, les tortures et les exécutions d'otages dont s'étaient rendus coupables les « leathernecks » et leurs aides, la *Guardia civil*, entièrement recrutée parmi les bandits du pays. Au nombre des accusés, il faut citer un certain commandant Merckle, l'un des officiers les plus lourdement coupables : le chef et le protecteur de Rafael Trujillo. « Les fusiliers marins, écrivit le publiciste américain John Gunther, avaient une prédilection pour Trujillo. Ils avaient coutume de dire : il pense exactement comme nous » [4].

En juin 1924, après que s'établit, sous la pression américaine, le gouvernement Vasquez, un régime typiquement proconsulaire, basé sur le patronage, la protection et la police, les « marines » quittèrent l'île. Quelques années plus tard, succéda au vice-amiral Thomas Snowden un autre « bienfaiteur » local : un obscur capitaine de police, habitant une ville de province du Nord et qui avait décidé de « devenir politicien ».

CALENDRIER D'UNE PRISE DE POUVOIR

Nous n'avons pas besoin d'un ouragan
Nous n'avons pas besoin d'un typhon

Car ce qu'il peut accomplir comme terreur
Nous pouvons le faire nous-mêmes.

Brecht, *Ascension et chute*
de la ville de Mahagonny.

Début de 1929.

Un groupe d'experts financiers américains, à la tête duquel se trouve un ancien vice-président des Etats-Unis, se livre à un contrôle de l'administration dominicaine. On découvre des « irrégularités » dans le budget de l'armée, qui représente un tiers des finances de l'Etat. On parle d'un déficit se montant à 500 000 dollars. Il serait apparu dans les listes des salaires d'innombrables « soldats fantômes », touchant régulièrement leur prêt, mais demeurant introuvables. Le commandant en chef de l'armée, Rafael Leónidas Trujillo, se sent visé par le rapport de la commission d'étude et prend des contacts secrets avec un groupe de l'opposition de la province de Santiago de los Caballeros, le prétendu parti républicain de l'avocat Estrella Ureña.

Fin de 1929.

La crise économique mondiale exerce des ravages dans l'économie de la République. La situation politique du pays s'aggrave.

Février 1930.

Se basant sur un entretien secret avec Estrella Ureña, l'ambassade américaine de Saint-Domingue informe le *State Department* qu'il faut s'attendre d'un moment à l'autre à une tentative de *putsch*.

23 février 1930.

Après un combat factice contre des troupes de « l'armée », la place forte de San Luis tombe aux mains des rebelles. Le putsch, exécuté par Estrella Ureña, avait été débattu auparavant avec Trujillo, chef des forces armées.

24 février 1930.

Le président de la République, Horacio Vasquez, se rend avec sa femme et les principaux membres de son cabinet à l'ambassade d'Amérique et demande asile.

26 février 1930.

Les « putschistes » entrent dans la capitale. L'armée n'offre aucune résistance. Estrella Ureña se rend à l'ambassade d'Amérique pour traiter avec Vasquez. Le chargé d'affaires américain préside les débats. Trujillo est appelé à l'ambassade. Dans la soirée, le chargé d'affaires câble à Washington : « Il a été établi aujourd'hui de manière irrécusable que Trujillo, sans tenir compte des engagements solennels contractés envers son gouvernement et l'ambassade d'Amérique, a été en relations suivies et a conspiré avec les promoteurs du putsch en trompant sciemment à plusieurs reprises son gouvernement » [5].

29 février 1930.

Après de durs débats à l'ambassade, on parvient à l'accord suivant : 1° L'ancien gouvernement se retire « de son plein gré ». 2° Estrella Ureña devient président intérimaire de la République. 3° Il s'engage à annoncer de nouvelles élections pour le 16 mai. 4° Toutes les armes devront être remises à l'armée. 5° Trujillo demeure commandant en chef, mais ne doit sous aucun prétexte présenter sa candidature à la présidence de la République ; le gouvernement américain s'engage de son côté, et le cas échéant, à ne pas reconnaître un gouvernement Trujillo.

3 mars 1930.

Première apparition officielle d'une section d'assaut privée de Trujillo, nommée, d'après la 42e compagnie de l'infanterie de marine américaine, « la Quarante-deuxième ». Il s'agit d'une organisation économiquement indépendante ; elle vit de ses rapines. Elle a notamment pour tâches de disperser les rassemblements, d'enlever les candidats du camp adverse et d'abattre les ennemis politiques. Son instrument le plus célèbre est le *carro de la muerte,* une Packard rouge qui opère sur le modèle des gangsters américains. Plusieurs centaines d'adversaires tombent, victimes de la Quarante-deuxième, pendant la lutte électorale.

18 mars 1930.

Une « Coalition de citoyens patriotes » nomme Trujillo candidat à la présidence. Le même jour, le chargé d'affaires américain câble au State Department : « J'ai eu cet après-midi un entretien très complet et très franc avec le président (Estrella Ureña) ; il m'a révélé que le général Trujillo a décidé de lui retirer le pouvoir. Etant donné l'attitude de l'armée, il lui sera désormais impossible de garantir un déroulement impartial et équitable des élections. En d'autres termes, il faut s'attendre à des résultats falsifiés. Le président m'a prié de déclarer publiquement que les U.S.A., conformément à leurs engagements, se refuseraient à reconnaître la présidence de Trujillo. Il m'a donné à entendre que Trujillo considérerait toute résistance à sa candidature de la part d'Estrella comme une attaque personnelle » [6].

19 mars 1930.

A ce télégramme parvint une réponse de Washington selon laquelle le gouvernement américain comptait sur une présidence de Trujillo, songeait à la reconnaître et « souhaitait entretenir avec lui et son gouvernement les meilleures relations » [7].

21 avril 1930.

Estrella se retire. Le ministre de l'Intérieur Peynado, un des hommes de confiance de Trujillo, se charge des affaires gouvernementales.

7 mai 1930.

Le comité électoral des futures élections donne sa démission ; l'activité de l'armée et les perquisitions effectuées par des bandes armées retire toute raison d'être à la lutte électorale.

8 mai 1930.

Trujillo fait nommer par son homme de paille, le président intérimaire Peynado, un nouveau comité électoral uniquement composé de ses partisans.

14 mai 1930.

Deux jours avant les élections, tous les candidats adversaires de Trujillo se retirent, car la terreur qui règne ne permet pas d'élection libre.

16 mai 1930.

Les élections ont lieu dans la République dominicaine.

18 mai 1930.

Lettre du chargé d'affaires américain au State Department à Washington : « J'ai l'honneur de confirmer mon rapport, selon lequel la journée de l'élection s'est déroulée sans excès d'aucune sorte. Il règne cependant ici une certaine agitation... La *Confederación* annonce que, d'après les premiers résultats, le général Rafael Leónidas Trujillo a obtenu 223 851 voix. Comme ce chiffre dépasse de beaucoup le nombre des électeurs inscrits, il s'ensuit que, sur le plan de l'honnêteté, ces élections se passent de tout commentaire » [8].

19 mai 1930.

Federico Velasquez, lequel, avant l'élection, était l'adversaire le plus sérieux de Trujillo, est arrêté. D'innombrables autres politiciens vont se réfugier dans les ambassades des pays de l'Amérique latine et y demandent asile.

30 mai 1930.

Des commandos de la Quarante-deuxième se livrent à des attaques armées contre le siège du plus grand journal du pays.

1er juin 1930.

Le politicien Martinez Reyna, appartenant à l'opposition, est découvert assassiné à son domicile. Le cadavre avait été décapité par les meurtriers et son nez coupé. Quelques jours plus tard, Juan Paredes, José Brache, Elíseo Esteves furent abattus en pleine rue par des tireurs inconnus. Dans les mois qui suivirent, mille Dominicains, au moins, faisant partie de la liste noire de Trujillo, trouvèrent la mort ; des milliers d'autres furent emprisonnés et torturés [9].

16 août 1930.

Trujillo est solennellement intronisé Président. Washington reconnaît immédiatement son gouvernement.

3 septembre 1930.

Un ouragan ravage la capitale de Saint-Domingue. Le Parlement déclare l'état d'urgence et accorde au président des pouvoirs exceptionnels.

5 septembre 1930.

Le chef de la « Quarante-deuxième », le capitaine Paulino, « chasseur » redouté, fait arroser d'essence des centaines de cadavres sur la Plaza Colombia et y fait mettre le feu. Cette mesure rend l'identification des victimes difficile, certes, mais n'en est pas moins accueillie par le président de la République comme un acte indispensable pour l'hygiène publique. Le président est d'avis qu'ainsi tout danger d'épidémie est écarté.

16 août 1931.

Création du Parti unique du président Trujillo, le *Partido dominicano.* Selon les chiffres fournis par la direction du Parti, 80 % de tous les électeurs se sont inscrits comme membres.

Justice.

Discours prononcé à l'occasion d'un hommage rendu par la magistrature dominicaine, le 9 janvier 1956 :

« Messieurs les Juges :

« ... Je ne puis vous dissimuler la profonde émotion que m'ont causée les termes de l'hommage que vous venez de m'adresser. Vous y déclarez que j'ai « revêtu la notion de justice d'une signification plus haute et proclamé les nobles principes qui doivent guider la pensée du magistrat dans l'exercice de ses fonctions...

« Je me suis en effet efforcé de réaliser une liberté civique qui peut avoir stimulé les institutions de la Justice. A cette fin, il s'agissait d'assurer la sécurité et le respect de la magistrature. La tenue des juges doit répondre aux exigences les plus sévères, afin que les citoyens puissent leur faire face sans peur et sans restriction intime.

« La majesté de la Justice, messieurs, repose autant sur votre discernement que sur la pureté de vos mœurs. L'exercice de la justice a besoin de l'intelligence pour l'établissement de la sentence et de la conscience comme élément moral. Elle dépend de l'une et de l'autre, afin que l'esprit de justice ne soit pas trahi et que la passion de la vérité l'anime sans cesse. Et combien magnifique et sacrée nous semble la magistrature quand, chez ses représentants, qui planent au-dessus de tous les autres hommes, s'épanouit la probité et que l'équité et le bon droit sont leur seule ambition ! » [10].

La constitution de la République dominicaine fait partie des documents les plus satisfaisants pour un esprit libéral. Il s'agit d'une constitution présidentielle sur le modèle américain. Elle s'en tient au principe classique de la division des pouvoirs, prévoit un système de deux chambres et contient un fort imposant catalogue de droits et de libertés civiques. Elle n'a jamais cessé d'être en vigueur. Le coup d'Etat de 1930 s'est strictement conformé à ses préceptes. Le Bienfaiteur lui-même a toujours tenu scrupuleusement compte de ses formes juridiques.

Par exemple, tous les quatre ans, les électeurs se rendaient ponctuellement aux urnes. Les résultats paraissaient toujours (et de plus en plus) en règle. D'après les chiffres officiels, il y avait encore en 1930 1 883 voix contre le Bienfaiteur. Quatre ans plus tard, en revanche, la popularité de Trujillo outrepassait même celle d'Hitler et de Staline. Voix en sa faveur : 256 423 ; bulletin nul : 0 ; bulletin blanc : 0 ; voix contre : 0.

La législation dominicaine se déroulait, elle aussi, dans des formes exemplaires. Le Bienfaiteur ne manquait jamais de donner à ses moindres agissements des fondements légaux. Au lieu de se séparer tout simplement de sa seconde femme ou de la faire assassiner, il pria en 1935 le Congrès de voter une nouvelle loi du mariage selon laquelle une union demeurée plus de cinq ans sans enfant pouvait être dénouée par une simple déclaration de volonté d'un des partis. Le lendemain du jour où fut votée cette loi, le Bienfaiteur, tout le premier, fit usage de cette commodité. Il apporta le même souci de minutie dans le choix et l'adoption de ses innombrables titres, dont chacun fit l'objet d'une réglementation légale. D'ailleurs, sous son égide, le Congrès fut la législative la plus active du monde. Le Bienfaiteur veillait à ce qu'une quantité presque inimaginable de lois et de décrets fussent promulgués. Quiconque se promenait pieds nus dans la capitale, vendait sans l'autorisation du ministre des Affaires culturelles des photos du Bienfaiteur, portait des chemises et des pantalons kaki de même nuance éprouvait durement la sévérité du nouveau Code pénal.

« Le Parlement donne son adhésion à tous les projets de loi que lui soumet le Président avec une hâte exemplaire et il n'est pas rare qu'un projet urgent subisse deux lectures dans les deux chambres le même jour. J'ai moi-même été membre du Congrès pendant deux ans, écrit German Ornes, qui émigra plus tard aux Etats-Unis, et je ne me souviens pas qu'une seule loi ait été débattue. Quand exceptionnellement un projet était introduit par un député (j'ai été deux fois obligé de le faire), cela se passait sur une injonction personnelle du généralissime » [11]).

Le Bienfaiteur trouvait également des solutions juridiquement satisfaisantes pour ce qui concernait l'exécutif. Les ministres et les fonctionnaires n'étaient pas, comme il est d'usage dans les dictatures, tout bonnement révoqués. Ils se démettaient généralement de leurs fonctions ou demandaient à se retirer. Il en était de même pour les députés, qui étaient prêts à renoncer à tout instant à leur mandat. Le Bienfaiteur leur facilitait ces processus en leur faisant signer avant d'occuper leurs sièges, fonctions et situations, une démission en blanc afin que, le moment venu, il n'y eût plus qu'à la dater.

Pour ce qui concerne la Justice, il y a longtemps que la peine de mort est abolie dans la République dominicaine. Ceux des prisonniers qui n'étaient pas « abattus au cours d'une évasion » ou victimes des nombreux « accidents d'automobile » avaient l'habitude, comme on l'écrivait laconiquement dans les journaux du pays, « poussés par le remords », de se pendre dans leur cellule. Il y en avait d'autres que la police, en dépit de patientes et minutieuses recherches, ne trouvait plus. *Se perdió* (il s'est perdu), disait-on dans ce cas.

Bien entendu, les procès politiques n'existèrent pour ainsi dire pas sous le règne du Bienfaiteur. Pour autant qu'on en vînt à des débats devant les tribunaux, ses adversaires s'avérèrent constamment comme des criminels ordinaires, que l'on devait condamner pour homosexualité, fraude fiscale, usage de stupéfiants ou quelque autre délit.

Quant aux libertés garanties par la Constitution, le Bienfaiteur s'est souvent plaint que personne ne cherchât à en faire usage. Il ne pouvait s'expliquer le fait que, durant trente ans, les journaux du pays n'eussent jamais rien écrit qui ne lui fût favorable que par la raison qu'il était le Bienfaiteur.

C'est ainsi que, pendant des décennies, Trujillo eût la main heureuse dans ses rapports avec la Constitution. Loin de la détruire, il a reconnu avec une grande perspicacité les possibilités que peut dissimuler une justice conséquente avec elle-même. Fernando Fournier, un ancien ministre des Affaires étrangères de la République de Costa Rica que la Commission internationale des Juristes avait envoyé à Saint-Domingue pour étudier l'exercice du droit par le Bienfaiteur, a résumé ses impressions dans les termes suivants :

« Tout, en vérité et à la lettre, *tout* était possible dans la République dominicaine. Il était possible d'être réveillé à trois heures du matin et d'être déporté en vêtements de nuit. Il était possible, à la suite d'une dénonciation anonyme ou d'une vengeance personnelle, d'être soumis aux tortures les plus raffinées, peut-être aussi uniquement à cause d'une remarque faite en passant, comme, par exemple, que la vie était redevenue chère... Il y avait des chaises électriques pour obtenir des aveux à l'aide de décharges électriques, des cigarettes allumées écrasées sur la peau ; des femmes violées sous les yeux de leurs époux ; des réservoirs emplis d'eau puante où les prisonniers étaient plongés jusqu'aux lèvres pendant des heures et des journées entières ; des bassins contenant des requins dans lesquels on jetait des prisonniers en présence de Rafael Trujillo junior et de ses amis ; des casemates, uniquement érigées en vue de tortures ; des arènes avec des chiens de chasse dressés à couper d'un coup de dents les parties génitales des victimes et des camps de concentration dans des îles éloignées où il n'y avait pour ainsi dire pas à manger » [12].

Traits humains.

Parler des particularités du Bienfaiteur ne nous apprendrait pas grand-chose. Il mesurait un mètre soixante-cinq. Son appétit était normal, sa santé parfaite, le coloris de son visage très vif, sa tenue excellente. Trujillo se levait de bonne heure, se promenait volontiers, se souciait de sa condition physique, était enclin à recourir, pour se soigner, aux spécialités pharmaceutiques ; il absorba dans les dernières années des préparations spéciales contre l'impuissance. A soixante-dix ans, il présentait le physique habituel d'un président-directeur général prospère.

Son extraordinaire puissance de travail et sa ponctualité exemplaire lui valurent l'approbation d'un grand nombre de gens sérieux. Le déroulement de ses journées était sévèrement réglé ; neuf à dix heures à sa table de travail étaient considérées comme sa norme. Aucune grâce. Pragmatique. Très irritable. Une grande hypocrisie. Une intelligence très pratique. Une mémoire fantastique. Des dons d'organisation exceptionnels. Crétinisme moral. Sens familial très développé.

La vie privée du Bienfaiteur était calquée sur l'existence que menaient à cette époque les gens jouissant de positions et de revenus analogues : trente-cinq automobiles, deux yachts, quelques écuries de courses. Sa résidence, toute de marbre et d'acajou, située à côté de celle de l'ambassadeur des Etats-Unis, comprenait une clinique dentaire, un quartier réservé à ses gardes du corps, plusieurs bars, un salon de beauté, une salle de gymnastique, un cinéma et une piste de glace, sans oublier, bien entendu, l'inévitable piscine.

Trujillo passait pour être bon danseur. Comme ses devoirs professionnels lui laissaient peu de loisirs pour s'occuper des femmes, un de ses aides de camp lui servait de procureur. Il ne dissimulait aucun de ses innombrables enfants illégitimes et ne détestait pas que le public s'entretînt de ses coucheries ; il estimait que c'était une preuve de virilité.

Le Bienfaiteur attachait une grande importance à sa garde-robe, affichait une préférence pour les complets blancs, portait des bijoux, faisait broder ses initiales sur son linge et arborait les cravates de cent dollars peintes à la main chères aux hommes d'affaires américains. Son uniforme favori, d'une valeur de 10 000 dollars, était surchargé d'or et se composait d'un frac aux lourdes épaulettes et à queue-de-pie de brocart d'or, d'une ceinture de soie aux couleurs nationales, d'un pantalon passepoilé d'or et d'un tricorne or et blanc, orné de plumes.

Une étude approfondie des goûts de Rafael Leónidas Trujillo ne nous révélerait rien d'extraordinaire : on peut s'en passer. Toutefois, parmi ses passions, il en est une qui mérite une mention particulière : sa mégalomanie, qui a pris les formes les plus étranges.

L'homme d'Etat consacrait une bonne partie de son travail à collectionner des titres, des ordres, des médailles, et à se faire élever des monuments. Il fit légalement instituer une ère portant son nom. Saint-Domingue, la ville la plus ancienne de l'hémisphère occidental, fut rebaptisée par lui en 1936 « Ciudad Trujillo » ; en très peu de temps, d'innombrables rues, parcs, écoles, places, hôpitaux, voire des provinces entières, furent désignés sous ce nom. Après avoir ainsi rassemblé sur sa personne toutes les distinctions imaginables — dont un prix de littérature portant son nom —, fidèle à ses sentiments familiaux si développés, le Bienfaiteur songea aussi à d'autres membres du clan Trujillo. Son fils Ramfis, notamment, fut nommé à trois ans colonel de l'armée nationale ; à six ans, le Congrès l'honora du titre de « Protecteur des enfants pauvres » ; à neuf ans, il fut promu général de brigade et reçut la médaille de la Valeur « en récompense des exploits accomplis par lui en un âge si tendre », comme s'exprime le document officiel.

Le pays était inondé d'affiches, de panneaux, d'images

pieuses. Sur les autobus, les façades des maisons, les charrettes à bras : « Dieu et Trujillo ! » ; dans les vitrines : « Trujillo est mon protecteur ! » ; dans les hôpitaux : « Seul, Trujillo nous guérit ! » ; dans les caisses d'épargne : « Je dois tout ce que je possède à Trujillo ! » ; aux pompes des villages : « C'est Trujillo qui nous dispense cette eau ! » Une plaquette de bronze, à peu près indispensable en cas de perquisitions — fréquentes ! — et qui, pour cette raison, était accrochée en bonne place dans des centaines de milliers de logis, portait au recto un portrait en couleurs du Bienfaiteur, avec l'inscription suivante : « Dans cette maison, c'est Trujillo qui commande. » Au verso, on lisait ce slogan : *Rectitud, Libertad, Trabajo y Moral* (« Intégrité, Liberté, Travail et Moralité »), un acrostiche des initiales *R*afael *L*eónidas *T*rujillo *M*olina. La plaquette coûtait dans le commerce 30 dollars et revenait à deux dollars à la société anonyme qui avait le monopole de sa fabrication, la *Ferretería,* et dont la majorité des actions se trouvait entre les mains de Mme Rafael Leónidas Trujillo.

Le trésor d'anecdotes laissé par l'homme d'Etat est pauvre. Il ne fournit que de maigres indications sur l'homme et confirme uniquement le fait que le Bienfaiteur était particulièrement doué pour la profession qu'il exerçait. Sa mémoire d'éléphant lui permettait de savourer des actes de vengeance, auxquels il était très enclin. Une des premières personnes qu'il fit exécuter lors de son accession au pouvoir fut un malheureux qui, des années auparavant, avait refusé un prêt au Bienfaiteur.

Ce serait sans doute trop exiger d'un homme comme Trujillo que de lui demander d'avoir le sens de l'humour. Une affaire de l'année 1931 démontre ce qu'il en était. A cette époque, le président fit abattre le sénateur Desidario Arías. Il apparut en même temps que le corbillard dans la maison de la veuve et insista pour veiller le mort à ses côtés ; le lendemain matin, il ordonna trois jours de deuil national.

Ceux de ses biographes se piquant de psychologie ont vainement tenté d'analyser sa personnalité et son caractère. On ne réfutera jamais assez catégoriquement leurs calomnies. Le Bienfaiteur n'était ni un mégalomane ni un sadique. Son caractère, c'était la politique qu'il faisait : il n'en avait pas d'autre. Ce n'était pas d'un complexe d'infériorité qu'émanait l'insatiable besoin d'attirer l'attention sur lui qu'il était apparemment impuissant à combattre, mais d'une raison politique. Le culte de la personnalité n'était pas là pour mieux extirper les doutes que l'homme d'Etat aurait pu avoir sur son propre compte, mais ceux des autres ; l'acte de vengeance arbitraire ne s'explique pas par une enfance malheureuse : c'est une démonstration de puissance politique ; le sens de la famille était un des rouages de sa politique personnelle ; la cruauté, une servante de l'épouvante judicieusement maniée. L'action la plus absurde, le caprice le plus stupide du Bienfaiteur étaient dictés par des intentions politiques. Avait-il seulement un visage ? S'il en avait jamais eu un, il s'était dissous dans sa fonction d'homme d'Etat comme une cuillerée d'acide prussique dans un verre d'eau. Pas plus qu'à Eichmann, on ne peut lui reprocher d'avoir été quelqu'un. Ce qu'il y avait de plus grand chez Trujillo, c'était sa banalité.

L'art du possible.

Le Bienfaiteur de la nation a été un des politiciens les plus habiles et les plus imaginatifs de son temps. C'est uniquement à ses capacités qu'il doit ce qui fut sans doute sa plus remarquable performance d'homme d'Etat : être demeuré pendant trente et un ans au pouvoir et en vie. Dans ce sens, il a surpassé Staline, Franco, Mussolini et Hitler. Un seul de ses contemporains peut lui être comparé pour la ténacité, le savoir-faire, la force de volonté et la patience : c'est le Bienfaiteur de la Chine, le généralissime Tchang Kaï-chek. Naturellement, on ne s'est pas fait faute de chercher à écarter Trujillo. Ce n'est pourtant pas en raison de la circonspection du Bienfaiteur que ces tentatives échouèrent, mais grâce à ses protecteurs.

La clef de la méthodologie de Trujillo était la politique personnelle. Dans ce domaine, il s'était dès le début montré sous les traits d'un chef dynamique, « familiarisé avec toutes les questions concernant le maniement des hommes ». Il n'a jamais fait confiance à personne. Il faut, pour cela, une maîtrise de soi qu'on ne saurait sous-estimer. Il ne s'est jamais laissé aller à un mouvement de reconnaissance. C'est un signe de stabilité intérieure. Il a été un maître chanteur redoutable et un traître remarquable. Cela prouve sa souplesse.

La première règle de sa politique personnelle était de ne jamais déléguer de pouvoir permanent à quiconque. Il obviait à l'inévitable « pouvoir discrétionnaire » des gros bonnets de l'administration par de perpétuels revirements, qui s'effectuaient de manière aussi arbitraire que systématique. Il n'était pas rare que députés, ministres et généraux apprissent leur « démission » par la presse quotidienne. Ses plus fidèles flagorneurs se voyaient destitués du jour au lendemain ou appréhendés à leurs tables de travail et jetés en prison après de longues années de loyaux services et sans la moindre raison. On considérait que, pour un chef de police, une année de fonctions était le maximum. Le mouvement dans l'administration publique était énorme. Autour du Bienfaiteur, l'incertitude était totale. On ne pouvait même pas se dire qu'un homme mis au rancart ne comptait plus ; Trujillo avait coutume de réhabiliter subitement ces malheureux ou de leur confier de nouvelles fonctions ; comme, d'autre part, il était assez intelligent pour ne pas employer la terreur de façon constante et suivant des règles fixes, mais au contraire selon le principe de la douche écossaise, il faisait succéder à ses « purges » de longues périodes d'accalmie, proclamait des amnisties, se montrait libéral, laissait à cent fleurs le temps de s'épanouir, permettant ainsi à ses adversaires présumés de sortir de leur réserve, et s'empressait de recommencer à « intervenir ».

Pour éviter la formation de cliques, il n'autorisait sous aucun prétexte qu'une amitié s'établît entre ses collaborateurs directs, les officiers et les fonctionnaires. Saper avec art le moral de ses équipes faisait partie de ses maximes. Il se délectait surtout à amadouer ses rivaux virtuels et les obligeait à faire partie du gouvernement ; il recrutait souvent ces hommes dans les prisons. Ainsi, il acquérait pour son travail des personnages de valeur tout en les discréditant à l'extérieur. Il réunissait et conservait soigneusement des preuves de « leur collaboration ». Lors de l'inévitable renvoi, ces documents étaient publiés et les malheureux passaient pour des « collabos » aux yeux des résistants émigrés à l'étranger et, partant, devenaient inoffensifs.

Pour des raisons analogues et tout aussi méthodiques, Trujillo ne combattait guère la corruption générale de tradition dans l'administration, mais n'en renforçait pas moins les ordonnances qui la châtiaient. La contradiction entre les règlements et la réalité ne le touchait pas ; au contraire, il s'en réjouissait ; il constituait avec amour des dossiers rassemblant des preuves de prévarications qui mettaient le moindre de ses fonctionnaires à sa merci.

Donc, la politique personnelle du Bienfaiteur suivait dans les grandes lignes les maximes classiques, tout en se distinguant par des détails originaux. On peut en dire autant de ses méthodes administratives. En ce siècle « éclairé » il ne nous reste plus grand-chose à apprendre en matière d'espionnage, de constitution de « dossiers », de terreur physique, de tortures, de table d'écoute téléphonique, de censure, de propagande et de provocation. Grâce à ses années d'apprentissage dans la pègre et la police, le Bienfaiteur avait amassé un vaste trésor d'expérience dans ce domaine. Avec un sens de l'organisation digne d'être cité en exemple, il a mis au point le système bureaucratique indispensable ; les seules fusillades ne suffisaient pas pour assurer la paix dans un pays comportant, après tout, trois millions d'habitants. Chaque citoyen était tenu de porter constamment sur soi une carte d'identité personnelle, qu'il fallait faire tamponner à chaque élection par manière de contrôle et qui devait être régulièrement revêtue de timbres fiscaux. La présentation de la carte de membre du Parti était obligatoire à toute réquisition des autorités, à la conclusion de contrats, aux inscriptions à l'Université et aux guichets des banques. De plus, un certificat de bonne vie et mœurs établi par la police secrète était exigé pour l'exercice de toute profession libérale, l'ouverture d'une boutique ou l'obtention d'un passeport.

La police secrète du Bienfaiteur n'était pas une formation homogène. Une véritable hydre d'organisations était chargée de ses tâches. Dans le royaume de Trujillo, il y eut des périodes où sept organismes de « Défense de l'Etat » travaillaient côte à côte : le secrétariat de la Sûreté de l'Etat, le Service de Contre-Espionnage de l'Armée, le Service secret de la Marine, le Commissariat secret du Parti unique, les gardes du corps du président, ce que l'on appelait l'Inspection présidiale et la « Police espagnole », une unité d'environ cent « spécialistes » éprouvés que le généralissime Franco prêta en 1956 à Trujillo. Au reste, les services secrets se recrutaient parmi l'*intelligentsia* bourgeoise, les maisons d'arrêt et les vétérans du F.B.I. et du C.I.A. Le schéma embrouillé de ces divers services représente une autre des règles fondamentales du Bienfaiteur : la multiplication systématique des compétences et des institutions. C'était encore un moyen d'éviter de désagréables concentrations de pouvoir, d'opposer les hauts fonctionnaires les uns aux autres et de créer entre les divers appareils une perpétuelle rivalité, dont le seul bénéficiaire était le chef de l'Etat.

Naturellement, ce n'est pas uniquement à ses méthodes que Trujillo doit son succès. Quelque moderne et raffinée que fût sa technique du pouvoir, pour s'épanouir, elle avait besoin des bases traditionnelles. Le Bienfaiteur n'a jamais nié son respect des soutiens institutionnels de la Société. Il n'en a lui-même édifié qu'un seul : le *Partido dominicano,* son Parti unique. Il s'est avec une extrême habileté servi des autres. Il s'agit en fait de l'Eglise, de l'Armée, du Capital et du gouvernement américain.

De ces cinq piliers de son régime, le Parti unique

était le plus faible. Trujillo l'employait surtout pour préserver la fiction d'une démocratie parlementaire ; il servait en outre d'instrument de propagande, d'organisation d'espionnage et d'entreprise d'affaires. Comme tous ceux qui étaient au service de l'Etat devaient en faire partie, que, de plus, une contribution d'un montant représentant 10 % de leurs salaires était légalement retenue sur les versements qu'ils recevaient, cette entreprise accusa bientôt de gros bénéfices. Le programme du Parti se composait essentiellement des huit lettres composant le mot Trujillo.

En sa qualité de président d'un pays où le catholicisme était et reste la religion d'Etat, lui-même catholique pratiquant, dès le début de sa carrière, le Bienfaiteur s'était assuré le soutien de l'Eglise. Ses relations avec le Vatican étaient excellentes ; en 1954, cette collaboration fut couronnée par un concordat. A chaque manifestation officielle et à chaque cérémonie du Parti, il y avait une grand-messe ou tout au moins un *Te Deum*. Monsignore Ricardo Pittini, qui fut en 1935 sacré archevêque de Saint-Domingue, était un des plus actifs propagandistes de Trujillo ; en 1957, il a encore déclaré publiquement que la « République dominicaine, absolument anticommuniste », accordait à ses citoyens « les mêmes libertés que celles dont jouissaient les citoyens des Etats-Unis ». Le cardinal Spellmann, lui aussi, s'est volontiers entremis pour le Bienfaiteur. Le pape Pie XII l'a plusieurs fois décoré et n'a jamais manqué, lors de cérémonies solennelles, d'échanger avec lui des télégrammes extrêmement cordiaux. Aux « noces d'argent » de Trujillo avec sa patrie (ainsi nommait-on dans le langage officiel l'anniversaire de la vingt-cinquième année du règne de Trujillo), le Pape envoya un légat personnel, Monsignore Salvatore Siino, et, dans son message, exprimait son admiration pour « l'esprit chrétien et l'attitude humanitaire » du régime.

C'est à l'armée, de laquelle il était sorti, que le Bienfaiteur devait le monopole du pouvoir physique. En 1952, elle absorbait, avec la police, 46 % du budget de l'Etat, comportait environ 40 000 hommes et disposait des armes les plus modernes. Cet énorme appareil militaire n'avait naturellement pas de fonction stratégique ou relevant de la politique étrangère ; la République dominicaine, en dehors d'un massacre sur ses frontières où tombèrent 15 000 ouvriers agricoles haïtiens, n'a jamais connu de conflit armé. Il serait plus exact de dire que Trujillo a consciemment mis sur pied une armée d'occupation servant exclusivement à tenir en échec la population du pays. Il reconnut à temps la dialectique inhérente à tout armement dans ces conditions : au-delà de limites difficiles à déterminer, la répression peut tourner en agression contre celui qui l'a ordonnée. Néanmoins, en 1947, Trujillo institua le service militaire obligatoire, mais resta conscient du danger que cela représentait et se borna à faire faire l'exercice aux recrues sans leur faire apprendre le maniement des armes. Les officiers étaient tenus de garder constamment sous clef les armes à feu et les munitions. Au surplus, l'armée, et tout particulièrement le corps des officiers, acheté par des privilèges sociaux et matériels, s'était avérée comme le soutien le plus sûr du Bienfaiteur. Non seulement elle ne s'est pas livrée aux tentatives périodiques de putsch contre son protecteur, si fréquentes en Amérique latine, mais elle lui demeura fidèle jusqu'au-delà de la mort et pleure encore aujourd'hui son régime.

Pour ce qui concerne la politique économique de Trujillo, elle était d'une simplicité et d'une logique si audacieuses qu'elle mérite, comme ses relations avec la puissance protectrice des U.S.A., une analyse plus approfondie.

Industrie et profit.

Discours prononcé à l'occasion d'une manifestation de fidélité et de reconnaissance organisée par les commerçants du pays à l'hôtel *El Ambajador,* le 18 février 1956 :

« Je me réjouis sincèrement de l'honneur qui m'est fait aujourd'hui par les industriels et les négociants de mon pays, jamais je n'ai cessé, par mon action, de leur donner des preuves de l'intérêt que je leur portais. C'est également avec joie que j'accepte la médaille qu'ils m'ont remise pour me remercier de mes efforts pour l'édification d'une économie dominicaine.

« Je crois que les valeurs morales et spirituelles surpassent toutes les autres et je souhaite ardemment que mon peuple, par ses créations culturelles, la stricte observance des lois de la morale et l'exercice de l'amour chrétien du prochain les maintienne et les élève bien haut. Toutefois, les nations ont également besoin de possessions matérielles. Disons à cela que, d'un commun accord et avec une pleine conscience de leurs responsabilités, le commerce, l'industrie, l'agriculture et les mines soutiennent de toutes leurs forces et avec un dévouement incomparable les efforts du gouvernement et mon initiative personnelle en vue d'un avenir meilleur... Et cependant ! Un homme d'Etat comme moi doit parler d'une voix claire et paternelle : beaucoup d'entrepreneurs manquent d'esprit d'initiative et retirent leurs capitaux ; d'autres ne sont pas de vrais commerçants dans le sens chrétien du mot, mais des spéculateurs pleins de fièvre... Des vues étroites et la routine ne trouveront jamais le chemin des mystères de la vie économique.

« Messieurs les entrepreneurs, sachez élever vos cœurs jusqu'aux sommets où flotte aujourd'hui la bannière de la croix. Prêtez à vos pensées les ailes de l'initiative et de la puissance créatrice ! Et toujours, vous me trouverez à vos côtés dans cette œuvre au service de la patrie » [13].

Les industriels, commerçants et entrepreneurs dominicains assemblés là ne pouvaient pas mettre en doute que ce fût un des leurs, leur aîné, qui parlait ainsi. L'économie politique le montrait à l'apogée de sa maîtrise. C'était là que se manifestaient le mieux ses principales qualités : son ardeur au travail, son don d'organisation, son soin à approfondir les choses, son imagination, son infatigable activité concouraient à des résultats remarquables. Jamais Trujillo n'a obtenu ailleurs un succès aussi complet, pas même dans un domaine qui était pourtant vraiment le sien : la police.

Ce don incomparable s'était déjà révélé en 1928, quand il n'était encore que chef de l'armée. A cette époque, le Bienfaiteur s'arrangea pour procurer à son amie, Maria Martinez, qu'il épousa par la suite, une concession extrêmement fructueuse : dorénavant, tout le linge sale de l'armée dominicaine devait être lavé dans une entreprise de blanchisserie appartenant à cette dame. Pour simplifier les choses, le montant des sommes dues par les soldats pour ce service était retenu sur leur solde. Pour un salaire mensuel de 15 à 20 dollars, ce montant atteignait 8 à 10 dollars, en sorte que Mlle Martinez gagnait à elle seule la moitié de ce que touchait en principe toute l'armée de la République.

Après la prise de pouvoir, Trujillo découvrit que la moralité du gouvernement laissait fort à désirer en ce qui concernait les paiements. Pour cette raison, sa compagne créa un bureau d'encaissement permettant aux fournisseurs de faire rentrer leurs créances sur l'Etat moyennant une remise appropriée d'environ 60 % des sommes en litige. Pour le seul exercice de 1930-1931, ce service rapporta 800 000 dollars.

Le Bienfaiteur ne fut pas long à reconnaître qu'une institution financière personnelle serait souhaitable pour l'enrichissement de son fonds de roulement. Le bureau d'encaissement devint « la petite banque » (*el banquito*). Elle conquit rapidement une situation prépondérante sur le marché dominicain du crédit. Comme le gouvernement montrait quelque négligence dans le règlement des traitements de ses serviteurs, la petite banque les leur avançait à un taux mensuel de 5 %. Bientôt, le gouvernement, par souci de rationalisation, versa directement les salaires hypothéqués à la banque du Bienfaiteur.

Dès cet instant, tout au début de ses créations, l'on est frappé par l'originalité des projets du Bienfaiteur, par sa résolution à se lancer dans des voies encore inexplorées et à trouver de nouveaux marchés. D'autre part, Trujillo se gardait bien de renoncer aux sources traditionnelles de revenus telles que les avait révélées le gangstérisme de Chicago et s'est de bonne heure intéressé à la prostitution, aux jeux de hasard, à la Camorra des légumes et à la contrebande. Sa tendance à mettre ces affaires non pas à son nom, mais à ceux de son innombrable parenté n'est pas uniquement une expression de son sens familial, mais aussi un raffinement qui peut passer, dans ces rackets classiques, comme un modèle du genre.

Toutefois, ces entreprises, et si vaste que fût l'échelle sur laquelle les avait établies le Bienfaiteur, sentaient un peu l'artisanat, la mesquine bourgeoisie et, à la longue, ne pouvaient plus convenir au style d'un généralissime. Un homme placé à la tête du gouvernement dispose de plus grands moyens qu'un chef de bande ; c'est pourquoi Trujillo ne s'en tint pas au simple vol — auquel il devait déjà une bonne partie de sa fortune de base.

Une de ses premières mesures d'économie politique fut l'institution d'un impôt inofficiel sur le chiffre d'affaires frappant les commandes de l'Etat et dépenses publiques. Les attributions étaient soigneusement réparties. L'application des peines, par exemple, était du domaine du général de brigade Pedro Trujillo Molina. Des 20 cents prévus pour l'entretien d'un prisonnier, ce frère du Bienfaiteur percevait une participation de 8 cents. Plus modeste était la commission que prélevait un autre frère, Hector Bienvenido Trujillo, sur tous les achats militaires, c'est-à-dire sur les armes, les habillements et le ravitaillement : elle n'était que de 10 %. Pour ce qui concernait les autres dépenses de l'Etat, notamment les constructions publiques, c'était le Bienfaiteur lui-même qui était partie prenante à raison de 10 à 20 %.

C'est ainsi que Trujillo se procura un capital de base qui devait suffire à ses projets. Par une chance « extraordinaire » et un décret spécial, le Congrès dominicain exonéra de tout impôt le chef de l'Etat et sa famille. De cette manière, plus aucun obstacle ne s'opposait au développement de la fortune du Bienfaiteur. Trujillo n'était pas un de ces hommes d'affaires qui tirent leur capital du trafic commercial ordinaire et manquent d'ampleur de vues. Fermement confiant en l'avenir de son pays, il investit le sien dans l'économie de la République dominicaine.

Il n'est pas facile d'apprécier exactement cette œuvre titanesque de toute une vie. Sans même parler de l'impossibilité de se faire une idée d'ensemble de ces gigantesques entreprises, de l'enchevêtrement de leur établissement, de l'étendue de la famille participante et du seul nombre de filiales et holdings qui composaient cette masse, une autre difficulté vient empêcher son estimation précise. En effet, quand on considère cet *imperium* économique, une question se pose : où finit la fortune privée de l'Etat et où commence celle du Bienfaiteur ? Au courant des années, cette délimitation devint de plus en plus fluide et fut de plus en plus souvent franchie dans un sens ou dans l'autre. Trujillo avait coutume de vendre à la République dominicaine celles de ses participations qui s'avéraient n'être plus rentables ; en revanche, il reprenait à son compte dans le portefeuille de l'Etat les affaires plus profitables. Il va sans dire que nombre de ces objets changèrent plusieurs fois de main, selon la conjoncture. Dans ces conditions, il est évident que les estimations les plus minutieuses demeurent inexactes. D'une manière générale, on pense qu'au moment de son trépas, le Bienfaiteur disposait de plus d'un tiers de la fortune totale du pays ; 80 % de la population laborieuse dépendaient directement de lui au point de vue économique : 35 % comme serviteurs de l'Etat et 45 % en tant qu'ouvriers et employés du consortium Trujillo [14].

Ci-après une liste des principales branches de ce consortium ; elle est certes loin d'être complète.

1. Tabac. Monopole de la Tabacalera dominicana. Majoritaire : Rafael Leónidas Trujillo.

2. Huiles alimentaires. Société Bonetti Burgos. Monopolisant à son profit 80 % du marché. Majoritaire : Rafael Leónidas Trujillo.

3. Sel. Monopole de la Compañia Salinera Nacional.

Bénéfice annuel : de 700 000 à 1 million de dollars. Propriétaire : Rafael Leónidas Trujillo.

4. Bière. Monopole de la Cervecería Nacional Dominicana, Inc. Majorité des actions entre les mains d'un groupe de capitalistes américains. Minorité prépondérante : Rafael Leónidas Trujillo.

5. Viande. Quasi-monopole de la Société d'Etat Matadero Industrial y Planta de Refrigeración, affermée à Ramon Saviñon Lluberes par ordre de son beau-frère Rafael Leónidas Trujillo.

6. Lait. Le plus gros producteur de lait du pays : Hacienda Fundación. Propriétaire : Rafael Leónidas Trujillo. Central Lechera : monopole de la laiterie sous la régie de l'Etat, contrôlé par des membres de la famille Trujillo.

7. Allumettes. Monopole de la Fábrica Nacional de Fosforos. Majoritaire : le cartel suédois des Allumettes. Minorité prépondérante : Rafael Leónidas Trujillo.

8. Préparation et exportation du cacao. Plus importante entreprise de cette branche : Chocolatera Nacional. Majoritaire : Rafael Leónidas Trujillo.

9. Ciment. Monopole de la Fábrica Dominicano de Cemento. Majoritaire : Martinez Alba, un beau-frère de Rafael Leónidas Trujillo.

10. Médicaments et droguerie. Monopole du Laboratorio Quimico Dominicano. Président : Martinez Alba.

11. Métaux ferreux. Quasi-monopole de la Ferretería Read, Inc. Majoritaire : Mme Rafael Leónidas Trujillo.

12. Importations. Représentation des maîtres de ce marché, les fabricants américains de machines, d'automobiles, de tous les produits de la métallurgie et de l'électricité concédée à un holding d'un groupe de négociants contrôlée par Martinez Alba.

13. Assurances. Quasi-monopole : Compañia de Seguros San Rafael. Président : Piña Chevalier, oncle du principal actionnaire, Rafael Leónidas Trujillo.

14. Presse, radio, télévision. Tous les quotidiens aux mains du consortium Trujillo. Quasi-monopole de la radio et de la télévision.

15. Transports maritimes et aériens. Deux compa-

gnies d'armateurs du consortium vendues à l'Etat en raison de leur mauvais rendement. La Compañia Dominicana de Aviación, filiale de la Pan American. Minorité prépondérante sous le contrôle de Rafael Leónidas Trujillo [15].

On n'a pas énuméré dans cette liste un grand nombre d'autres intérêts et de participations du consortium, notamment dans la Banque, l'industrie du Bâtiment, les mines, l'agriculture, l'industrie textile, l'armement, les cuirs et les moulins, ainsi que les industries du bois.

L'énumération sèche et incomplète de ces entreprises ne permet pas d'analyser les méthodes audacieuses et aventureuses du Bienfaiteur. Mais elle nous enseigne de quoi elles dépendaient. La politique économique de Trujillo était d'une simplicité géniale. Elle a amené la disparition d'un conflit d'intérêts aussi vieux que le capitalisme et créa subitement la paix — il est impossible de s'exprimer autrement. Ce qui n'est qu'indiqué dans la célèbre phrase d'un ministre de la Défense américain : *What's good for Trujillo is good for the Dominican Republic,* se retrouve en quelque sorte dans cette œuvre de sa vie. Le consortium et la nation s'identifient. Leur grand maître est le chef dans tous les sens que l'on peut donner à ce mot : comme chef d'Etat, employeur et propriétaire à la fois.

Dire que le Bienfaiteur était à la tête d'un régime progressiste serait à peine ironique. Il a trouvé un pays très en retard sur le développement capitaliste des grandes nations industrielles. De gros propriétaires fonciers incapables et une classe moyenne parasite abusaient des classes laborieuses ; mais ni les uns ni les autres n'étaient en mesure de réunir le capital nécessaire à l'industrialisation ou d'assumer le rôle historique de la bourgeoisie. Les pays étrangers intéressés n'en avaient pas envie non plus : ils ne voyaient dans la république caraïbe qu'un des objets de l'exploitation coloniale. Au contraire, le Bienfaiteur apporta au pays le progrès, bien que ce fût sous forme d'une parodie. Ses entreprises sautèrent des phases entières de l'évolution capitaliste, réussirent une énorme concentration de capitaux et aboutirent à une sorte de nationalisation de presque tous les moyens de productions unique en son genre. Il liquida la classe moyenne par la corruption et l'oppression aussi froidement que l'eût fait un consortium international ou une démocratie populaire. Comme Trujillo était l'Etat et *vice versa,* nationalisation et accaparement ne furent plus qu'un seul quiproquo paradoxal.

Naturellement, ce développement ne s'est pas effectué sans progrès. C'est avec raison que Trujillo s'est intitulé le « restaurateur de l'indépendance économique de la République ». Il l'a atteinte en même temps que la sienne. Au cours des trente années de son règne, il a doté le pays — et lui-même — de routes, de ponts, de ports, de systèmes d'irrigation, d'une nouvelle université et de beaucoup d'autres belles choses. Il ne pouvait pas agir autrement. Comment Trujillo, chef de l'Etat, aurait-il pu s'opposer à une demande du président de sociétés du même nom ? Il était naturellement inévitable qu'à cette occasion d'autres personnes s'enrichissent au passage. Néanmoins, la main paternelle du gouvernement veillait à maintenir ces phénomènes concomitants dans d'étroites limites. Il n'était pas question de parvenir à une égalité, ni même au problème d'un bien-être général. Un revenu moyen annuel de huit à neuf cents marks peut paraître au premier coup d'œil un avantage substantiel dans un pays à demi colonial ; mais si l'on tient compte de la part de la famille Trujillo au revenu total, ce chiffre tombe à cinq cents marks par an, en sorte que personne ne peut reprocher au Bienfaiteur d'avoir trahi les intérêts des capitalistes et d'avoir modifié de propos délibéré la structure de sa patrie.

On ne pourrait pas le prétendre davantage de sa politique culturelle, que ses innombrables admirateurs ont constamment évoquée comme le plus beau fleuron de son régime. Il s'est honnêtement préoccupé de faire des Dominicains un peuple de « lecteurs » ; pour être plus précis, de lecteurs de Trujillo. Parmi les nombreuses branches qui ont sollicité l'attention du Bienfaiteur, on compte l'industrie du livre. Comme exemple concluant de ses capacités commerciales, citons ici un *best-seller* sorti de sa plume. Il s'agit d'un *Alphabet du citoyen* écrit par Trujillo en 1933 et qui, pendant des décennies, a servi de livre de classe dans les écoles primaires du pays. Voici quelques perles extraites de cet ouvrage :

« Infatigable, le président travaille au bonheur de son peuple. Il veille à l'ordre et à la paix, soutient les écoles, construit des routes, protège le travailleur, vient au secours de l'agriculture, prête assistance à l'industrie, entretient et améliore les sports, se préoccupe des hôpitaux, favorise les études et édifie une armée pour protéger les honnêtes gens.

« Tous les Dominicains doivent l'aider, aimer leur pays plus que tout au monde et obéir au gouvernement parce que c'est le meilleur chemin du bonheur.

« Chaque policier est le meilleur de tes défenseurs, chaque membre du gouvernement est le meilleur de tes conseillers et chaque juge le meilleur de tes amis.

« Quand un homme passe devant ta maison et prétend changer quelque chose à l'ordre établi, dénonce-le. C'est le plus maléfique des méchants. Le criminel qui est en prison a tué quelqu'un ou volé quelque chose. Mais le révolutionnaire veut tuer tous ceux qu'il rencontre et voler tout ce qu'il trouve, y compris ce qui t'appartient ou appartient à ton voisin. C'est ton pire ennemi » [16].

Dans les dernières éditions de l'*Alphabet du citoyen*, le mot « révolutionnaire » a été remplacé par celui de « communiste ».

Conséquences d'un faux pas.

Communiste — là, nous nous trouvons sur un terrain sûr —, communiste, le Bienfaiteur ne l'était pas. Etait-il anticommuniste ? Etait-il pour ou contre quelque chose ? Le Bienfaiteur, tout au long de sa vie, était pour le Bienfaiteur et contre tous ceux qui n'étaient pas pour le Bienfaiteur. C'est sur ce principe simple, réaliste que s'est basée la politique étrangère de Trujillo pendant tout le temps où il a été au pouvoir.

Jusqu'à l'apparition de Castro, les pays de l'Amérique centrale n'avaient pas accédé à un rôle politique mondial ; et c'est pourquoi ce n'est guère la peine de consacrer des recherches approfondies aux ambitions et aux manœuvres du Bienfaiteur dans ce domaine. Comme tous les « politiciens réalistes », dès que la couverture d'une puissance réelle venait à lui manquer, il ne restait plus de lui qu'un informe tas d'immondices. D'une manière générale, il suffit d'énumérer sommairement ses efforts de politique étrangère : son petit flirt avec Hitler, l' « entente cordiale » avec l'Espagne de Franco, ses brillantes relations avec le Vatican sous Pie XII, l'action meurtrière contre sa voisine, Haïti, ses rapports la plupart du temps excellents avec Fulgencio Batista et ses collègues de même farine et ses intrigues occasionnelles contre eux ainsi que son aversion compréhensible contre les rares gouvernements des pays d'Amérique latine à tendances démocratiques.

En gros, le Bienfaiteur s'est toujours aperçu à temps de ce qu'il devait faire ou ne pas faire en matière de politique étrangère. Dans les cas douteux, le State Department de Washington le renseignait. Pour un pays comme la République dominicaine, toute politique étrangère était et est encore fonction de ses rapports avec les Etats-Unis ; toute action indépendante ne peut être que variante, fioriture ou déviation tactique. Dans le cas de Trujillo, ces rapports furent excellents pendant vingt-cinq ans. Le désir exprimé par le gouvernement américain en 1930 « d'entretenir avec lui et son gouvernement les relations les plus amicales » s'est réalisé. Quand, en septembre 1939, Trujillo déclara que la République dominicaine « s'associerait à la politique des Etats-Unis, quelle que soit l'attitude de ceux-ci », il l'a dit, bien entendu, à propos de la Seconde Guerre mondiale, mais ne faisait que formuler ainsi la règle générale de toute politique caraïbe.

Le Bienfaiteur garantissait à sa puissance protectrice ce que le State Department considérait être la « stabilité politique et sociale » du pays. Cela signifiait en premier lieu les intérêts économiques des U.S.A. L'armée de Trujillo assurait, sous la forme d'une sorte de « maffia » officielle, la « paix du travail » dans les plantations de cannes à sucre américaines —, et son consortium, la haute main sur le marché à l'importation américaine.

Deuxièmement, il fit de la République dominicaine une base stratégique militaire des U.S.A. Son armement, d'abord dans le cadre de la loi du Prêt-Bail, puis, plus tard, sur la base d'un pacte d'assistance mutuelle bilatérale conclu en 1953, s'était accompli grâce à l'argent provenant des impôts américains. Son armée de l'Air était pratiquement une dépendance de l'U. S. Air Force. Elle avait été édifiée, formée et payée par les U.S.A. et disposait vers la fin de deux cents appareils à réaction.

Les Américains procurèrent également au Bienfaiteur le soutien de leur propagande. Mais ici, ce furent les groupes intéressés qui intervinrent directement en faveur de Trujillo — exception faite d'un Institut de culture dominico-américaine, financé au moyen des impôts. Il n'était pas rare que l'on vît dans le *New York Times* des pages entières de publicité exaltant l'œuvre du Bienfaiteur et certaines firmes comme *Esso* ou la *Pan American* publiaient dans les journaux dominicains des adresses de souhaits au président. En revanche, celui-ci, dans ses entretiens avec le gouvernement de Washington, ne s'en rapportait pas à ses diplomates de carrière, parmi lesquels se trouvaient pourtant de rudes jouteurs, mais engageait des avocats, des journalistes, des politiciens et des publicistes américains de conséquence. Trujillo peut passer à bon droit pour un des pionniers des *public relations* ; il y eut des époques où il occupait jusqu'à douze des plus grandes firmes de cette branche d'activité. Pendant des années, l'on vit dans le bas de Manhattan un énorme portrait de Trujillo, de plusieurs mètres de haut, arborant ce sourire épanoui qui devait persuader les New-Yorkais de la parfaite honnêteté et de l'empressement inscrits sur ce visage.

Ce n'est pas à coups d'images publicitaires que Trujillo a obtenu sa bonne réputation dans les hautes sphères des finances new-yorkaises, mais par sa ponctualité à régler ses dettes. En 1947, il s'acquitta de la dernière tranche de ses obligations à l'étranger et conquit ainsi le titre de « restaurateur de l'indépendance financière » ; le State Department parla d'un « exemple à suivre ».

C'était, comme il apparut plus tard, un peu prématuré. Car le dévouement que Trujillo affichait à l'égard de sa puissance protectrice ne méritait pas plus de confiance que n'importe quel autre sentiment de cet homme. Les relations d'un agent avec son mandant sont toujours équivoques. Leurs contradictions s'étalent au grand jour à l'instant où l'agent commence à se considérer comme son propre mandant et où il peut se permettre de soutenir cette prétention. A ce moment, il devient un concurrent.

A l'époque de la guerre de Corée, Trujillo se sentit assez fort pour ce changement de rôle. Il avait consolidé sa position par le remboursement de tous les emprunts américains. Le boum du marché des matières premières lui assurait dès le départ une situation aussi favorable qu'alléchante. La lutte à outrance dans laquelle il s'engagea se jouait désormais dans les champs de cannes à sucre de la République dominicaine.

L'exploitation sucrière de ce pays, qui occupe environ 70 % de l'ensemble de la main-d'œuvre nationale, était demeurée jusque-là un domaine exclusivement américain. C'est pour cette raison que le sucre, le produit le plus important de Saint-Domingue, n'avait jamais paru parmi les intérêts du consortium Trujillo. Jusqu'en 1953, le Bienfaiteur n'osa pas s'attaquer au monopole des firmes sucrières américaines et surtout pas à la South Porto Rico Sugar Co. Ltd., la Ozoma Sugar Co. Ltd. et la Sext Indies Sugar Corporation. Le Bienfaiteur ne s'insinue tout d'abord qu'avec beaucoup de discrétion dans les affaires sucrières et uniquement pour se ménager quelques positions de départ dans cette industrie clef. Ce n'est qu'au début de 1954 qu'il passa à l'offensive proprement dite et expropria sans autre forme de procès un certain nombre des plus importantes plantations. Six ans après, son consortium contrôlait 60 % de l'industrie sucrière dominicaine. Dans ce contexte aussi, l' « indépendance » ne signifiait naturellement pas celle du pays vis-à-vis des Etats-Unis, mais tout bonnement celle du Bienfaiteur ; pourtant, ici encore surgit — pour ainsi dire par la porte de derrière — l'esprit à la fois paradoxal et progressiste d'une manière d'agir qui semble avoir été exclusivement déterminée par la logique de l'avidité.

Les mandants américains de Trujillo ne lui ont jamais pardonné ce faux pas. Tout d'abord, cependant, ils ne l'abandonnèrent pas à lui-même. D'autres intérêts affrontaient l'influent « lobby » du sucre et étaient fortement attachés, après comme avant, au maintien du régime. (En 1956 encore, on évalue à douze ou quinze millions de dollars les dividendes des investissements américains dans la République dominicaine) [17].

Ce qui décida en fin de compte les Etats-Unis à retirer leur protection au Bienfaiteur et ce qui lui a cassé les reins, c'est son jeu avec le communisme, une partie de poker que ce tricheur expérimenté ne fut pas de taille à soutenir.

Et pourtant, dans ce jeu, Trujillo n'était pas, tant s'en faut, un débutant ; mieux, il avait gagné, apparemment haut la main, une partie précédente. Et c'est sans doute cette expérience, trop heureuse, qui l'a conduit à ce dernier bluff fatal.

Après la Seconde Guerre mondiale, le régime du Bienfaiteur se trouva dans une situation critique. L'ère de prospérité qu'avait traversée le marché des matières premières s'effritait rapidement. L'Amérique du Sud était provisoirement balayée par une vague de démocratisation et plusieurs des dictatures typiques du Continent trouvèrent une fin subite, avec l'approbation tacite des Etats-Unis. Après la défaite du fascisme, les critiques libéraux d'Amérique se préoccupèrent des conditions politiques de la République dominicaine et regrettèrent qu'il y manquât une opposition.

Trujillo réagit avec audace, impudence et résolution. En juin 1945, il proclama que la République dominicaine songeait à nouer des relations diplomatiques avec l'Union soviétique, laquelle s'était avérée « être une des puissances sur lesquelles on pouvait le plus compter dans la lutte du monde démocratique pour la prospérité et le progrès de l'humanité ». Il envoya un ambassadeur à Moscou. Les Soviets ne répondirent pas aux avances de Trujillo.

Le 27 août 1946, à la surprise générale, le quotidien *La Nación*, un organe du consortium Trujillo, publia un manifeste du *Partido Socialista Populár* duquel on pouvait conclure qu'il s'agissait d'un parti communiste d'observance stalinienne se préparant, semblait-il, à opérer légalement dans la République dominicaine. Trois semaines plus tard, le Bienfaiteur prit lui-même la parole dans ce journal :

« Le communisme, dont l'existence est désormais devenue dans notre pays un facteur de première importance, prend sa source en U.R.S.S. ; pour comprendre le rôle qu'il peut jouer dans les questions politiques et sociales, il ne faut pas oublier la collaboration cimentée par les sacrifices qui a uni pendant la guerre les démocraties et les Soviets. D'ailleurs, sa présence parmi nous met fin aux calomnies de ceux qui accusent sans la moindre raison notre Etat de n'être pas une véritable démocratie » [18].

Il est superflu d'ajouter que le Bienfaiteur n'attendait que les premières manifestations, grèves et démonstrations pour « intervenir ». Les inévitables arrestations, interdictions et exécutions commencèrent dès la fin de l'automne 1946. En juin 1947, le Congrès institua une « commission d'enquêtes sur les menées antidominicaines » et, cinq jours plus tard, promulgua un édit frappant d'interdit toutes les organisations communistes.

De ces manœuvres — qui montrent son don de tacticien à son apogée — Trujillo tira un quintuple profit. Premièrement, ses adversaires les plus dangereux et les mieux organisés étaient tombés dans le piège. Deuxièmement, il avait prouvé à l'opinion publique de l'étranger que son régime était « libéral ». Troisièmement, son jeu suggérait aux Américains que la seule opposition existant dans son pays était celle des communistes. Quatrièmement, il faisait chanter le gouvernement américain en le menaçant de laisser cette opposition se développer, et, ce faisant, de se conformer au désir de l'opinion publique américaine. Cinquièmement, en interdisant le P.C., il s'assurait dans la guerre froide — qui commençait — une position particulièrement favorable.

Ce qui peut avoir poussé les groupes communistes à se lancer dans cette lutte inégale est moins clair. Sans doute étaient-ils surtout préoccupés de démontrer à tout prix leur existence. De toute manière, ils durent voir un certain intérêt à se poser comme l'unique opposition au régime régnant. C'est justement sur ce point que se rencontraient les intentions des deux antagonistes, car Trujillo attachait, lui aussi, une importance capitale à cette preuve.

Une fois la partie gagnée, le Sauveur de la Patrie y fit succéder une implacable persécution contre les communistes. Quiconque le contredisait, opposait la moindre résistance à son consortium, quiconque se permettait, comme le faisaient certains hauts fonctionnaires du State Department, d'affecter envers lui une attitude réservée, était immédiatement dénoncé comme un suppôt de Moscou. Durant douze années, Trujillo utilisa à son bénéfice la logique paranoïaque de la guerre froide et s'intitula « le Premier anticommuniste du monde », ou « Défenseur de la Civilisation chrétienne contre la menace rouge », ou « le Promoteur de la Croisade contre le Bolchevisme ».

Vers la fin des années cinquante, le régime de Trujillo fut de nouveau plongé dans une de ses crises périodiques. La situation de l'industrie sucrière était assez mauvaise. Les Etats-Unis menaçaient d'introduire une réduction des quotas d'importation. Les différends entre le consortium de Trujillo et les groupes de capitalistes américains se multiplièrent. Le pape Jean XXIII préconisa une politique qui allait à l'encontre de celle de son prédécesseur. En janvier 1960, dans toutes les églises du pays, on lut en chaire une lettre pastorale protestant contre « les perpétuelles atteintes aux plus élémentaires droits des gens » commises dans la République dominicaine. Au Venezuela, le président Betancourt, un libéral de gauche, avait accédé au gouvernement et Trujillo le poursuivit d'une haine hystérique. En juin 1960, le Bienfaiteur fomenta un attentat aussi maladroit qu'inutile contre le même Betancourt. A Saint-Domingue, l'agitation politique augmentait. En juillet, Trujillo fit proclamer l'état d'urgence. En août, l'organisation des Etats américains prononça, à la Conférence de San José (Costa Rica), l'exclusion de la République dominicaine. Les gouvernements américains se mirent d'accord pour rompre les relations diplomatiques avec Trujillo et décréter le boycottage économique de son pays. Ces résolutions furent adoptées à l'unanimité. Au bout de trente ans, le State Department abandonnait son protégé.

Ce n'est pas que, du jour au lendemain, la politique américaine cédât à une tentation moralisatrice. On était habitué de la part du Bienfaiteur à des attentats meurtriers, et les protestations de quelques évêques n'auraient certainement pas amené l'abandon d'une politique qui avait même résisté à l'offensive entreprise contre le monopole sucrier américain. Les résolutions de San José sont dues à un événement qui avait radicalement modifié la situation politique et stratégique dans la mer des Caraïbes. Il s'agit de la victoire remportée par la révolution cubaine. Trujillo était la victime expiatoire au moyen de laquelle les Etats-Unis espéraient acheter l'isolement de Fidel Castro.

Devant cette situation désespérée, Trujillo commit la seule erreur impardonnable de sa carrière de « premier et plus grand de tous les chefs d'Etat dominicains ». Il essaya de renouveler la manœuvre qui lui avait si bien réussi quinze ans auparavant.

Vers la fin de janvier 1960, le Bienfaiteur autorisa le *Movimiento Popular Dominicano,* le parti communiste paysan, instaura une campagne contre l' « impérialisme » américain et promit une réforme agraire. Six mois plus tard, peu de jours après la liquidation de Trujillo, Raúl Castro prononça à La Havane un discours dans lequel il dit notamment :

« Vers la fin, Trujillo était devenu un obstacle gênant.

Ils (les Américains) s'en seraient volontiers débarrassés sans effusion de sang. Nous savons qu'ils l'ont prié de s'en aller et nous savons aussi pourquoi. Sans doute le lui ont-ils même fait entendre par voie diplomatique. Trujillo répondit en demandant si son frère pouvait le remplacer. On lui dit que les Trujillo devaient tous disparaître et on exigea l'institution d'élections « véritablement démocratiques », un peu comme au Guatemala...

« Trujillo répliqua que, dans ces conditions, il n'était pas question qu'il s'en allât.

« Vous vous souvenez qu'à cette époque il cessa brusquement ses attaques contre Cuba, fit passer quelques discours de Fidel sur ses émetteurs (rires dans l'assemblée), expulsa quelques mercenaires (il s'agit ici des Cubains exilés soutenus par les Américains), prétendit préparer une réforme agraire et organiser un système de syndicats et de coopératives semblables aux nôtres et qu'un beau jour il autorisa même l'existence d'un Parti communiste. Naturellement, le plus bête des communistes savait parfaitement que Trujillo n'avait pas d'autre idée en tête qu'une manœuvre de chantage. Le problème qui se posa alors aux impérialistes était de savoir comment renvoyer Trujillo.

« Quelque temps s'écoulèrent, Trujillo continuait son petit jeu et, tout à coup, c'était fait. Et qui fut le premier à annoncer le mystérieux assassinat ? Le gouvernement américain » [19].

Paradigme.

Le Bienfaiteur était mort, soit ! Son histoire n'était plus rien qu'un roman-feuilleton exotique, la République dominicaine un de ces petits pays sans importance que l'on appelle en Europe et aux Etats-Unis, avec un haussement d'épaules, une république de bananes ; de petites communautés déconcertantes, mais heureusement lointaines, où règnent des coutumes brutales et de curieuses mœurs politiques. Toute ressemblance avec des personnes vivantes, des institutions et des événements situés dans des nations plus évoluées serait fortuite.

Par ailleurs, Rafael Leónidas Trujillo devait être considéré comme un monstre, un sadique insatiable et un mégalomane ; en un mot, comme un cas pathologique.

Enfin, il importait de ne pas oublier les circonstances historiques desquelles était sorti son règne, comme le poussin de l'œuf ; mais ces circonstances ne se représenteraient jamais plus nulle part, d'autant plus que l'Histoire ne paraît pas avoir tendance à les renouveler. Mais là où se présenteraient d'aventure des circonstances analogues, il faudrait les réduire à néant, donner à l'exploitation coloniale le coup de grâce ainsi qu'aux « rois du sucre » dénués de scrupules ; ainsi, le monde serait assuré contre des personnes qui lui ressembleraient et qui ne sont de toute façon que les « laquais de l'impérialisme », rien de plus, et ne valent, en conséquence, pas la peine qu'on en parle et s'y arrête plus longuement.

C'est sous ce jour à la fois consolant et apaisant qu'*a posteriori* les psychologues et les consciencieuses analyses des critiques marxistes font apparaître aux yeux des indifférents le régime de Trujillo.

Je crains que nous n'en soyons pas quittes à si bon compte. Pour ce qui concerne les réflexions vertueuses et bornées à propos des républiques de bananes, elles témoignent d'une carence évidente de connaissances historiques et géographiques. A combien des dix douzaines d'Etats se considérant aujourd'hui comme des peuples souverains, cette caractéristique ne s'appliquerait-elle pas ? Combien de communautés, au cours des trente et une années du règne de Trujillo, s'en sont-elles tirées sans « Bienfaiteur » ? Combien de peuples vivent ou ne vivent pas dans une « république de bananes » ? Les exceptions s'énumèrent sur les doigts des deux mains. (J'en compte huit.)

Quant aux conditions historiques de la lointaine année 1930 dans la lointaine Saint-Domingue, il est facile de les déterminer avec la plus grande précision. Quoi qu'il en soit, elles ne sont pas irremplaçables. Si Hispaniola était située au bord de l'Adriatique et s'appelait par exemple Albanie, les « circonstances historiques » n'offriraient guère d'obstacles à un chef de la police de trente-neuf ans avec les avantages de Trujillo [20]. En cherchant bien, on trouverait des exemples moins lointains.

En fin de compte, cette pauvre psychologie qui s'efforce de nous affirmer que Trujillo était un cas clinique ne mérite même pas une réfutation sérieuse. Ce n'était pas un fou, mais quelque chose de bien plus dangereux : un être humain tout à fait normal et parfaitement ordinaire.

Le système de Trujillo était une parodie. Comme toute les parodies, elle a poussé au paroxysme les traits caractéristiques de l'original, les a montrés dans toute leur pureté et, de cette manière, les a exposés aux yeux de tous. Cet original n'est rien d'autre que la politique pratiquée jusqu'ici, c'est-à-dire toutes les politiques à ce jour en tant que politique de la préhistoire. Ce qui était unique dans le régime de Trujillo, c'était sa logique, son impudence et le fait qu'il ne se préoccupait nullement d'essayer de dissimuler son but. Ce but, qu'il partage avec toutes les autres formes de souverainetés connues à ce jour, paraît, dans son exemple, dépouillé de toute idéologie. Car Trujillo s'est volontiers servi de plusieurs idéologies, mais ne s'est attaché à aucune. Il les considérait comme des gages sans valeur dans un jeu qui tournait exclusivement autour du pouvoir. Cela confère à son exemple une force paradogmatique et explique cette généralité « opalisante » qui le caractérise et invite pas à pas à la comparaison. Quiconque ne découvre dans cette anthologie aucun crime se rapportant à lui-même et à sa situation doit être très éloigné du modèle que présente Trujillo ou s'en être approché de très près. Certaines parties du monde sont sur le point aujourd'hui de succomber à sa gravitation ; et toute politique se voit exposée à la tentation de devenir complètement ce qu'elle a déjà été, à contrecœur et secrètement.

Le Bienfaiteur est mort, les bienfaiteurs vivent parmi nous.

Chicago-ballade

MODÈLE D'UNE SOCIÉTÉ TERRORISTE

L'étui à violoncelle s'ouvre, sur la doublure de velours d'un rouge vineux repose une mitrailleuse toute neuve. A l'aube grise, on découvre les cadavres : au cours de sa ronde, le laitier les trouve auprès des bouches à incendie, le *lift boy* dans le hall de l'hôtel, le magasinier dans le hangar, entre les bidons d'huile. La plus grande teinturerie de la place a mis dans sa vitrine un écriteau sur lequel on lit : « Ici, on répare et stoppe les trous de balles dans les vêtements. Invisibilité garantie. » Vers midi, l'on voit apparaître les premières *flappers* ; ce sont les dames aux cheveux oxygénés affublées de robes invraisemblablement courtes et de chapeaux en pots de fleurs enfoncés sur leur tignasse coupée. Des Cadillac noires, lourdement blindées, s'arrêtent devant le restaurant de luxe situé en face de l'hôtel de ville où les assassins offrent un banquet en l'honneur du conseil municipal. Au troisième toast, l'avocat général accepte de la main d'un monsieur mal rasé une montre de gousset en or. Elle est enveloppée dans un chèque. Puis, la société se sépare et se rend aux courses de chevaux. Dans les brasseries, les pianos électriques commencent à cliqueter. Dans les salles de bains des immeubles d'habitation, l'eau-de-vie coule des alambics. Dans les salles de jeu, les premiers visiteurs se rassemblent autour des crachoirs dorés. La crème de la Société danse le charleston et le shimmy dans des caboulots aux portes closes ornées de judas. Pendant que les trains de camions des gangs de la contrebande de l'alcool, escortés de motards vêtus de blanc immaculé, roulent avec un bruit de tonnerre sur les grandes routes, les véritables maîtres de la ville se montrent aux combats de boxe. Ils portent des chapeaux de paille et des guêtres blanches. Leurs ceintures sont ornées de diamants et le mouchoir qu'ils ont dans leur poche de poitrine, au-dessus de l'étui à revolver, est d'un blanc de neige. Les présenter serait une véritable offense ; il s'agit de célébrités dont chacun connaît les noms :

Jimmy Diamond, Dan the Dandy, Vincent the Schemer, Two-canons Louis, Jacob Greasy Fingers, Quinta the Leaping Frog et au milieu d'eux, entouré de douze gardes du corps, l'incomparable Al Capone, surnommé Scarface.

I am a spook, born of a million minds, disait cet homme à la fin de sa carrière. Cette parole trahit une intelligence extraordinaire. On ne peut pas exprimer d'une façon plus succincte et plus précise ce qui distingue cette existence. Capone est une figure qui appartient à l'histoire, mais aussi au rêve. Il est un produit de l'imagination collective et, dans ce sens, un fantôme : néanmoins, ce fantôme est d'une réalité plus puissante que la réalité même. Historiens, sociologues, juristes, psychologues ont étudié à fond ce personnage et se sont efforcés de l'expliquer ; mais leurs méthodes ne leur ont pas permis de découvrir le fond des choses. Ce fond des choses s'appelle : mythologie.

Les dernières décennies du XIXe siècle ont vu naître une série de figures mythologiques remarquables : l'Explorateur (représenté par Livingstone et Nansen), le Dandy (Oscar Wilde), l'Inventeur (Edison), l'artiste magicien (Richard Wagner). Le *Mythe du* XXe *siècle,* en revanche, ressemble au livre qui porte ce titre : en thèse générale, il ne se compose que de supercheries. Le « Prince de l'Esprit », sous l'aspect, par exemple, de Gerhart Hauptmann ou de Stefan George, est un personnage d'un comique involontaire qui n'a pas eu de postérité parce qu'il est déjà lui-même une imitation. Parmi les politiciens du siècle, aucun, à l'exception du révolutionnaire de profession (personnifié par Lénine), n'a su atteindre à une stature mythologique. Les images des pionniers techniques, de Lindbergh à Gagarine, pâlissent au fur et à mesure des reportages que l'on rédige à leur propos. L'univers industriel du grand capitalisme existe dans l'imagination collective sans le moindre héros. Jusqu'à la plus ancienne des sources de la mythologie qui est tarie : des deux guerres mondiales n'a émergé aucun personnage qui se soit matérialisé en figure mythologique.

Nous n'avons aucune raison de le regretter. En revanche, il serait peut-être temps de se faire une idée de la portée de cette déficience et de ses causes. Parce qu'en fait, moins la mythologie est florissante, plus on met d'ardeur à la créer synthétiquement. C'est l'industrie du conscient qui se charge de cette tâche. La publicité et la propagande, les procédés d'information et de divertissement font appel à d'énormes forces pour produire des mythes en quantités industrielles. Leur échec n'en est que plus remarquable. Cela s'explique tout d'abord par leur mission même. L'industrie est tenue de fournir des mythes au jour le jour, selon les besoins quotidiens ; son marché exige un rapide et brusque changement d'idoles, qu'il s'agisse de stars de cinéma, de champions de sports ou de politiciens ; en conséquence, la qualité de la défaillance de mémoire fait partie intégrante de la spécification du produit. Il y a là une contradiction ; car la substance même de la conscience mythologique est la mémoire. Quand ce ne serait que pour cette raison, l'industrie ne peut fournir que des succédanés, des « paramythes » ne laissant aucune trace dans la mémoire collective. Cependant, cet échec a des causes plus profondes. Car le principe de la division du travail échoue devant la tâche que représente la création de mythes. Il s'agit d'une fonction qui ne peut pas être déléguée à des spécialistes. C'est là l'élément même de sa dignité. La Société tout entière se reconnaît dans chaque véritable symbole mythique. Elle y voit, inconsciemment, sa propre image et l'accepte. Cette image possède une authenticité qu'aucune autre ne peut atteindre ; sa puissance de représentation va au-delà de toutes les publicités.

Parmi les très rares figures mythologiques du XXe siècle, le gangster occupe une situation de premier plan. La puissance imaginatrice du monde entier s'en est emparée. N'importe quel analphabète turc, intellectuel japonais, marchand birman ou travailleur sud-américain peut vous donner une description du gangster. Bien que fort peu de gens aient eu l'occasion de le rencontrer, le gangster est pour tous une silhouette — familière. Il hante même, sous forme d'épouvantail, de caricature et de menace secrète, l'imagination des maîtres et des sujets des pays communistes. Mais la quintessence du gangster s'incarne en un seul nom : celui d'Al Capone. Quarante ans après ses « belles années », son auréole n'a pas pâli. Le fantôme du gangster continue à habiter les rêves tout autour du monde.

Cela et rien d'autre justifie que l'on s'en occupe. La seule chose qui, dans Capone et son univers, mérite quelque intérêt, c'est sa fonction mythologique. Le personnage historique est indifférent : c'est celui d'un homme extrêmement vulgaire, avide, habile et antipathique, dont l'histoire ne révèle aucun aspect tragique. Elle est complètement dépourvue de grandeur humaine ; elle est à la fois monstrueuse et banale ; n'importe quel journal du soir romain offre des drames plus poignants que les quatorze années de l'histoire du gangstérisme desquelles il va être question ici. En dépit de ses couleurs violentes, c'est, au fond, une histoire ennuyeuse. C'est précisément pour cela qu'elle est pleine d'enseignements. L'attrait de la sensation dont elle a su se parer montre son ambiguïté. Elle partage ce double sens avec toute la mythologie moderne.

Il n'est pas facile de séparer son contenu réel du mensonge qui l'enveloppe ; et plus du tout quand on se heurte à des documents ou à des faits positifs. Certes, l'industrie du conscient est incapable de créer des personnages mythologiques, mais elle ne laisse passer aucune occasion de les utiliser à ses fins. Les quotidiens et les magazines illustrés, la radio et le film ont pris à la légende du gangster une part importante, qui ne suffit pas à l'expliquer, mais elle est immense. Dès 1925, le gangster était un objet touristique. Le quartier général d'Al Capone faisait partie du programme des tournées « des curiosités de la ville » réservées aux étrangers. On prétend qu'en 1930, au moment où sa puissance avait atteint et dépassé son apogée, la *Warner Bros,* la grande firme cinématographique, avait offert à Capone, pour interpréter le rôle principal de son film, *L'Ennemi public,* un cachet de 200 000 dollars. Le criminel était devenu au sens le plus strict de la définition qu'en a donnée Günter Anders un phantasme : la reproduction de sa propre reproduction [1].

Mais sous le poli standardisé du produit industriel apparaît une couche plus ancienne, dotée d'une vie incomparablement plus coriace que tout ce qui est sorti d'Hollywood. Le décor dans lequel évolue le gangster mythologique est criard et peu vraisemblable ; il rappelle les foires et le panopticum, le Grand-Guignol et les récits d'horreur. Il emprunte les couleurs des vieilles histoires de brigands, des imageries populaires et des décalcomanies. En un mot, il fait partie de l'univers de la littérature populaire. C'est celui d'un monde préindustriel. Il est dessiné à grands traits maladroits, peint de couleurs crues. La littérature populaire est presque honnête là où elle ment et ses sous-entendus en dévoilent davantage que les techniques plus habiles de ses descendants industriels, qui ont appris à donner à leurs paramythes une apparence d'authenticité. C'est ainsi que la littérature populaire est un mandat d'arrêt que se délivre la Société sans le savoir et, aux côtés de la grande littérature, le dernier agent de diffusion du conscient mythologique. C'est précisément son manque d'objectivité, le caractère grossier, absurde de ses images qui garantit sa véracité mythologique. Si peu qu'elle tienne compte de la vérité, elle n'en recherche pas moins son noyau de cristallisation dans la réalité. Le mythe du gangster, cette création de l'imagination collective, peut être daté et localisé avec la plus grande exactitude : son époque est celle des *roaring twenties,* les « folles années vingt » ; précisons : l'ère de la Prohibition américaine, située entre 1920 et 1933. Le lieu d'origine, Chicago, en ce temps la deuxième des plus grandes villes des Etats-Unis.

« La grande supériorité de Chicago, c'est un système éducatif basé sur les plus hautes valeurs morales et qui dirige l'intelligence vers la formation du caractère et la spiritualité. Et cela dans la conviction que la postérité jugera aussi notre civilisation d'après le type humain qui l'aura créée. Partout où il s'agit de veiller aux intérêts culturels et à l'ennoblissement de l'humanité, Chicago se trouve en tête... Une conviction soutient ses citoyens : la croyance en l'avenir de Chicago. Du directeur général de banque au marchand des rues, les cœurs battent d'un même rythme pour notre bien-aimée Chicago. Car, dans cette ville admirable, la vie se montre sous ses plus belles couleurs. Là, tous les rapports humains reposent sur la bonne volonté, l'accord amical et une entente pleine de compréhension » [2].

Les conditions idylliques décrites vers la fin des années vingt par une feuille de renseignements des services de la ville n'ont malheureusement pas réussi à éveiller l'intérêt d'autres observateurs. C'est à peu près à la même époque que le Congrès américain songe sérieusement à proclamer, dans cette « Athènes d'Occident », l'état de siège et, avec le secours de troupes d'élite et l'application de la loi martiale, à s'opposer au régime du gangstérisme qui avait fait de l'administration et de la justice de cette ville immense un théâtre de marionnettes, en s'arrogeant la suprématie sur la police. Des citoyens de Chicago avaient soumis au Sénat, à Washington, une pétition rédigée en ces termes :

« Une colonie de gangsters a formé dans notre ville un supergouvernement duquel la population est tributaire. Il extorque ce tribut par la terreur, le rapt et l'assassinat. Beaucoup de ces gangsters sont parvenus à des fortunes fabuleuses par la contrebande de l'alcool. Ils travaillent en accord avec la police et d'autres autorités, ont créé un monopole de l'eau-de-vie et se partagent le territoire de la ville. »

Non que la criminalité organisée fût pour les habitants de Chicago une nouveauté. Dès le commencement, la ville avait été « largement ouverte » — *a wide open city*. En langue américaine, cette expression n'a pas tout à fait la même signification qu'en allemand[1]. Elle n'a aucun sens militaire. Ce n'est pas à une armée ennemie que la ville est « ouverte », mais à ses visiteurs, qui, comme les héros de Mahagonny, veulent s'amuser. Les jeux de hasard et l'eau de feu, la prostitution et l'escroquerie faisaient déjà partie, au temps héroïque des pionniers de l'Union américaine, des principales branches d'industrie de Chicago. Vers 1830, la ville passait pour être « la fondrière de la Prairie ». Cette tradition, d'une haute antiquité relativement aux conditions américaines, est indispensable à la compréhension de la fonction mythologique du lieu. Elle procure à la légende du gangster un arrière-plan historique. Toute formation de mythe comporte une « nuit des temps » qui reste ouverte à l'imagination et peut lui servir de champ magnétique. Le mythe du gangster succède immédiatement à celui du « Far West », des « frontières ». Les légendaires trappeurs, cow-boys et sheriffs sont ses prédécesseurs : eux aussi sont des personnages mythologiques, peints dans les couleurs crues des récits populaires.

Pour sa sociologie, sa politique communale et son attitude sociale, la situation frontalière de l'ancienne Chicago a eu des suites très concrètes. Les besoins des hommes frustes de l'Ouest s'adaptaient mal aux lois du pays ; par ailleurs, on faisait avec eux des affaires splendides aux bénéfices desquelles le sain esprit industrieux des citadins n'envisageait pas de renoncer. En conséquence, il fallait obtenir de la Loi qu'elle fermât les yeux. Il va sans dire que cela ne s'entendait pas sans quelques compensations. Bientôt, l'enchevêtrement d'intérêts qui s'imposait fut atteint : les hauts fonctionnaires de la police apparurent sous l'aspect de propriétaires de bordels, et les principaux entrepreneurs de la branche

1. Ni qu'en français... (N.d.T.)

des jeux fournirent à leurs candidats l'aide nécessaire lors des élections. La corruption était endémique et générale.

Une ville ouverte, une ville « frontalière », Chicago l'est restée jusqu'au cœur du XXe siècle. Après l'ouverture de l'ouest du Continent, une autre frontière s'ouvrit aussi, une frontière qui n'était pas de nature géographique, mais de nature sociologique : à savoir, l'immigration. Par vagues successives et sans cesse renouvelées arrivaient à Chicago des immigrants venus d'Italie, d'Irlande et de Pologne ; ils y formèrent des colonies gigantesques qui résistèrent souvent pendant plusieurs décennies à l'assimilation.

C'est ainsi que, depuis les temps les plus reculés, quelques-unes des conditions essentielles à l'édification d'un imperium de gangsters se trouvaient réunies à Chicago. Cependant, la condition essentielle n'était pas remplie. Certes, un réseau très ramifié pourvoyait aux deux besoins fondamentaux de la ville : les jeux de hasard et les filles faciles. Mais ces besoins n'étaient pas généraux, pas assez répandus. La base en était trop étroite pour l'érection d'une domination de toute la ville. Cette carence ne fut pas supprimée par les pères conscrits de Chicago, mais par les représentants du peuple des Etats-Unis d'Amérique. Ils décidèrent d'ajouter un dix-huitième paragraphe à la Constitution du pays, ce que l'on appelle la Lex Volstead, qui entra en vigueur le 17 janvier 1920. Cette loi interdisait « la fabrication, la vente, le transport, l'importation ou l'exportation de toute boisson enivrante ». Les sociétés de tempérance, qui, depuis des décennies, faisaient de la propagande autour de cette loi, se répandirent en chants de triomphe :

« Cette nuit, une minute après minuit, naîtra une nouvelle nation. Le démon Alcool fait son testament. Une ère de claire raison et de vie pure se lève. » — « Le règne des larmes est passé... Bientôt, les quartiers misérables appartiendront au passé. Les maisons d'arrêt et les prisons demeureront vides ; nous les transformerons en fabriques et en réservoirs à grains. Tous les hommes recommenceront à marcher droit, toutes les femmes souriront et tous les enfants riront. Les grilles de l'Enfer sont à jamais closes. »

Le succès ne se fit pas attendre. A peine la loi fut-elle promulguée que la nation tout entière fut prise soudain d'un besoin hystérique des breuvages interdits. Des boutiques spécialisées dans la vente de levure, de houblon, de malt et d'alambics ouvrirent du jour au lendemain leurs portes. Une marée d'articles contenant des indications précises sur la manière de brasser de la bière chez soi inondèrent tous les magazines. Des tavernes secrètes, les *blind hogs* ou *speakeasies* surgirent de partout. New York, qui, une année auparavant, comptait 15 000 débits de boissons légaux, put s'enorgueillir en 1921 de posséder le nombre imposant de 32 000 *speakeasies*. Ce n'était pas la clientèle qui manquait. L'alcool devint une manie américaine. La première décennie de prohibition aboutit au bilan suivant : un demi-million d'arrestations ; des peines de prison d'une durée totale de 33 000 ans ; 2 000 morts dans la guerre de l'alcool que se firent les gangsters, et 35 000 morts victimes d'intoxication alcoolique.

Jamais il n'y eut à Chicago de loi plus impopulaire. Les cinq sixièmes de la population de la ville refusèrent de se soumettre à la prohibition. L'interdiction frappant la bière semblait, aux innombrables Américains d'origine allemande de la région, tout à fait incompréhensible et absurde ; les Italiens ne songèrent pas un instant à renoncer à leur vin de table ; pour les Américains de vieille souche eux-mêmes, l'idée de se passer du gin et du whisky — qui, depuis les premiers jours de la colonisation, étaient considérés comme des denrées indispensables — était intolérable. Et voici comment, pour la première fois, il exista un besoin général et urgent dont la satisfaction était prohibée par la loi. La prohibition procura aux criminels depuis longtemps établis dans la ville un levier idéal pour faire complètement sortir la légalité de son cadre et instituer un régime de terreur. Les gangsters n'hésitèrent pas longtemps à utiliser cette chance unique. On peut situer avec une certaine précision la date de leur prise de pouvoir :

c'était le 15 mai 1920, jour où l'on enterra un dénommé Jim Colosimo.

Ce Colosimo avait passé pendant les dix années entre 1910 et 1920 pour le président officieux de la pègre de Chicago. Il avait derrière lui la carrière classique : fils d'une famille d'immigrants des « slums » du sud de la ville, il avait ciré des souliers, porté des journaux, s'était essayé au vol à la tire et au proxénétisme, avait fondé une association d'électeurs, s'assura des influences et des protections et finit par créer toute une chaîne de maisons closes, de salles de jeux et de boîtes de nuit. Si l'on ne tient pas compte du fait qu'il avait une prédilection pour les bretelles et les jarretelles brodées de diamants, il avait l'aspect d'un bourgeois assis et bien assis. Il ne se montrait jamais sans sa canne et son chapeau mou. Amateur passionné de musique d'opéra, il était très lié avec Caruso. Hormis les douze assassinats qu'on lui attribue, il se limitait aux diverses branches d'affaires traditionnelles dans son milieu ; on estimait son revenu annuel à cinq cent mille dollars. Par amour pour sa sécurité personnelle, il se prescrivit la présence d'un jeune homme de New York du nom de Johnny Torrio. (Immigrant d'origine sicilienne, premières expériences professionnelles : voleur dans les « slums » new-yorkais, tueur au revolver dans la région portuaire de l'East River ; autres carrières : souteneur, et « videur » au service de Colosimo, puis, finalement, homme d'affaires de ce dernier.)

Contrairement à Torrio, Diamond Jimmy ne sut pas voir les possibilités que la prohibition offrait aux ambitieux résolus. Il s'en tenait à ses idées démodées et demeurait une relique du XIXᵉ siècle. Pour l'impatient Torrio, celui qui l'avait poussé devenait un obstacle. Le 11 mai 1920, Colosimo mourut d'une balle dans la tête. Torrio n'avait pas agi personnellement ; il avait dépassé ce stade ; il se serait borné à offrir une prime de dix mille dollars contre la tête de son chef. Ce meurtre n'a jamais donné lieu à une enquête judiciaire.

Le 15 mai 1920, cinq mille invités se rassemblaient autour du catafalque de Diamond Jimmy : contrebandiers et sénateurs, tenanciers de bordels et fonctionnaires, gangsters et policiers se coudoyaient. Aucun prêtre ne l'accompagna. Mais les cordons du poêle étaient tenus par trois juges, un procureur de la République, les dirigeants de l'Opéra de la ville, deux députés au Congrès et divers conseillers municipaux. La facture de l'entreprise de pompes funèbres s'éleva à cinquante mille dollars. L'héritier de Colosimo, Johnny Torrio, pleurait au bord de la tombe. Il dit : « Nous étions comme deux frères. » Pendant que les assistants jetaient les premières pelletées de terre sur le cercueil, le Quatuor Apollo entonna un dernier choral. C'était : « Plus près de toi, mon Dieu... »

Johnny était un personnage remarquablement entreprenant. Les témoignages de tous les chroniqueurs de l'époque sont d'accord sur ce point. Amis et ennemis, témoins corruptibles et incorruptibles, collègues gangsters et historiens le décrivent unanimement comme un talent auquel ne pourrait rendre justice que le jargon de certaines offres d'emploi telles qu'on les trouve dans les feuilles les plus célèbres du monde occidental.

(« Personnalité ayant le sens des affaires, des vues larges, se présentant bien ; capable de prendre des initiatives et de s'y tenir, plein d'idées ; sociable et d'esprit créateur ; habile négociateur, longue expérience de toutes les questions de direction et d'organisation, recherché pour la création d'une industrie tout à fait nouvelle avec d'énormes possibilités. Il s'agit d'une direction exigeant la connaissance de tous les domaines allant de la production au *marketing*. Conditions *sine qua non* : savoir maintenir la discipline et imposer sa volonté. ») La comparaison entre un chef de gangsters et un capitaine d'industrie n'est pas une simple métaphore. Certes, ce sont ses salves de mitrailleuse dans les rues de Chicago et non ses transactions plus silencieuses qui ont fait de Torrio une célébrité ayant droit aux gros titres dans la presse mondiale ; mais leur bruit n'en révèle pas davantage sur ses audacieux exploits qu'une campagne de publicité sur la situation du capital de la société qui l'a lancée. John Torrio ne portait pas un de ces surnoms typiques de gangsters ; ses affidés l'appelaient « le président du conseil ». Les cinq années de ses activités, l'époque circonscrite entre 1920 et 1925, virent naître l'industrie la plus lucrative de Chicago, l'industrie de l'alcool. Sa chronique se lit par morceaux, comme une partie de l'histoire d'une firme ; les chapitres en question pourraient, sauf quelques détails désagréables, prendre place dans l'essai commémoratif rédigé au moment du jubilé d'une société anonyme.

Torrio trouva le commerce illégal de l'alcool dans un état des plus primitifs. La production en était au stade de la manufacture. L'eau-de-vie était fabriquée dans de petites distilleries, avec des méthodes presque artisanales. S'y ajoutait un ravitaillement assez maigre de meilleures qualités provenant d'une contrebande pratiquée par des dilettantes. Le « président du conseil » s'efforça d'abord de créer un capital de base qui fût sain. Il le trouva dans le milieu des vieilles familles de brasseurs sérieux et bien établis que la Lex Volstead n'avait pas enchantés. Ces notables ne firent aucune difficulté pour s'associer secrètement aux entreprises de Torrio. Son premier soin fut de s'assurer la mainmise sur les industries paralysées, soit en les rachetant, soit en se procurant la majorité des actions. Au bout de deux ans, Torrio contrôlait déjà huit fabriques. Les petits bouilleurs de cru s'intégrèrent bientôt à une production en chaîne. L'importation fut strictement rationalisée : des transports réguliers, par trains de camions, selon des horaires minutieusement étudiés, remplacèrent les sporadiques courses des contrebandiers. La distribution et la vente de la marchandise furent également systématiquement établies.

La solution de ces problèmes supposait une politique personnelle hardie et logique. Durant l'été de 1920, Torrio institua une série de conférences. Il y invita les petits industriels indépendants de Chicago : « dévaliseurs » de banque, cambrioleurs, spécialistes du revolver, bookmakers marrons et souteneurs. Torrio était en mesure de leur offrir de si bonnes conditions que beaucoup d'entre eux s'enrôlèrent dans ses sections de « protection » ; vers la fin de l'année, cette petite armée se montait à plus de cent hommes. Cependant, c'est à New York, sa ville natale, que Torrio recruta ses meilleurs collaborateurs. C'est là qu'il avait autrefois connu Al Capone. Il l'engagea à venir immédiatement et en fit d'abord son assistant, puis son partenaire et, enfin, son successeur.

La carrière et la formation de Capone correspondaient exactement aux normes de la nouvelle génération de gangsters. Il s'appelait Alfonso Caponi, était né à Castellamare, près de Rome ; à un an, il immigra en Amérique avec ses parents ; famille nombreuse ; milieu des « slums » ; quitta l'école à treize ans ; « jobs » occasionnels, cambriolages de magasins, vols d'automobiles ; apache et « videur » dans des cabarets borgnes ; finalement directeur d'une boîte de nuit avec bar, salon de jeu et « chambres accueillantes ».

De cette manière, les premiers problèmes que s'était posés Torrio étaient résolus. Restaient encore deux tâches non moins lourdes. Pour l'une, l'expression de *public relations* se présente à l'esprit ; on pourrait aussi parler de « travail public ». En premier lieu, il importait que la firme s'assurât de la bonne volonté et de la collaboration des services administratifs de la ville. Torrio réussit bientôt à élargir et à consolider les précieuses relations qu'il s'était faites pendant ses années d'apprentissage auprès de Diamond Jimmy. Les associations d'électeurs des colonies d'immigrants pauvres, bien organisées, se révélèrent très utiles ; pour la seule élection d'un maire, le syndicat dépensa deux cent cinquante mille dollars. Torrio se montra d'une générosité analogue vis-à-vis de la police. Les deux tiers des fonctionnaires de la police participaient activement aux affaires d'alcool ; par ailleurs, les montants hebdomadaires régulièrement versés à la police atteignaient trente mille dollars. Un des employés supérieurs de la société Genna Frères, une des filiales de Torrio s'occupant surtout des petits bouilleurs de cru et dirigée par six membres de la Maffia, a plus tard décrit ses relations avec la police dans les termes suivants :

« Notre dépôt de livraison travaillait jour et nuit en deux équipes de douze heures. Nous avions une flotte de camions et de voitures de livraison légères. Le dépôt était toujours ouvert et l'on y travaillait sans se cacher. Les éventuels contrôles de la police étaient régulièrement signalés vingt-quatre heures à l'avance à la direction ; ces avertissements étaient généralement accompagnés d'une copie de l'ordre d'inspection. Pendant tout le temps où j'ai eu la responsabilité de ce dépôt, la police a été au courant des affaires des Genna, qui s'exécutaient avec son accord et son soutien... Chaque mois, quatre cents fonctionnaires de la police en uniforme et jusqu'à quatre groupes d'inspecteurs de la préfecture de police passaient à nos caisses. Le cabinet de l'Attorney général nous envoyait ses représentants. A des fins de vérifications, le commissariat compétent nous faisait parvenir une liste de son personnel ; ainsi, aucun « outsider » ne pouvait nous escroquer. Aux jours de paye, le numéro de chaque policier et le montant de la somme perçue par lui étaient notés sur le journal de caisse... Ces versements mensuels, d'abord modestes, se montèrent en avril 1925 à 6 500 dollars. »

Ce n'est pas sans un orgueil bien légitime qu'au bout de quelques années Johnny Torrio put déclarer : « La police est ma propriété personnelle. »

Le « président du conseil » obtint des succès semblables auprès du public. Ses méthodes étaient simples. Il expédiait dans les régions où il avait l'intention d'étendre son rayon d'action une colonne de collaborateurs polis, correctement vêtus. Ils visitaient toutes les maisonnées se trouvant aux alentours de son futur établissement. Les hommes de Torrio s'offraient à racheter des hypothèques, à se charger du prix d'éventuelles réparations, à régler des factures en retard ou à financer l'achat d'une nouvelle voiture. Quand les futurs voisins ne se montraient pas « compréhensifs », ils recevaient la visite d'une équipe de « protection ». De cette manière, Torrio ne fut pas long à étendre sur toute la région de Chicago un réseau aux mailles serrées de boîtes de nuit, de salles de jeu et de maisons closes.

Le dernier problème — et en même temps le plus grave — auquel John Torrio dut faire face était celui de la concurrence. Il ne parvint jamais à trouver une solution définitive, et son successeur Capone eut fort à faire pour lutter contre les gangsters qui n'appartenaient pas au consortium. Ils régnaient surtout dans la partie nord de la ville. Alors que le syndicat de Torrio fonctionnait sous une direction italienne, la plupart des bandes du Nord étaient commandées par des Irlandais ou des Polonais. L'existence de ces « outsiders » n'était pas très agréable pour le syndicat. Non seulement ils s'opposaient à une plus grande expansion de l'entreprise, mais encore ils étaient, pour les chefs des différents départements et des filiales, une perpétuelle invite à se rendre eux-mêmes indépendants. Pour Torrio, ils représentaient la seule véritable menace à laquelle il était exposé à Chicago. A cause d'eux, il renforça ses sections d'assaut, qui comptèrent bientôt sept cents hommes, et les plaça sous le commandement de Capone. Sans la rivalité entre le syndicat et les bandes libres, jamais les entreprises industrielles de Torrio n'eussent attiré l'attention du monde ; ce n'est qu'à cette hostilité théâtrale, accompagnée de voitures blindées, de grenades et d'armes à tir rapide, que son consortium dut sa célébrité qui le rendit légendaire.

Il est facile de retirer à cette renommée son côté magique. La guerre des gangs de Chicago n'est pas autre chose que la continuation de l'affaire avec d'autres moyens. Elle n'a pas été motivée par le goût de l'aventure ou de la bravade ; elle est une suite inévitable de la logique économique. Le syndicat était contraint à l'expansion ; ses concurrents se virent obligés de défendre leurs propres marchés et débouchés. L'histoire de la guerre des gangs est aussi pleine d'enseignements et aussi ennuyeuse que celle du secteur de l'alimentation dans n'importe quelle ville de province ; c'est un thème pour dissertations d'économie politique. Ses personnages sont très moyens ; le fait qu'ils aient eu recours à des mitrailleuses au lieu de traites ne les grandit pas. La lecture de la chronique de cette lutte est à la fois confuse et monotone, et ses massacres sensationnels sont éventés : ce sont des épisodes quelconques, aussi inintéressants que le rapport périmé d'un expert comptable.

Contentons-nous du récit de deux opérations qui peuvent servir d'exemple pour d'innombrables autres. Le premier cas montre les méthodes d'expansion du syndicat. Nous pourrions le nommer la conquête de Cicero.

Cicero (environ 50 000 habitants ; structure sociale : région résidentielle typique de la *middle class,* employés, commerçants indépendants ; possédant sa propre chambre de commerce, un Rotary Club, deux tiers des maisons appartenant à leurs occupants) est une des banlieues du sud-ouest de Chicago. Torrio avait songé à ce lieu pour une extension de son entreprise, mais s'était heurté à des difficultés. La bourgeoisie, soucieuse de la tenue sérieuse de la communauté, ne s'était pas montrée favorable au plan prévoyant l'érection d'un quartier des plaisirs. Certes, le syndicat était parvenu à s'assurer de la bienveillance de la municipalité ; mais restait le danger que les élections communales, toutes proches, ne missent fin à cette bienveillance. Torrio chargea son représentant Capone de faire le nécessaire pour que le résultat des élections leur fût propice. Un rapport officiel donne du déroulement des élections la description suivante :

« Des automobiles, occupées par des tueurs, patrouillaient dans les rues de la ville. Les présidents du scrutin furent battus et enlevés et les lieux de vote occupés par des gangsters armés. Les votants étaient obligés de glisser leurs bulletins dans les urnes sous la menace d'un pistolet. Les citadins et les assesseurs récalcitrants furent jetés dans des voitures, emmenés à Chicago, où on les tint enfermés jusqu'à la fermeture des lieux de vote » [3]. L'opposition téléphona à la direction de la police locale pour demander du secours. Soixante-dix policiers prêtèrent serment devant un juge et furent transportés à Cicero. Ils ouvrirent immédiatement le feu sur les sentinelles des gangsters. Capone et ses hommes ripostèrent. La bataille se termina avec des pertes des deux côtés : en tout quatre morts et quarante blessés. L'ancien conseil municipal fut réélu à une immense majorité. Une enquête judiciaire fut ouverte et se perdit dans le sable.

Un an après, Cicero présentait l'aspect d'une ville de chercheurs d'or : publicité lumineuse, tavernes, salles de jeu, centres de paris, courses de chiens, boîtes de nuit. Bientôt, le syndicat recevait de Cicero une recette hebdomadaire de cent mille dollars. L'aimable époque de la persuasion était passée ; le conseil municipal réélu n'avait pas de quoi rire. Le véritable maire de Cicero vivait à Chicago sous l'aspect d'un brocanteur. Il possédait dans la Wabash Avenue une boutique dont la vitrine s'ornait d'un piano, de quelques tapis et d'une Bible. Il s'appelait Alphonse Capone. Il téléphonait ses ordres à l'hôtel de ville de Cicero. Certain jour où le maire élu, un homme du nom de Klenha, ne les avait pas exécutés avec assez de célérité, Capone apparut et le jeta en bas des escaliers de l'hôtel de ville. Un policier assistait à la scène et n'interrompit pas sa ronde pour autant.

A la suite d'une des fusillades habituelles, Capone vint au commissariat et s'enquit : « J'ai entendu dire que vous me cherchiez ? Pouvez-vous me dire de quoi il s'agit ? » Le fonctionnaire lui expliqua qu'il était question d'un assassinat dont on l'accusait. « Qui ? Moi ? Mais dites donc, je suis un négociant sérieux. Je suis marchand de meubles, je ne suis pas gangster. Ce Torrio dont vous me parlez, je ne le connais pas. »

La lutte contre la concurrence était conduite par des moyens analogues à ceux employés dans la conquête de nouveaux marchés. Nous en trouvons un excellent exemple dans l'opération montée contre Dion O'Banion, un Irlandais qui était à cette époque le chef d'une bande indépendante du nord de la ville. En dépit de nombreux avertissements, O'Banion ne voulut pas s'en tenir aux conditions que lui proposait le syndicat. Il s'était particulièrement attiré l'hostilité des frères Genna. O'Banion avait derrière lui la carrière banale : fils d'immigrants, enfance passée dans les quartiers pauvres, vol avec effraction, vol à la tire et finalement gangster de l'alcool. Ses affaires marchaient bien. Il ne manquait pas de prétentions. « Nous sommes des grands capitalistes, mais sans le chapeau haut de forme », déclara-t-il dans une interview. Ses violons d'Ingres étaient la musique classique et les fleurs. Il possédait un magasin de fleuriste en face de la cathédrale du Saint-Nom. Dans cette branche aussi, il connut des succès, car ses collègues gangsters, amis ou ennemis, se fournissaient chez lui. Et en raison des nombreux enterrements, ces fournitures étaient très élevées.

Le 9 novembre 1924, au soir, O'Banion reçut une nouvelle commande. Le fleuriste promit de tresser de ses mains la couronne commandée. Le lendemain matin, une limousine bleue passa devant chez lui. Pendant qu'O'Banion égalisait les tiges d'une gerbe de chrysanthèmes, trois messieurs entrèrent dans le magasin. L'un d'eux lui serra la main. Au même instant éclatèrent six coups de feu. La police soupçonna Torrio, Capone et les frères Genna. Aucun des suspects ne put contribuer à l'éclaircissement de ce meurtre.

Les funérailles eurent lieu quatre jours plus tard. Cette cérémonie relégua dans l'ombre tout ce qui s'était vu dans ce genre jusque-là. Aucun président des Etats-Unis ne fut enterré avec cette somptuosité. Le corps demeura exposé pendant trois jours dans les salons de l'entrepreneur de pompes funèbres (un second avocat général). Quarante mille citoyens de Chicago firent au gangster l'honneur d'une dernière visite. Le cortège funèbre avait plus de deux kilomètres de long. Trois orchestres, six voitures couvertes de fleurs et vingt mille affligés suivaient le corbillard. Parmi les envois de fleurs, d'une valeur de cinquante mille dollars, on remarquait un tapis d'orchidées pour la tombe et un cœur de roses rouges aussi grand qu'un homme. Une autre corbeille de roses portait l'inscription : « De la part d'Al. »

Capone, Torrio et les frères Genna accompagnèrent leur concurrent mort jusqu'à sa dernière demeure.

Le cercueil, spécialement exécuté et d'une valeur de dix mille dollars, comportait des parois en argent massif et un couvercle de cristal. O'Banion reposait sur des coussins de satin blanc. La principale feuille de Chicago, le *Tribune,* donna à ses lecteurs les détails suivants :

« Des anges d'argent se tenaient à la tête et aux pieds, le chef incliné sur le mort à la lueur de dix cierges qu'ils tenaient dans des chandeliers d'or massif. Sur le bloc de marbre où repose le cercueil, on peut lire, tracé en lettres d'or : Laissez venir à moi les petits enfants. »

Le juge d'instruction inscrivit dans le dossier : crime commis par des inconnus, et l'enquête fut arrêtée. La bande d'O'Banion ne fut point satisfaite de ce résultat. Douze semaines après l'enterrement, elle riposta. Un jour de janvier 1925, vers cinq heures de l'après-midi, le « président du conseil » Johnny Torrio s'écroula devant sa porte avec cinq balles dans le corps. A l'hôpital, il expliqua aux détectives : « Je sais qui c'est, mais cela ne vous regarde pas. Je ne suis pas un dénonciateur. »

Torrio quitta l'hôpital au bout de trois semaines. En mars, il fit venir Capone et ses avocats ; il transmit à Capone toutes ses affaires. Il pouvait se le permettre. Quinze ans après, Torrio mourut paisiblement chez un coiffeur de Brooklyn pendant qu'on le rasait. Il était riche. Il prit congé de Capone en lui disant : « Je te cède toute la baraque. J'en ai assez. Je pars pour l'Italie, chez moi. J'ai besoin d'un peu de soleil. » Dès l'instant où John Torrio mit le pied sur le paquebot de luxe qui devait l'emporter à Naples, Alphonse Capone devint le tsar et l'autocrate de Chicago. Il héritait d'une entreprise industrielle qui lui rapportait un bénéfice brut de soixante-dix millions de dollars par an. Il considérait son mentor et père nourricier comme un inventeur et un pionnier, mais ne songeait pas une seconde à s'en tenir à ce qui avait été atteint. Aucun modèle ne lui paraissait trop haut placé. Il disait : « Napoléon a été le plus grand gangster du monde, mais j'aurais pu lui passe' • encore quelques idées » [4]. Il se croyait très supérieur à tous ses innombrables prédécesseurs. Il avait raison.

Capone n'était pas un créateur, c'était un entrepreneur de la seconde génération. Ses premières mesures ne présentaient rien de remarquable et n'eurent pas les honneurs des gros titres. Elles correspondaient à des améliorations de l'organisation intérieure. Avec l'aide de son spécialiste financier, « Greasy Fingers » Guzik, il rationalisa minutieusement l'administration centrale de sa firme. Il y introduisit des méthodes d'organisation modernes et se procura des machines comptables toutes nouvelles. Vingt-cinq employés faisaient fonctionner l'appareil, qui ne craignait pas la comparaison avec les meilleures exploitations du monde des affaires légales. Ensuite, Capone y intégra un département de sécurité. Outre les gardes du corps et les sections de « protection », on vit apparaître un service de « renseignements », occupant des espions dans toutes les administrations de la ville et de l'Etat, dans les hôtels, les bureaux de voyage et les restaurants. Un groupe d'écoute composé de spécialistes des communications téléphoniques interurbaines se brancha sur les lignes téléphoniques importantes. La section de documentation compilait les renseignements ainsi obtenus et les classait en dossiers conservés dans ses propres archives.

Capone transféra son quartier général à l'hôtel Métropole. Il y eut à sa disposition deux étages comportant cinquante chambres étroitement surveillées, deux ascenseurs personnels, des bars privés et des caves à vins spéciales. Le dimanche, le chef donnait audience aux têtes de la police, de la politique communale et de la justice. L'hôtel abritait aussi un centre d'entraînement pour les sections de défense ; il se composait de deux salles avec des professeurs de boxe, des barres fixes, des appareils d'extension et des avirons. L'organisation possédait en outre à la campagne plusieurs stands de tir et d'exercices pour les machines à tir rapide.

On attribue à Capone de vingt à soixante assassinats

exécutés de sa propre main ; le chiffre exact est introuvable ; il en aurait causé au moins quatre cents de plus ; il n'a été judiciairement poursuivi dans aucun de ces cas. Il serait difficile de lui attribuer un penchant exagéré pour les solutions pacifiques ; il a abondamment prouvé qu'en principe il ne reculait nullement devant le côté sanglant de ses affaires. Cependant, le perpétuel état de guerre dans les rues de Chicago le rendait soucieux ; mieux, il le désapprouvait nettement.

Johnny Torrio avait été incapable de résoudre le dilemme central de son entreprise, le dilemme entre la nécessité d'expansion et la concurrence. Son successeur sut reconnaître la nature économique du problème. Comme n'importe quelle industrie, les affaires d'alcool étaient soumises aux normes du développement capitaliste. Ses années de fondation étaient passées. La tendance à la concentration du capital était évidente. La concurrence des « outsiders » ne troublait pas seulement le marché, elle s'opposait aux tendances à la croissance de toute l'industrie et la maintenait au stade des luttes de concurrence anarchiques. Au contraire de Torrio, Capone vit les possibilités qu'offrait une forme d'économie à monopole. Le premier degré à franchir était l'association oligarchique des quelques firmes qui dominaient le marché. Au fond, Alphonse tenait la mitrailleuse pour une arme déjà démodée et il songeait à la remplacer par des instruments plus modernes et plus effrayants, c'est-à-dire par des constitutions de cartel, des fusions de capitaux et des créations de firmes.

C'est dans cet esprit que le chef de gang réunit à l'automne de 1926 ses principaux rivaux et les têtes de ses filiales pour une conférence au sommet. Il fallut deux tables rondes préalables entre des fondés de pouvoir avant que l'on ne se mît d'accord sur le protocole et l'ordre du jour. La conférence eut lieu sur terrain neutre, c'est-à-dire dans un hôtel situé non loin des bâtiments de la préfecture de police. Les participants et leurs gardes du corps vinrent sans être armés. La conférence se termina par une convention contenant les points principaux suivants :

1. Armistice immédiat entre les groupes représentés ; cessation des batailles d'armes à feu et des rixes.

2. Fin des attaques à main armée des bandes isolées sur les entrepôts d'alcool des autres.

3. Amnistie générale en ce qui concernait les actions guerrières du passé.

4. Le chef de chaque groupe se porte personnellement garant de la discipline et de l'exécution du contrat.

5. Les régions de débouchés, les prix courants et les participations aux marchés seront fixés par la conférence.

Il apparut aussitôt qu'autour d'une table de conférence Capone était un adversaire encore plus redoutable que dans des combats de rues. Il réussit à imposer ses idées en ce qui concernait le futur règlement du marché. Ce résultat en fit définitivement le chef incontesté du consortium, le dictateur de Chicago. Il avait atteint au sommet de sa carrière.

La conférence de l'automne de 1926 se termina par un banquet plein d'enjouement où les assassins rassemblés se tapaient mutuellement sur l'épaule. Le lendemain, le vainqueur déclara aux journalistes réunis : « J'ai remis les garçons à la raison. Nous avons là une affaire énorme et qu'en faisons-nous ? Un champ clos. Il n'y a rien à gagner. C'est ce que je leur ai expliqué. Notre travail est déjà assez dur et assez dangereux, sans même parler de ces disputes, et un homme qui, dans sa branche, travaille durement a envie, à la fin de la journée, de rentrer chez lui et de se reposer. Et quand il n'ose plus se risquer à s'asseoir auprès de sa fenêtre ou d'ouvrir sa porte, quel profit en tire-t-il ? »

Toutefois, on devait bientôt constater que Capone avait surestimé le bon sens économique de ses collègues. Un trimestre ne s'était pas écoulé que les revolvers repartaient. La petite guerre des bandes reprit. Cela n'affecta nullement la position de Capone. Pendant six ans, il s'était affirmé comme le souverain incontesté de la ville.

Au début des années trente, il put établir un bilan très

impressionnant. Le bénéfice brut provenant des affaires d'alcool avait atteint 100 millions de dollars par an. La fortune personnelle de Capone se montait à une quarantaine de millions. Le syndicat avait ouvert une nouvelle branche d'affaires qui promettait : l'infiltration des syndicats d'ouvriers. Il s'agissait d'abord d'obtenir le contrôle sur les divers groupes de métiers. Cela se faisait par la corruption et l'intimidation. Dès que la corporation avait été mise au pas par le syndicat, on faisait systématiquement chanter ouvriers et employeurs. Le syndicat était également prêt à fournir du travail. Par exemple, Capone arma ses hommes des sections d'assaut de pics à glace et, en l'espace de quatre semaines, leur fit crever cinquante milles pneus de voitures garées. Cette affaire profita aux propriétaires de garages que contrôlait le syndicat ; bien entendu, Capone participait aux bénéfices. En 1931, il régnait sur à peu près un tiers des syndicats ouvriers de Chicago. D'une certaine manière, ils représentaient son front de travail.

Capone pouvait sans retenue inscrire la police à l'actif de son bilan. Il l'avait complètement réduite à sa merci. Un regard jeté sur la statistique des meurtres démontre que, pendant dix ans, la seconde plus grande ville des U.S.A. a pratiquement existé sans police. Des six ou sept cents cas de la guerre des gangs, quatre seulement passèrent devant les tribunaux. « 80 % des juges de Chicago sont des criminels », déclara le porte-parole du comité bourgeois de la Sécurité publique de Chicago. L'administration de la ville n'était pas seulement corrompue, elle était banqueroutière. En 1930, l'endettement de la ville atteignait 300 millions de dollars ; trois fois le bénéfice brut annuel de Capone. Le principal banquier de Chicago disait : « Nous sommes en faillite. » La ville ne pouvait plus payer ses professeurs, ses employés de bureau et ses pompiers. Le service de nettoiement s'effondra. La participation de Chicago aux douze millions de chômeurs des Etats-Unis était la plus grande d'entre toutes les villes du pays. L'heure de la reddition des comptes avait sonné. Elle sonna aussi pour Alphonse Capone.

Quelle est la raison de son échec ? Le grand krach de l'économie capitaliste ? Ces petites fautes desquelles on prétend que tout criminel en commet un jour ou l'autre ? Un hasard ? La jalousie de ses concitoyens ? La misère de la ville qu'il pillait ? La question ne comporte pas de réponse aussi simple. A la fin de 1929, Capone était encore un des citoyens les plus populaires de l'Amérique. Lors d'une rencontre sur le terrain de la Northwestern University au Centre de Chicago, dix mille boy-scouts éclatèrent en hourras et lui crièrent dans des mégaphones : *Good old Al ! Good old Al !*

Capone était extrêmement sensible à ce genre d'ovation. Il aimait que l'on parlât de lui. C'est avec d'autant plus d'amertume qu'il se plaignit plus tard de l'infidélité de ses « fans » : « Etre exposé au feu de la rampe comporte une quantité de déceptions ! »

Cette découverte arriva trop tard. Quand il la fit, la page était déjà tournée. En quelques mois, l'état d'esprit de l'opinion avait évolué. Puisque Torrio et Capone avaient transformé la police en une entreprise personnelle, la résistance au syndicat avait dû, en conséquence, s'organiser sur des bases privées. Elle fut pour la plus grande partie supportée par la Commission criminelle de Chicago. Cette association était composée de simples bourgeois ; elle n'avait aucun pouvoir légal. D'une manière caractéristique, elle se lança dans le combat contre Capone avec des moyens de système immanent, c'est-à-dire industriels et économiques ; elle mit en train une véritable offensive de publicité. Le succès immédiat de cette campagne, qui s'ouvrit en 1930, reposait sur un seul mot d'ordre. La commission publia une liste de vingt-huit noms et déclara que les porteurs de ces noms étaient des ennemis publics. Sur cette liste, Capone était l'ennemi public n° 1. Cette désignation fut reprise dans le monde entier ; elle a plus nui au dictateur de Chicago que les actes judiciaires et les mitrailleuses de ses rivaux.

En mai 1929 eut lieu à Atlantic City une de ces conférences de gangsters où Capone avait accoutumé d'exhiber ses étonnants talents de négociateur. Etant donné l'enchevêtrement et l'expansion progressifs de ses intérêts, cette fois, les chefs de bande de Chicago n'avaient pas été les seuls invités ; il y avait aussi les têtes de toute l'industrie du crime américaine. La conférence se déroula d'une manière tout à fait satisfaisante pour Capone. Pendant le voyage de retour à Chicago, l'ennemi public n° 1 devait s'arrêter deux heures à Philadelphie. Entre deux trains, il alla voir un film. Il quitta le cinéma vers minuit. Deux détectives le reconnurent et s'emparèrent de lui. On le fouilla et on trouva sur lui un pistolet. Le lendemain, Alphonse Capone était condamné à un an de prison pour port d'armes prohibé. Ce fut le commencement de la fin.

De stupéfaction, Capone demeura sans voix. Jamais auparavant, cet assassin, qui avait des douzaines de meurtres sur la conscience, n'avait passé une seule journée en prison. Les policiers et les juges de Philadelphie n'acceptèrent pas son argent. Il n'en croyait pas ses yeux. Quand il sortit de prison au bout d'un an, il était subitement devenu un personnage indésirable. On l'expulsa tout bonnement de Floride, où il avait une maison de campagne. A Chicago, on le traîna devant les tribunaux pour « vagabondage ».

« Voici tout à coup que je suis partout un bouc émissaire. J'en ai assez. Je crois que je vais prendre ma retraite », dit Capone. Mais ses adversaires les plus redoutables n'étaient pas à Chicago : ils siégaient à Washington. C'étaient des messieurs quelconques d'un certain âge, avec des pince-nez et des cols durs. Chacun d'entre eux occupait une table à écrire dans le département des poursuites fiscales du ministère des Finances, et sur ces tables, pendant quelques années, ces rapporteurs pédants et patients avaient accumulé un monceau de documents.

Le procès de Capone commença en juin 1931, et en octobre le dictateur de Chicago fut définitivement renversé. La sentence comportait onze ans de prison et 50 000 dollars d'amende. Ce n'était pas le meurtre, le vol, le chantage, la corruption ou la sédition qui motivaient le châtiment de Capone, mais bien un crime plus dangereux : il n'avait pas payé ses impôts sur le revenu.

« C'est un coup au dessous de la ceinture, dit Capone, mais je m'y attendais. Toute la ville est prévenue contre moi... Je ne sais pas ce qu'ils ont tous après moi... J'ai passé la plus grande partie de ma vie à agir en bienfaiteur... J'ai joué de malchance. »

« Au cours de mes sept années d'expérience de médecin, déclara le docteur de la prison, je n'ai jamais rencontré de prisonnier plus aimable, d'humeur plus agréable et plus complaisant. Il est travailleur et intelligent ; il est le modèle des détenus tel qu'on le voit dans les livres. »

Capone fut libéré en 1939 : il était très malade. Il souffrait d'une paralysie générale, stade avancé d'une syphilis. Il vécut encore six ans, en Floride, à demi caché, extrêmement riche et presque irresponsable. Il mourut au début de 1947. Quarante affligés se rassemblèrent au cimetière Mount Olivet à Chicago, la dernière demeure de cinquante-deux gangsters. Capone est inhumé entre ses victimes et ses geôliers. Les obsèques furent courtes et misérables. Le bon vieux temps était passé et, avec lui, la période mythologique du gangstérisme.

Capone a parfaitement représenté cette période, non seulement par ses exploits commerciaux, mais aussi par son existence personnelle. La vie privée du gangster mythologique est exemplaire. Il est profondément convaincu de la supériorité morale de ses mœurs. Son sens familial est au-dessus de tout soupçon. Al Capone était un adversaire déclaré de l'émancipation des femmes : sur ce point, il était inflexible : « La place d'une femme est dans son foyer et auprès du berceau de ses enfants. »

Tous les rapports s'accordent pour témoigner que les gangsters de Chicago étaient des fils pleins d'attentions touchantes. Torrio, qui était un abstinent, ne fumait pas et ne s'était jamais laissé aller à jurer, gâtait sa vieille mère et fit bâtir pour elle une villa en Italie où elle était entourée de quinze serviteurs. Il attachait une grande importance au fait de rentrer ponctuellement chez lui à la fin de sa journée de travail pour se consacrer à sa famille. « Il n'y a jamais eu un meilleur et plus affectueux époux, disait sa veuve. Notre union n'a été qu'une longue lune de miel sans un nuage. »

Le célèbre tueur Walter Stevens, un des hommes de Capone, a, pendant vingt ans, soigné sa femme malade. Il adopta trois orphelins. Ses filles adoptives furent parfaitement élevées ; il leur défendait de se maquiller et de porter des jupes courtes ; leurs lectures étaient choisies dans des éditions de classiques expurgés. Il n'était pas question de les emmener au théâtre et la fréquentation de jeunes gens et jeunes filles de leur âge leur était interdite, à cause de l'immoralité de la jeune génération contre laquelle Stevens s'élevait avec amertume. Le tarif de Stevens pour un meurtre était de cinquante dollars. Il était, bien entendu, un abstinent, comme O'Banion, cet ami des fleurs. Tous deux étaient des catholiques pratiquants. O'Banion avait été servant et enfant de chœur à la cathédrale du Saint-Nom et, au sommet de sa carrière (on lui attribue vingt-cinq assassinats), il chantait de préférence des cantiques d'une voix sirupeuse. Hymie Weiss, lui aussi un fin tireur, s'occupait d'une manière touchante de sa vieille mère, portait une croix au cou, à côté de son holster. Un chapelet dans la poche de leur pantalon faisait partie des indispensables objets d'équipement d'un gangster sicilien.

Ce n'était pas seulement pour la défense d'une vie de famille saine et réglée, non plus que pour une solide discipline religieuse que Capone et ses gens prenaient fait et cause, mais pour l'ordre social existant en général. Naturellement, l'institution de la propriété privée leur était sacrée. Ils en vivaient. Mais, de toute façon, le mouvement révolutionnaire leur était étranger. Capone était un patriote ardent. Au-dessus de son bureau étaient accrochés les portraits de George Washington et d'Abraham Lincoln. Son attitude vis-à-vis du communisme était également irréprochable : « Le bolchevisme frappe à notre porte. Il faut nous serrer les coudes et nous y opposer de toutes nos forces. L'Amérique doit demeurer pure et sans tache. Il faut protéger les travailleurs contre la littérature rouge et la liste rouge et veiller à ce que leurs convictions restent saines. »

Ce ne sont pas les « convictions saines » qui manquèrent aux gangsters. Ils en étaient pénétrés. C'étaient des idéalistes. Cela n'a rien d'extraordinaire ; il ne s'agit nullement ici de cynisme ou d'hypocrisie. Capone était parfaitement sincère quand, en 1932, il s'était plaint d'un tribunal qui avait refusé la révision de son procès : « La justice n'est décidément pas juste envers moi. Je suis un bon citoyen. Voyez tout le bien que j'ai fait et voici ma récompense ! »

Les concitoyens de Capone montrent encore aujourd'hui une certaine compréhension pour ce genre d'arguments. L'écrivain anglais Kenneth Alsop a interrogé en 1960 des douzaines d'habitants de Chicago dans toutes les couches de la population. Il n'en a trouvé qu'un seul qui fût prêt à condamner Capone. Voici quelques-unes des réponses typiques qui furent données à Alsop :

« Je ne peux pas considérer le gangster du temps de la Prohibition comme un criminel. Les gens de Chicago voulaient de l'alcool, des jeux de hasard et des femmes, et l'organisation de Capone était simplement une sorte de service public à la disposition des clients. Sans l'assentiment du public, il n'aurait pas fonctionné une heure. C'étaient précisément les « gens bien » qui veillaient à ce que les gangsters eussent du succès... Personnellement, j'éprouve du respect pour Capone. Pendant la grande Crise, il a beaucoup fait pour les chômeurs. Il a institué des cuisines populaires où l'on mangeait gratis — ce fut un acte social volontaire du syndicat... Et quelque chose encore joue en faveur des gangsters : ils ont fait plus de publicité pour la Cadillac en tant que partie intégrante de l'*American Way of Life* que toute la General Motors. » Cette déclaration est due à un sociologue.

Un professeur de l'Université de Chicago expliqua à Alsop : « Capone a été un des bienfaiteurs de notre ville. Je ne le dis pas par admiration pour lui, je me borne à le reconnaître. Le crime organisé n'est possible que quand il répond à une sorte de mission sociale. Les entreprises de Capone correspondaient aux idées légales et morales des habitants. La situation était simplement la suivante : il existait une demande de certains biens et services qui ne pouvait pas être satisfaite dans le cadre de la légalité. C'est à ce moment que Torrio et Capone surgirent et ils ont fait du bon travail. »

Tous les observateurs américains confirment ces déclarations. Un fonctionnaire des impôts qui avait été chargé de l'élucidation du cas de Capone affirma à Pasley, le biographe du gangster : « Le don de Capone pour les affaires était étonnant. Il s'est avancé très loin dans chaque branche. »

Frederick Sondern, un des rédacteurs du *Reader's Digest,* porta sur Capone le jugement suivant : « Avec ses facultés d'organisation, il serait devenu un remarquable président directeur général d'une grande affaire. »

Un professeur de Chicago fut encore plus affirmatif :

« Le criminel typique de l'ère de Capone n'était ni un *outsider,* ni un raté ; c'était presque toujours un garçon normal, déterminé, plein d'idées et travailleur ; dans d'autres circonstances, il serait devenu un capitaine d'industrie ou un personnage politique. Mais il ne lui a pas été possible d'aller à Yale et de faire une carrière de banquier ou d'agent de change. »

Il est stupéfiant de constater avec quelle exactitude l'opinion qu'avait Capone de lui-même correspond à ces jugements : « Je suis un homme d'affaires, rien de plus. J'ai gagné de l'argent en répondant aux demandes de la population. Si, ce faisant, j'ai commis une infraction aux lois, mes clients sont aussi coupables que moi... Le pays tout entier voulait de l'alcool et j'ai organisé l'alcool. Je voudrais bien savoir pourquoi l'on m'appelle un ennemi public... Je satisfais à un désir général. Je le fais de mon mieux et m'efforce de minimiser le plus possible les pertes. Je ne puis pas changer les circonstances. Je m'efforce d'y parer. C'est tout. »

Il n'y a pas de meilleure explication du succès de Capone et le fait que ses concitoyens l'acceptent est un témoignage de leur honnêteté. Ils ne nient pas après coup que le dictateur de Chicago eût été fort bien considéré en ville et admettent sans difficulté que son régime de terreur a été populaire. Une telle sincérité serait extrêmement rare dans d'autres parties du monde. En Allemagne, elle serait inimaginable. Peu de temps après qu'Alphonse Capone eut disparu derrière les barreaux de la prison d'Atlanta, ce n'est pas seulement une ville, mais tout un pays qui a acclamé Adolf Hitler ; lui aussi « répondait aux demandes de la population » ; lui aussi « satisfaisait à un désir général » ; lui aussi « s'efforçait de parer aux circonstances ». Il était le résultat logique des circonstances où se trouvait l'Allemagne comme Capone l'était de celles de Chicago.

Là comme ici, le côté logique de ce résultat est évident ; seulement, en Amérique, on ne cherche pas à se le dissimuler. Capone devait son succès non pas à une attaque contre l'ordre social du pays, mais par sa franche adhésion à ses prémisses. Voilà pourquoi il n'avait pas conscience d'être coupable et pourquoi aussi ses compatriotes, aujourd'hui encore, n'ont pas le cœur de le condamner. Il obéissait à la toute-puissante Loi de l'Offre et de la Demande. Il prit sanguinairement au sérieux la lutte contre la concurrence. Il croyait avec ferveur au libre jeu des forces. Ce qui était bon pour les affaires était bon pour l'Amérique : Capone en était convaincu. Il frayait le chemin à l'homme de mérite — lui-même. Le secret du succès se trouvait, entre quelques cadavres, sur la voie publique.

Ce n'est pas le succès qui fait du gangster un personnage extraordinaire. Son succès est, au contraire, l'aspect le plus normal et le plus ordinaire de son existence : il a cela en commun avec n'importe quel marchand de ferraille de quelque intelligence. Seulement, aucun marchand de ferraille ne frappe, comme lui, les rêves collectifs de l'humanité. Aucun homme d'affaires ne vit constamment dans la poursuite d'un songe de toute-puissance ; seuls, les gangsters morts, Fantomas et Superman, survolent ce monde imaginaire où tout est possible : un monde sans résistance, violent et puéril. Capone est leur personnage central. Son prestige est ambigu, comme toutes les mythologies : à la fois rêve et cauchemar. Quand la grenouille au masque de fer montre son visage, nous y reconnaissons les traits de tous.

C'est pour cela que chacun considère sans colère Capone et son époque. Mille ouvrages, du pamphlet à dix sous à la grande littérature, l'ont immortalisé. L'esthétique du gangstérisme ; la nostalgie de Mahagonny et l'humour sec de *Some like it hot* ; le « romantisme » de la brutalité ; le plaisir que donne la vulgarité ; les victimes oubliées et, sentimentalement doré, « le bon vieux temps passé ». C'est là que gît la véritable énigme du gangstérisme ; aucun casse-noix économique ne peut craquer son noyau. Son goût est équivoque et sauvage.

L'adaptation à tout prix, une assimilation sans frein, les pratiques les plus modernes, une habileté hautement capitaliste, voilà ce qui a contribué à la remarquable réussite des gangsters de Chicago. Mais dans la plus petite de leurs actions, dans tous les plus petits détails de leurs manières d'être et de leur façon de penser, on voit apparaître un facteur contraire : il est dû au fait qu'ils sont issus d'un passé exotique, précapitaliste, inassimilé. C'est leur modernisme qui a fait leur succès, leur antiquité qui a fait leur fascination. Cette ambiguïté, cette contradiction ont été le sol générateur de mythes où s'est épanouie leur existence. Avec le gangster apparaît en même temps la préhistoire et, dans la toute dernière nouveauté, s'insinue le passé barbare.

Les dictateurs de Chicago étaient tous sans exception des immigrants de la deuxième génération. Ils étaient, considérés sous l'angle ethnique, italiens, irlandais et polonais. Rien ne serait plus stupide que de tirer de ce fait des conclusions « racistes ». Leurs motifs sont exclusivement historiques et sont faciles à élucider. Au XIXe siècle, la Pologne était une province opprimée, divisée entre deux grandes puissances, l'Allemagne et la Russie ; l'Irlande, un objet de l'impérialisme britannique ; la Sicile et Naples sont encore de nos jours des régions insuffisamment développées. Les gangsters prennent leur origine dans les sociétés à demi coloniales de la vieille Europe. Leur pays natal était un état précapitaliste, féodalement gouverné. Le régime de Capone à Chicago a souvent été décrit comme une parodie de la féodalité : ce n'était pas par hasard. Le surnom de « barons de l'alcool » était assez justifié. La structure de leur règne était ambiguë, comme leur existence : les territoires de débouchés et les zones de diffusion du syndicat étaient en même temps des fiefs, les chefs des filiales et les membres du cartel étaient des gens de la suite et des vassaux, et la commerciale fidélité aux contrats ne reposait sur aucun code civil, mais sur l'observation d'une loyauté mutuelle que prescrit la règle féodale.

D'autres traits antiques se révèlent à l'observation dans les habitudes et les mœurs des bandes de Chicago ; on pourrait presque parler d'un folklore du gangster. Leur religiosité, d'une part, le signe d'une bienséance bourgeoise, et d'autre part archaïque, comme on peut le voir à leur culte de la Madone et au prix qu'ils accordaient aux amulettes ; il est prouvé que beaucoup des tueurs de Capone se plaçaient, eux et leurs actions, sous la protection de la Vierge Marie. La coutume de couvrir un client récalcitrant de grenades, d' « ananas », pourrait, à première vue, être considérée comme un procédé tout à fait moderne, correspondant à la technique des armes les plus nouvelles ; en fait, et comme nous le montre l'histoire de la Maffia, cela remonte à une découverte sicilienne du début du XIXe siècle.

Un autre trait précapitaliste, féodal, du régime des gangs, ce sont les libéralités que l'on attendait de ses chefs. Capone lui-même ne s'est jamais soustrait à cette exigence. Il avait coutume de distribuer des pourboires fabuleux et des cadeaux dans le genre de ceux des anciens monarques. Sa « clémence » était célèbre, comme celle des princes médiévaux ; cela signifie que, notamment lors de la grande Crise, il lui arrivait d'abandonner une minuscule part des contributions obtenues par ses exactions aux ouvriers de Chicago et, ainsi, de se faire passer pour un bienfaiteur du peuple.

Faisaient aussi partie du rituel du gangster les étonnants, somptueux et macabres enterrements et banquets, qui mériteraient des recherches ethnologiques spéciales. Quelques règles isolées tirées du Code du gangster pourraient témoigner de la haute antiquité de celui-ci : la solidarité de clan exigeait qu'après la mort violente d'un membre du gang, les survivants ne se rasent pas jusqu'au jour des obsèques. Parmi les « tireurs » siciliens, c'était une coutume que d'échanger avant l'exécution de la victime ce que l'on appelait le « baiser de la mort ». Une vieille technique du meurtre voulait que l'un des bourreaux serrât la main de la victime pour l'empêcher de sortir son arme pendant que le deuxième tueur faisait feu. Ce procédé n'était autorisé qu'envers des « outsiders ». Les membres d'une même bande ne pouvaient être liquidés qu'avec les plus grands égards. Cela se passait généralement pendant un repas de cérémonie. La victime, qui ne se doutait de rien, était régalée des meilleurs vins et de mets choisis, puis tuée tout à coup par-derrière.

La plupart de ces détails ont leur origine dans les us et coutumes de la Maffia sicilienne. Les liens qui unissent le gangstérisme à cette vieille société secrète ont été longtemps discutés par le public américain : une discussion pleine d'enseignement. On peut très clairement opérer une discrimination entre la conception « éclairée », incrédule, dont les représentants nient tout bonnement l'existence de la légendaire Maffia, et l'aveugle croyance selon laquelle il s'agit là d'une faction toute-puissante ayant de mystérieuse façon envahi l'Amérique et la dirigeant occultement. Ces deux réactions sont tout à fait typiques. Elles apparaissent partout où il est question de société secrète ou de conspiration. Nous avons vu plutôt comment le mythe du gangster dépend de la mythologie plus ancienne de l'Amérique précapitaliste, coloniale, c'est-à-dire du mythe de la frontière. Ici s'ajoute un nouveau facteur : l'alliance secrète est un des motifs éminents de la formation des mythes. Le fait que son existence est souvent contestée avec acharnement, comme dans le cas de la Maffia, en est une preuve de plus.

Car, bien entendu, la Maffia sicilienne est une vérité historique : son rôle dans la vie de l'île est connu et ses liens avec les immigrants siciliens en Amérique sont évidents. Si son utilité pour l'érection d'un régime du gang va de soi, il va de soi aussi que la Maffia doit fonctionner autrement en Amérique que dans sa patrie d'origine. Et elle a également sa part dans l'ambiguïté si caractéristique dans le crime organisé des années vingt à Chicago. Certes, c'est une antique confédération avec des règles traditionnelles ; mais elle présente en même temps une stupéfiante ressemblance avec les organisations du grand capitalisme, les cartels, les consortiums. Ses séances sont aussi mystérieuses que celles d'une société de holding, sa discipline aussi stricte que celle des grandes firmes pétrolières, et elle mérite tout aussi peu ou tout autant le nom de conspiration que les conventions contre la loi antitrusts. C'est injustement qu'elle se pare de la gloire des bandits mythologiques ; la Maffia originale n'avait que peu de rapports avec les vieux personnages de cet Etat riche de traditions, de Robin Hood à Jesse James, de Schinderhannes à Salvatore Giugliano. Auprès des gangsters de Chicago, ces hommes, par la simplicité de leurs propos, nous apparaissent presque innoffensifs, mieux, respectables.

Capone et les siens ont importé dans la société capitaliste un ordre plus ancien et plus barbare ; mais cette société l'a accueilli. Elle était prête pour la régression. C'est cela qui fait du cas Capone un paradigme et motive son droit à une place dans la mythologie moderne. Les années vingt de Chicago représentent un modèle de la société terroriste du siècle.

Avec quelle peine et quelle maladresse les nazis ont-ils été trier et rechercher les accesoires de la grande régression dans la boîte à ordures de la Culture : les SS, société secrète, le principe du chef, les colonnes de spadassins, les insignes et les formules, la discipline et les partisans, les mégaphones et le rituel du Parti et, avant toute chose, ce qu'ils tenaient pour leur mythe. Les gangsters de Chicago ont donné le jour au leur sans le moindre intermédiaire idéologique. Chez les fascistes, on n'a jamais atteint au mythe : leurs crimes excluaient toute possibilité de « mythologisation ». Ils étaient trop grands. L'imagination collective ne parvenait pas à les saisir. Ils dépassent encore aujourd'hui le pouvoir de l'imagination. Le règne de Capone est un modèle. Mais ce modèle a un désavantage : il est concevable, prévisible, évident — en un mot, c'est un modèle. Cela le rend humain, mieux, cela lui prête un attrait ambigu. Le mythe du gangster est et demeure équivoque jusque dans ses plus petites raisons ; il est abominable et inoffensif ; c'est un sanglant tableau de genre tiré du passé occidental, embrumé comme une radiographie et menteur comme un vieux refrain.

Il y a longtemps qu'Alphonse Capone est mort, mais l'œuvre de sa vie n'est pas tombée avec lui dans l'ornière. Ses successeurs l'ont portée à de nouveaux sommets. Il avait été un homme d'affaires féru de progrès, mais pas assez. Ce qui faisait de lui un personnage mythologique, son archaïsme, l'a aussi livré au bourreau. Les gangsters d'aujourd'hui ont tiré des leçons de ses erreurs. Ils ne portent plus de revolver sur eux et ils règlent ponctuellement leurs impôts. Ils font des investissements avec autant de soin dans les affaires d'importation que dans le trafic de la drogue, dans l'industrie textile que dans la branche des jeux de hasard ; ils procèdent aussi positivement à la « terrorisation » d'une industrie qu'à l'exploitation de leurs maisons de coulisse, et leurs réseaux de *call-girls* possèdent une structure aussi rationnelle qu'une représentation générale. Ceux d'entre eux qui ont réussi gagnent davantage que les anciens gangsters : les autorités les connaissent, mais on ne parvient guère à les prendre sur le fait [5].

Luciano, Genovese, Scalisi et leurs pareils disposent des meilleurs et des plus chers avocats du pays. Ils évitent toute divergence d'opinions avec l'administration fédérale. Ils ne livrent pas de batailles de rues et n'accordent pas d'interviews. Ils demeurent constamment corrects et anonymes. L'assimilation ne leur suffit plus : leur mot d'ordre est Intégration. Ils y ont atteint. Les gangsters d'Amérique sont devenus incolores et ennuyeux ; ce sont des requins ordinaires, normaux, de la *upper middle class* : des personnages d'un manuel de sociologie américaine. Aucun opéra ne conserve leur souvenir, même pas une publication à dix sous. Impossible de tirer un rêve d'une matière semblable, serait-ce une bande dessinée. Ce sont de véritables contemporains, simples, tout à fait présents, méconnaissables et proches, comme le monsieur avec le porte-documents qui prend place à nos côtés dans l'express, à l'hôtel, à l'aérogare. Alphonse Capone n'évolue plus que dans notre imagination, fantomatique comme dans le poème de Gregory Corso sur le dernier des vieux gangsters :

J'attends à la fenêtre
Que se rassemblent autour de mes ossements les boot-
[leggers morts de Chicago
Je suis le dernier gangster, enfin en sûreté.
J'attends à la fenêtre blindée.

Je regarde dans la rue et je reconnais
Mes deux bourreaux de Saint Louis.
Comme ils sont devenus vieux...
Rouillés les pistolets que dans leurs doigts goutteux ils
[tiennent [6].

Pupetta ou la Fin de la Nouvelle Camorra

Les récits populaires et leur *littérature* ne sont rien d'autre que de l'histoire enchantée. Rinaldo Rinaldini et Mackie Messer, Franz Moor et Al Capone, la jolie fiancée du gangster et le criminel par déshonneur — voici plus de cent cinquante ans que ces personnages peuplent les forêts de la Bohême et les jungles des villes, Palerme et Chicago, les cauchemars et les rêves de notre fantaisie des fumées de la poudre et de sanglantes vendettas, de liberté désordonnée et de terreurs enfantines. D'où vient que la littérature populaire frappe notre imagination ? Du fait qu'elle met la société en face de la vérité en exposant à ses yeux ce qui repose profondément enfoui dans les replis de son inconscient et en le poussant au paroxysme : concurrence, anarchie, violence, exploitation ; richesse, éclat et pouvoir obtenus sans travail, évanouis en un effondrement soudain, anéantis sur l'échafaud. Et puis, quand la tête est tombée, nous nous exclamons : Hop là ! Ce qu'elle dévoile ainsi, la littérature populaire le dissimule sous l'exagération, les couleurs criardes, un parfum de théâtre, une sorte de magie de foire et de musée forain. En montrant une image de la société capitaliste sous l'aspect d'un divertissement sanglant, elle nous conduit à oublier la réalité, soumise à son enchantement, comme si c'était elle le leurre. Son agitation nous apaise. La grenouille au masque de fer et les anges armés de deux pistolets, le cercueil doublé de velours et les violettes, l'orang-outang de la rue Morgue et le gorille qui vous salue bien — ils ne nous poursuivront pas, ne quitteront jamais les couvertures de leurs livres ou les coulisses des films. Mais quel chanteur de foire a pu imaginer l'histoire, qui va être contée ici, du meurtre de Pupetta et de la Nouvelle Camorra, de la jeune épousée en blanc et de l'ange vengeur en noir, des neuf Rois des Prix et de la guerre des gangsters de Naples ? Ici, c'est la réalité qui s'est chargée de la mise en scène et ses accessoires sont : du sang véritable, de vraies tomates, un crime véritable, une vraie misère. Quand la parodie devient sérieuse, quand le récit populaire a raison contre les faits, il retrouve sa dignité perdue. Quand, après la représentation, le rideau se relève sous les applaudissements et qu'alors les cadavres des acteurs, au lieu de se réveiller pour s'incliner, restent étendus, baignés dans leur sang, on voit, au choc des spectateurs, que la littérature populaire a atteint la puissance d'un témoignage à l'appui de la frayeur de la société qu'elle s'était promis de divertir.

27 avril 1955.

La route de Naples à Sorrente et Positano est, sur la carte routière d'Italie, bordée d'un trait vert. « Route pittoresque », signale la légende, et, entre Pâques et la Pentecôte, cette route traverse son avant-saison. Le tourisme européen parcourt ce trait vert et jouit, des lieux de parking ou des terrasses des hôtels, de la vue sur le golfe, Capri, les bosquets d'orangers en fleur et les plantations d'arbres fruitiers. Devant la basilique de Santa Maria di Pozzano, tout de suite après Castellamare, les obturateurs des Leica cliquettent. Du grand portail sombre, largement ouvert, émerge au bras de son époux une beauté de vingt ans, toute vêtue de blanc. Un corso fleuri d'automobiles transporte les trois cent invités au mariage au restaurant *Panoramico*. Là, les touristes peuvent assister au déroulement d'un banquet de noces napolitain. C'est une cérémonie campagnarde, intime et solennelle, on y porte d'innombrables toasts, le repas se compose de gnocchi, de pasta en croûte, de poules bouillies, de poisson frais du golfe, on boit du vin de Gragnano, toute proche. Deux maires et un député sont parmi les convives, l'épousée est la reine de beauté de sa petite ville natale, le père de la mariée, le jeune époux et les témoins ont l'air de braves commerçants bien assis. Après le déjeuner, on chante des canzoni napolitaines. L'ambiance est joyeuse, presque exubérante. Un jeune homme de vingt ans, fils du maire de Marano, se lève et entonne une chanson, la *Guapperia* :

Scetàteve, guagliune 'e mala vita,
ca è'ntussecosa assai 'sta serenata :
i' songo 'o nammurato 'e Margarita
ch'è 'a femmena cchiu bella d' 'a Nfrascata

L'aggio purtato 'o cuncertino
p' 'o sfizio 'e me fa sentere cantà...
M'aggio bevuto nu bicchiere 'e vino,
pecchè stanotte 'a voglio ntussecà...
Scetàteve, guagliune 'e mala vita !

E accumparuta 'a luna all'intrasatto
pe' lle dà 'o sfizio e' me vedè distrutto :
pe' chello ca 'sta femmena m'ha fatto,
vurria ca 'a luna se vestesse 'e lutto...

Quanno se ne venette a' parte mia,
ero 'o cchiù guappo 'e vascio 'a Santià...
Mo c'aggio perzo tutta 'a guapperia
cacciatemmenne a dint' 'a suggità...
Scetàteve, guagliune 'e mala vita !

Sunate, giuvinò, vuttate 'e mmane,
nun v'abbelite, ca sto' buono 'e voce :
i' me fido 'e cantà fino a dimane,
i' metto 'ncroce a chi m'ha miso ncroce...

Pecchè nun va cchiù a tiempo 'o mandulino ?
Pecchè 'a chitarra nun se fa sentì ?
Ma comme, chiagne tutto 'o cuncertino
addò che avesse chiagnere sul' i' ?...
Chiagneno stį guagliune 'e mala vita ! [1].

Lorsque le chanteur, Gaetano Orlando, a achevé, aucun applaudissement n'éclate. Un silence de glace se répand. Par-dessus la table, Orlando contemple l'époux, Pasqualone Simonetti, que, onze semaines plus tard, il abattra en pleine rue d'un coup de feu. En face de Pasqualone est assis un des témoins du mariage, Antonio Esposito, sur l'ordre duquel le meurtre sera perpétré. L'épousée se nomme Pupetta Maresca. Elle a en perspective une année agitée. Elle perdra son mari, s'armera elle-même onze semaines plus tard d'un revolver, abattra dans la rue, comme un chien, le témoin assis à ses côtés, donnera le jour en prison à l'enfant qu'elle attend et deviendra le personnage principal d'un procès qui ébranlera l'Italie tout entière. Au restaurant *Panoramico,* une plaisanterie rompt le silence effrayé, la noce campagnarde reprend, les touristes inconscients règlent en soupirant leurs fantastiques additions et se mettent, comme chaque après-midi, à la recherche poussiéreuse du lieu de camping le plus proche.

A ce mariage, les cartes avaient déjà été mêlées en vue d'un jeu sanglant, qu'aucun « outsider » ne pouvait comprendre. Le vieux couple innocent de Bochum, qui était, lors de ce fameux après-midi si gai, assis à une table voisine, n'avait pas déchiffré le texte de la canzone qui avait jeté un froid dans l'assistance ; ils savaient encore moins ce que les fiches de police disaient de leurs voisins, si empressés à boire :

1. ALBERTO MARESCA, père de la mariée. Surveillé par la police, parce que les autorités considèrent qu'il représente un « danger pour la sécurité publique » ; il sera banni quelques mois plus tard.

2. VICENZO MARESCA, oncle de la mariée. Titulaire de plusieurs condamnations. Sept ans de prison pour avoir abattu son frère Gerardo.

3. PUPETTA MARESCA, la mariée. Accusée de coups et blessures graves et d'offenses envers une de ses amies d'école. Libérée à cause du manque de preuves, parce que la victime, à sa sortie de l'hôpital, « ne se souvenait plus de rien ».

4. GAETANO ORLANDO, qui chanta au mariage. Déjà condamné pour meurtre. A tué à quinze ans, « par erreur », une petite fille de trois ans en manquant la victime qu'il avait été chargé d'abattre, un commerçant, que son oncle assassina plus tard. Il fut condamné à six ans et quatre mois de prison et fut amnistié au bout de peu de temps. Un an plus tard, il est accusé de meurtre avec préméditation : les poursuites engagées furent interrompues. Un an après, en prison préventive à cause d'une tentative de meurtre. Relaxé en raison du manque de preuves.

5. PASQUALONE SIMONETTI, l'époux. Accusé de tentative de meurtre à la mitraillette, selon la méthode américaine. L'accusation fut transformée et on ne parla plus que de coups et blessures. Deux ans et demi de prison.

6. ANTONIO ESPOSITO, témoin au mariage et commettant d'Orlando. Condamné pour coups et blessures, chantage et constants délits de douane. Prison préventive à cause du prétendu suicide de son frère, dont la mort n'a jamais été expliquée. Trois ans plus tard, accusé de complicité, de provocation au meurtre et condamné à quatorze ans de prison, relaxé après la deuxième instance parce que le motif de la légitime défense n'était pas exclu. La sentence prononcée lors de la deuxième instance suscita l'étonnement général.

Le drame que nous nous efforçons de reconstituer ici a une pré-histoire, plus longue et plus sanglante que le casier judiciaire de ses protagonistes. Elle remonte plus haut dans le temps que la biographie et le souvenir de cette réunion de mariage. *Guapperia,* la chanson qui effraya tant l'assistance, nous donne le mot clef de cette pré-histoire.

Dans le dictionnaire, on lit : *Guapperia,* substantif, dialecte (Naples). De *guappo,* en espagnol *guapo,* beau, joli, ardent, élégant. Un *guappo* est un homme sans profession bourgeoise, qui vit d'expédients. *Guapperia,* une existence à la limite de l'illégalité, qui exige un courage spécial et une grande décision. Les *guappos* dans leur ensemble forment une société en soi, la *Camorra.*

Le mot clef est un mot d'ordre sinistre. Avec sa sœur sicilienne, la Maffia, la Camorra est devenue de par le monde la quintessence et le prototype de la criminalité organisée. Comme autrefois les francs-maçons, son nom est auréolé de mystère. Si connue soit-elle, on ne sait rien d'elle, en sorte que l'on pourrait se demander à bon droit si elle existe, cette légendaire société secrète, si elle n'est pas plutôt un fantôme inventé par les romans populaires et les illustrés afin d'inculquer la peur à leurs lecteurs. Pour répondre à cette question, nous allons abandonner un moment Pupetta Maresca et feuilleter de vieux documents. Le mot Camorra provient de l'espagnol, langue dans laquelle il signifie aussi bien querelle que rixe, et c'est d'Espagne aussi qu'émane le premier témoignage littéraire de la criminalité moderne pourvue d'une organisation centrale. Il nous vient d'un maître, Miguel de Cervantes. Dans son roman *Rinconete et Cortadillo,* un futur voleur reçoit l'enseignement suivant : « Si Votre Honneur est un coquin, pourquoi n'a-t-il pas payé son droit d'entrée ? Je conseille à Votre Honneur de venir avec moi chez le Grand Maître de notre honorable Confrérie et de ne pas se permettre de voler sans son agrément, cela lui coûterait trop cher. Vous vous imaginiez sans doute que le vol est un art qui se pratique librement, sans impôt et sans redevance ? »

L' « honorable Confrérie » que décrit Cervantes est une association bien réglée, une entreprise qui dispose d'une comptabilité exacte, où l'on peut acheter le meurtre et l'assassinat de ses ennemis aussi bien que sa propre sécurité. Un coup de couteau coûte cinquante thalers, des coups de bâton douze thalers la douzaine. La tricherie au jeu et les incendies volontaires sont également organisés ; les salaires sont distribués selon des règles fixes. La satire de Cervantes n'était pas faite de propros en l'air, elle s'appuyait sur des faits positifs. Depuis le XVe siècle, on connaît en Espagne l'existence de la « Confraternidad de la Garduña ». Cette « honorable Confrérie » avait été organisée sur le modèle des ordres monastiques et, comme ceux-ci, anticipait sur certains éléments de structure de la société capitaliste. La Confrérie était établie sur des bases strictement hiérarchiques. Son grand maître, le « Grand Frère », était élu par l'assemblée des *guappos* — un élément progressiste, on est tenté de dire démocratique, de la constitution que s'était donnée la bande. Sa structure rationnelle, la rigidité de sa direction, ses sévères principes professionnels lui avaient procuré une énorme avance sur les anciennes bandes de voleurs, que la carence de stratégie, une composition de hasard et des conceptions de métier anarchiques destinaient à un rapide effondrement. En revanche, l' « honorable Confrérie » acquérait sans cesse plus d'estime et plus de popularité durant les XVIe et XVIIe siècles. L'historien espagnol Manuel de Cuendias écrit à ce sujet : « La Confrérie acceptait de tout le monde et à des prix raisonnables des ordres pour l'exécution desquels elle donnait toutes garanties. Elle distribuait des coups, des bastonnades, exécutait des meurtres et des noyades par ordre. Certes, un meurtre coûtait cher et n'était accepté que sur la demande de personnalités bien connues. Une fois l'affaire conclue, on pouvait être sûr qu'elle serait menée à bonne fin...

« Le Grand Maître de la Confrérie vivait à la Cour et occupait souvent une fonction importante. Au temps de Philippe III, il était même secrétaire privé du monarque, familier du confesseur du roi et inquisiteur général, le Père Francisco de Aliaga, un jésuite... La Confrérie avait sa propre justice et disposait d'espions, d'agents, d'écrivains, de moines et de dames, que l'on appelait des *sirenas*, qui l'aidaient à faire son chemin... Les recettes étaient distribuées de la manière suivante : le frère chargé de l'exécution touchait un tiers de la somme perçue, un deuxième tiers revenait à la caisse de la Confrérie, administrée par le Grand Maître. Le troisième tiers était employé comme « frais de justice », c'est-à-dire servait à soudoyer la police, les fonctionnaires et les juges. Ce fond contribuait aussi à payer les messes que la Confrérie faisait dire pour ses frères défunts » [2].

L'historien espagnol s'appuie, entre autres, sur un document de 1420, où se trouvent rassemblés les statuts de « l'honorable Confrérie ». Quatre cents ans plus tard. le 12 septembre 1824, la Camorra de Naples se donna une constitution qui reproduit, jusque dans les plus petits détails, le modèle médiéval espagnol. Voici quelques-uns de ses paragraphes principaux :

« *Article premier.* — L'honorable Société du Silence, sous un autre nom la Belle Société Réformée de la Camorra, rassemble tous les hommes de cœur afin que, dans certaines circonstances, ils puissent se venir en aide mutuellement, tant au point de vue moral que matériel.

« *Art. 10.* — En dehors de Dieu, des saints et de leurs grands chefs, les membres de la société ne reconnaissent aucune autorité laïque ou cléricale.

« *Art. 24.* — Les sommes récoltées seront versées aux grands chefs de la société. Un quart de ces montants revient au Grand Maître, le reste va dans la caisse de la société et sera réparti le plus consciencieusement possible parmi les membres actifs incapables de travailler et ceux d'entre eux que les caprices du gouvernement auront envoyés en prison » [3].

L'extraordinaire stabilité d'une société de criminels comme la Garduña, la Maffia et la Camorra n'est pas difficile à expliquer. Les cours royales avaient autant d'intérêt à leur existence que l'Eglise. Certes, l'on avait affaire à de vulgaires voleurs et assassins, mais ces criminels étaient organisés, on pouvait compter et traiter avec eux. Il y avait toutes sortes de raisons de faire fond sur l'association ; mieux, on pouvait s'en servir comme d'une alliée politique, voire comme d'une seconde police qui fonctionnait souvent mieux que l'officielle. Au XVIIIe siècle, Naples avait 600 000 habitants. Une population misérable, affamée de cet ordre de grandeur, ramassée sur l'espace étroit d'une seule ville, était, avec les moyens dont disposait le vice-roi, à peu près impossible à discipliner, que ce fût sur le plan administratif ou policier. La Camorra, elle-même formation anarchique, était la seule puissance sur laquelle pouvaient s'appuyer les autorités. L'anarchie ne pouvait être combattue que par l'anarchie, la criminalité ne pouvait être refrénée qu'avec l'aide de la criminalité. C'est ainsi qu'à Naples la Camorra était devenue l'un des principaux piliers formant le soutien et le maintien de l'Etat. Elle était un Etat dans l'Etat, levait des impôts et des droits de douane, avait ses tribunaux et assurait une protection aux sans appuis, qu'elle pressurait par ailleurs. Le peuple de Naples reconnaissait son autorité ; mieux encore, il la préférait à l'autorité d'un régime impuissant et corrompu, qui n'était lui-même rien d'autre qu'une bande de voleurs vêtus d'hermine. La Camorra donnait à Naples un ordre dans lequel la ville se reconnaissait. Les *guappos* parlaient le langage des rues, leur code d'honneur était celui de la populace des bas-fonds ; on pouvait davantage compter sur eux que sur les rois, les princes de l'Eglise, les fonctionnaires et les juges. Et voici pourquoi la Belle Société Réformée prospéra pendant des siècles, estimée par les gouvernements, admirée par le peuple, transfigurée par la légende, une pauvre caricature de la chose publique, de la *res publica,* de la société libre légitime qu'il n'y avait jamais eue à Naples, fleur parasite d'une ville parasite, où les deux tiers de la population vivent sans éducation, sans métier, sans travail, au jour le jour, aujourd'hui comme il y a cent, deux cents ans. — Encore aujourd'hui ? Au milieu du XXe siècle, après deux guerres mondiales, après le fascisme, dans l'Italie démocratique chrétienne ? La vieille Camorra, avec ses pittoresques rites d'initiation, son argot fleuri, ses curieuses conceptions de l'honneur ? C'est avec incrédulité que l'Italie tout entière se posa cette question quand Pupetta Maresca, la jolie épousée, abattit à Naples le meurtrier de son mari. Pour y répondre, il va nous falloir suivre la trace du fiancé en remontant jusqu'au temps de l'occupation américaine de l'Italie.

17 juillet 1948.

Une vieille Fiat roule sur les routes poussiéreuses de la Calabre. Elle se dirige sur Naples. Son chargement se compose de cigarettes américaines pour une valeur de 22 millions de lires. Le chauffeur du camion ne roule pas pour son propre compte. Il est à la solde d'un consortium qui comporte six associés. Les contrebandiers forment en quelque sorte une société anonyme afin de répartir les risques. Le véhicule arrive au lieu convenu, le garage *Partenopa,* dans la Via Stadera, vers minuit. Le chauffeur s'endort au volant. Quelques instants plus tard, toutes sirènes hurlantes, une auto de la police s'arrête devant le garage. Des policiers en uniforme et armés bloquent les alentours, confisquent le camion et son chargement. La marchandise de contrebande est transportée ailleurs. Le lendemain matin, le chauffeur est retrouvé assommé et garrotté dans la cour d'une fabrique non loin des faubourgs de Naples. Les actionnaires de la S.A. des contrebandiers apprennent par les indicateurs qu'ils possèdent aux douanes que, là, on ignore tout de cette confiscation. Quatre d'entre eux sont stupéfaits de cette nouvelle. Le cinquième l'accepte avec calme ; il a présidé à la mise en scène du coup. Les faux policiers étaient des hommes à lui. Les cigarettes étaient déposées dans son magasin secret de Marigliano. Ses quatre partenaires en sont pour leurs frais. Ce cinquième homme s'appelle Antonio Esposito ; c'est une des têtes de la « Nouvelle Camorra ». Pasqualone Simonetti est l'un des contrebandiers trompés : quelques années plus tard, Antonio Esposito était témoin à son mariage.

L'histoire de ce coup est entrée dans la légende de la Camorra. Elle est pleine d'enseignements. Tout d'abord, elle contient une indication sur l' « année de fondation », la « renaissance » de l' « honorable Confrérie ». Les années qui suivirent immédiatement la guerre furent des années de famine ; par ailleurs, le superflu régnait dans les hangars du port de Naples, dans les magasins de la flotte américaine, où s'entassaient des conserves, des médicaments, des vêtements, des aliments, des cigarettes, des matières premières. Le marché noir prospérait. La police était impuissante. Le monde des criminels de Naples régnait sur les voies de ravitaillement de toute la nation. C'était une chance unique, l'heure de la naissance de la Nouvelle Camorra. Des bandes armées se livraient dans les rues des batailles comme il n'y en avait plus eu depuis les beaux jours d'Al Capone et de John Dillinger.

Mais le boum ne dura pas très longtemps. Le port de Naples perdit sa situation de monopole, les navires américains vinrent s'ancrer à Gênes, La Spezia, Livourne et Trieste ; la nouvelle République se stabilisait. Les mercantis de l'après-guerre se firent bandits et se réfugièrent dans les montagnes. D'autres, plus intelligents, s'adonnèrent à la contrebande. C'est de ce temps que datait le coup des cigarettes de 1948. Le terrain s'était rétréci, la concurrence prenait la haute main, l'associé ne pouvait plus se permettre d'épargner l'associé.

Pasqualone Simonetti faisait partie des perdants, ce n'était pas par hasard. Il était un camorriste de la vieille école, au fond, un personnage romantique, anachronique. Il croyait aux vieilles lois de la Belle Société Réformée, à la solidarité, au droit, et les pratiquait. Il se plaisait dans ce rôle de voleur noble, de protecteur des pauvres. Témoin cette proposition qu'il fit à un jeune camorriste qui voulait abandonner sa fiancée : « Dis donc, mon garçon, viens ici ; tiens, voilà cent mille lires, cela suffit pour une belle noce. Les préfères-tu liquides, alors ce sera mon cadeau de mariage, ou devrais-je les employer à payer les fleurs de ton enterrement ? » Le jeune gangster a, dit-on, choisi d'épouser sa fiancée.

Antonio Esposito, l'adversaire de Pasqualone, n'avait aucun goût pour ce genre de sentimentalité. Loin d'être vaniteux, il restait volontiers dans l'ombre. Il était le type moderne du camorriste, un personnage sans folklore, sans histoire, un manager du crime. Pasqualone, sa victime, comparé à lui, paraît presque délicat. Au fond, il n'appréciait guère le crime violent et ne tuait qu'en cas d'absolue nécessité ou pour des raisons d'honneur professionnel. Au contraire, Esposito considérait l'assassinat comme un moyen normal, inhérent au métier. Sa supériorité se montrait aussi dans les questions de politique. Il avait les meilleures relations. Douze députés envoyèrent leurs limousines à son enterrement, une caravane noire avec des fleurs. Aussi, Esposito vécut trois mois de plus que Pasqualone. Le gangster de la vieille école et le gangster de la nouvelle moururent sur la chaussée de la même rue, le Corso Novara de Naples.

Le quartier Vasto, de Naples, près du réseau de rails de la gare principale, toute proche, entre le grand marché et la zone industrielle, les raffineries et les dépôts de ferraille, se compose de casernes d'habitation occupées par des ouvriers et des petits bourgeois. Le plâtre des façades s'effrite dans les rues sales. D'antiques tramways grincent dans ce quartier rigidement géométrique. Des marchands ambulants, le linge sale, des musiciens, des chiffonniers, des enfants laissés à l'abandon. Ces énormes maisons ruineuses, encombrées, rappellent des casernes ou des prisons. C'est dans ce quartier sans espoir que passe le Corso Novara. Cette rue a un mystère. Durant les heures matinales, elle déborde de la foule et des cris d'un marché sans marchandises. Un café succède à l'autre et dans chacun gesticulent des courtiers. Le grand bureau de poste du coin est constamment plein, le ministère des Finances entretient là une de ses filiales, ainsi que la Société internationale du télégraphe et les grandes maisons de banque de la péninsule italienne. Dans cette rue, dans laquelle on n'aperçoit pas la moindre boutique de fruits, se vend un tiers de l'exportation italienne de fruits et primeurs. Le Corso Novara est une bourse sans télétypes, sans bureaux, sans portails de marbre et sans perspectives d'admission, une bourse où, jour après jour, se traitent deux à trois cents wagons de marchandises pleins de fruits qui roulent vers l'Allemagne, les pays du Benelux et la Scandinavie ; une bourse à ciel ouvert, dans la rue, bourse dont le chiffre d'affaires annuel se monte à trente milliards de lires. Dans cette rue, dans le ruisseau de cette bourse finirent, à onze semaines d'écart, Pasqualone Simonetti et Antonio Esposito.

Quels rapports les camorristes, les gangsters de Naples avaient-ils avec le paisible commerce des fruits et primeurs ? Bertolt Brecht, qui n'a jamais été à Naples, peut répondre à cette question :

DOGSBOROUGH : *Qu'avez-vous à voir avec le commerce des légumes ?*

ARTURO UI : *J'y viens. Je suis décidé à*
Le protéger. Contre tout abus de pouvoir.
S'il le faut, par la violence.

DOGSBOROUGH : *Pour autant que je sache*
Jusqu'ici, il n'a été menacé d'aucune part.

ARTURO UI : *Jusqu'ici, peut-être. Mais je vois plus loin*
Et je demande : jusqu'à quand ? Combien de temps dans une telle ville
Avec une police pourrie et corrompue,
Un marchand de primeurs ses légumes
Pourra-t-il vendre en paix ? Peut-être que
Dès demain matin, déjà, son petit magasin
Sera saccagé par des mains scélérates, sa caisse pillée ?
Ne préférera-t-il pas aujourd'hui même contre un petit [*dédommagement*
Jouir d'une protection énergique ?

DOGSBOROUGH : *Je croirais plutôt : non.*

ARTURO UI : *Cela signifierait qu'il*
Ne sait pas ce qui est bon pour lui. C'est possible...
Quoi, vous entends-je dire, nous devons sacrifier ?
Verser de l'argent pour être protégé, détourner trente [*pour cent*
Pour notre protection ? Non, non, nous ne voulons pas [*cela.*
Nous tenons trop à notre argent ! Bien sûr, si
La protection pouvait être obtenu pour rien, alors avec [*plaisir !*
Oui, mes chers marchands de légumes, ce
N'est pas si facile. Pour rien, il n'y a que la mort.

Tout le reste se paie. Et c'est pourquoi la protection se [paie aussi
Et la paix et la sécurité et la tranquillité. C'est
comme ça, dans la vie, voyez-vous ! [4].

Et c'était « comme ça » à Naples. Le marché noir avait disparu. Dans les campagnes, les bandits avaient mordu la poussière. Et la contrebande ne nourrissait plus son homme. Alors, les Pasqualone et les Esposito mirent leurs mitraillettes au rancart, se firent faire des costumes sur mesure, devinrent sérieux ; mieux, ils renoncèrent même à la contrebande et optèrent pour une vie de travail. Ils devinrent des négociants et se jetèrent dans la branche la plus prospère qu'eût à offrir l'arrière-pays de Naples : les fruits et primeurs. Leur méthode n'était pas nouvelle. Les anciens membres de la Camorra et de la Maffia l'avaient exportée aux Etats-Unis et, là-bas, on avait baptisé ce procédé « racket ». Joe Adonis et Frank Costello avaient poussé l'invention des vieux Napolitains et Siciliens jusqu'au stade le plus avancé de la technique moderne. La Nouvelle Camorra s'était installée depuis le début des années cinquante dans la plaine et, en fait, y transplanta son calcul réimporté. Les *guappos* se posèrent en protecteurs des paysans et revendiquèrent pour eux le droit de fixer les prix et l'époque des moissons selon leurs lumières et de décider à qui et dans quelles conditions elles devaient être vendues. Ils exerçaient un contrôle sur la marchandise depuis les semailles jusqu'à la livraison dans les magasins des négociants en gros ou des exportateurs. Dès qu'elle passait d'une main dans l'autre, le camorriste prélevait sa « commission » : sur les paysans, pour avoir « protégé » ses champs, sur l'entrepreneur de transport, sur le marchand de sacs, sur le fabricant de caisses pour les avoir préférés à la concurrence, sur les mandataires aux Halles, pour le déchargement et la livraison, sur les marchands en gros et en détail comme sur les exportateurs uniquement parce que la marchandise était parvenue entre leurs mains. Là où s'élevait une résistance, la Camorra ripostait par le sabotage et par les incendies, s'il le fallait, aussi par des attaques à main armée et par le meurtre. Durant les années entre 1951 et 1954, il n'arrivait de l'arrière-pays à Naples pas un seul kilo de tomates sur lequel les « neuf rois du Corso Novara » n'eussent prélevé leurs parts. Deux d'entre eux se nommaient respectivement Pasqualone Simonetti et Antonio Esposito.

16 juin 1955.

Pasqualone, le jeune marié, un géant de six pieds qui dépassait ses amis et collaborateurs de toute une tête, pénètre dans la maison de l'avocat Dr Pesce, à Sant' Anastasia, une élégante station estivale sur les flancs du Vésuve. Il ne s'agissait pas d'une partie de campagne, mais d'une importante conférence. En face de Pasqualone, à la table du conseil, prend place Antonio Esposito, le « président des prix ». Ces deux messieurs portent des complets foncés et des cravates correctes. La conférence dure quatre heures, les contractants se séparent après une poignée de main.

On a beaucoup discuté de l'ordre du jour de cette entrevue. Il a certainement été question de beaucoup plus que de ce coup des cigarettes, par lequel, des années auparavant, Esposito a filouté son associé Pasqualone. Cette vieille histoire avait certainement été éclaircie depuis longtemps, autrement Esposito n'aurait pas pu être témoin au mariage de Pasqualone. Non, cet après-midi-là, il s'agissait de bien davantage. Les choses commençaient à mal tourner sur le marché des fruits et légumes. La concurrence qui régnait entre les gangsters prenait des proportions irritantes. Les cultivateurs de tomates commençaient à traiter directement avec les conserveries. Le gâteau sur lequel la Camorra prélevait sa large part devenait de mois en mois plus petit et il surgissait sans cesse de nouveaux *guappos* pour en exiger un morceau. Mais Simonetti était sûr de lui et ambitieux. Esposito lui avait-il proposé un arrangement au sujet d'une cessation de leurs affaires ? Il a été question d'offres de ce genre pendant le procès de Pupetta. Quelques millions sur la table, et en échange on ne touche plus aux fruits et légumes. Les deux partenaires se sont séparés en paix : Pasqualone avait dû s'entendre avec Esposito. Mais peut-être seulement en apparence ? Avait-il encaissé le montant de son accord sans vouloir y faire face ? Peut-être songeait-il à faire payer à son associé Esposito le tour qu'il lui avait joué alors qu'il n'était encore qu'un débutant ? Ce sont là des suppositions ; retournons aux faits que nous rapporte la chronique.

16 juillet 1955.

Le matin de ce jour, Pasqualone Simonetti quitte sa propriété de Palma Campania, près de Naples, et se rend à Naples en voiture avec deux connaissances, Michele Ferrara et Vincenzo Rega. Les dépositions concernant la manière dont s'est écoulée la journée diffèrent :

PUPETTA : Ce matin-là, mon mari avait très mal à la tête. Mais Rega et Ferrara sont arrivés vers huit heures pour le chercher. Ils dirent qu'ils voulaient se rendre en ville avec lui pour affaires. « Est-ce si urgent ? » demanda mon mari. Il se sentait souffrant. Mais les deux autres insistèrent tant et si bien qu'il partit avec eux. Il m'a encore crié en partant : « Je serai de retour pour déjeuner. »

FERRARA : La veille du 16 juillet, j'ai rencontré Pasqualone dans la rue et il m'a dit : « Compère, il faut que tu viennes demain matin à Naples avec moi. »

LE PRÉSIDENT : Ce que dit l'accusée, à savoir que Pasqualone avait mal à la tête et ne s'est rendu à Naples qu'à contrecœur, n'est donc pas vrai ? Mieux, il semblerait que l'initiative de cette visite vînt de Pasqualone ?

FERRARA : C'est ainsi. Nous montâmes tous trois dans la voiture. A Naples, nous garâmes la voiture et gagnâmes à pied la Banque de Commerce, où Pasqualone voulait encaisser un chèque. Devant la banque, il y avait une marchande des rues qui nous offrit des oranges.

Simonetti en prit une et se mit à la peler. Au même instant, l'accusé Gaetano Orlando vint à passer, salua vaguement, s'empara d'un quartier de l'orange, le mangea, s'essuya les mains et s'éloigna... Je fis quelques pas à la rencontre d'un ami avec lequel j'avais affaire. Je vis deux ou trois étrangers s'approcher de Pasqualone. On aurait dit qu'ils parlaient des prix. Je discutais depuis deux ou trois minutes avec Rega quand nous entendîmes le coup de feu.

GAETANO ORLANDO : A quatre ou cinq mètres de la banque, je rencontrai Pasqualone, qui me demanda pourquoi je ne le saluais pas. Je répondis que je ne l'avais pas vu. Il riposta : « Je t'apprendrai à te conduire comme il se doit avec un homme d'honneur. » J'ai dit alors : « Et qui es-tu, Pasqualone ? » Je voulais lui faire entendre qu'il ne devait pas me traiter de cette manière. Mais il prit cela très mal. Il crut que je le provoquais. Il mit la main droite à sa ceinture. Je ne comprenais plus rien, tant j'avais peur. Je ne pensai qu'à me défendre. Si j'avais voulu le tuer, j'aurais tiré plusieurs fois, j'avais huit coups dans mon magasin. Après le premier coup de feu, j'ai couru comme un fou pour sauver ma vie.

Le deuxième témoin prétendait obstinément n'avoir rien vu. Le juge demanda à Vincenzo Rega :

LE PRÉSIDENT : Pouvez-vous me dire si, au moment où Pasqualone a été tué, vous avez remarqué une marchande avec un panier d'oranges ?

VINCENZO REGA : Je n'ai rien vu du tout.

LE PRÉSIDENT : Mais vous avez déclaré tout à l'heure que Pasqualone vous avait offert une orange.

VINCENZO REGA : Plus tôt, oui, avant le coup de feu, mais après, il n'y avait plus de panier d'oranges.

LE PRÉSIDENT : Dans ce procès, tout disparaît, jusqu'au panier d'oranges. Mais dites-moi, qu'avez-vous fait quand vous avez entendu le coup de feu ?

VINCENZO REGA : J'ai été me mettre à l'abri dans l'entrée de la banque. De là, j'ai vu que Pasqualone n'était pas encore à terre.

LE PRÉSIDENT : Que faisait-il ? Que faisait-il avec ses mains ?

VINCENZO REGA : Rien du tout. Il regardait seulement autour de lui.

LE PRÉSIDENT : Tenait-il un pistolet à la main ?

VINCENZO REGA : Non.

LE PRÉSIDENT : Savez-vous qui a tiré sur lui ?

VINCENZO REGA : Non.

LE PRÉSIDENT : Mais le jour même, vous avez raconté partout que c'était Gaetano Orlando.

VINCENZO REGA : Ce n'étaient que des rumeurs.

LE PRÉSIDENT : Qu'avez-vous fait après que Pasqualone se fut écroulé ?

VINCENZO REGA : Je courus vers lui pour lui venir en aide. Ce faisant, je me suis sali les mains et mon costume.

LE PRÉSIDENT : Lui avez-vous demandé qui avait tiré sur lui ?

VINCENZO REGA : Non. Il y avait un tas de gens autour de nous. J'ai laissé Pasqualone là et je suis parti pour laver le sang qui me souillait. Puis, je suis rentré chez moi. Quelqu'un l'a amené à l'hôpital.

Ce quelqu'un est impossible à découvrir. Ce n'est pas un ami ou une relation d'affaires de Pasqualone. Quant à savoir si la victime était armée, on reste dans l'incertitude. Des douzaines de témoins oculaires, aucun ne veut avoir vu le meurtrier. L'auto de l'inconnu qui amena le mourant à la clinique mit trois heures à faire le trajet.

17 juillet 1955.

Pasqualone Simonetti gît à l'hôpital des Incurables, à Naples. Sa femme alla l'y voir avant sa fin.

PUPETTA : Ce n'est qu'à deux heures de l'après-midi que j'appris place du Marché qu'il lui était arrivé malheur. Je me suis aussitôt rendue à l'hôpital. Il avait déjà été opéré et ne s'est réveillé qu'à cinq heures du matin. Quand il sentit que la fin approchait, il dit : « Pourquoi ? Quel est le sens de tout cela ? Qu'ai-je fait à Esposito ? Sais-tu, Pupetta, c'est lui qui m'a envoyé

Gaetano Orlando pour qu'il m'abatte. Je connaissais à peine ce garçon. Que me voulait-il ? Il n'aurait pas remué le petit doigt sans ordre d'Esposito ! Oui, Antonio Esposito me l'a envoyé. Fais bien attention quand je serai mort et évite-le, sans cela tu finiras comme moi ! »

18 juillet 1955.

Pupetta Maresca dépose une plainte contre Gaetano Orlando pour le meurtre de son mari et contre Esposito, pour avoir été l'instigateur de ce meurtre.

24 juillet 1955.

Gaetano Orlando se met à la disposition de la police. Il affirme avoir tiré sur Simonetti en état de légitime défense. Esposito est interrogé et nie toute participation à cet acte. Il demeure en liberté. Orlando soutient n'avoir pas avoir agi sur l'ordre d'Esposito.

ORLANDO : Je n'avais rien à voir avec Esposito, que ce fût pour affaires ou autrement.

LE PRÉSIDENT : Dites donc enfin la vérité !

(A cette déclaration, Orlando lève en souriant sa main ouverte.)

LE PRÉSIDENT : Et pourquoi alors Esposito vous a-t-il fait don d'un complet que vous portiez le jour du crime ?

(A cette question, l'accusé s'embrouille dans ses protestations.)

ORLANDO : Monsieur le Président, qu'ont donc tous les témoins contre moi ? J'ai une famille, j'ai un enfant, ma femme pleure et souffre. Voulez-vous faire mourir ma femme et mon enfant ? Je suis victime d'une malchance. Je ne voulais pas tuer Pasqualone. Je ne voulais pas lui faire quoi que ce fût. Je le jure sur la tête de mon fils de deux ans. C'est par inadvertance que je suis mêlé à cette affaire. Je suis un pauvre diable. Esposito ne m'a pas donné un complet, il ne m'a pas non plus procuré un défenseur. Tout ça, c'est des mensonges ! Je suis un homme jeune. C'est de ma vie qu'il s'agit ici ! Je suis menacé du pénitencier. A vie, monsieur le Président ! Comprenez-moi donc ! Le pénitencier, le pénitencier, le pénitencier !...

Et Orlando termina son grand air en déchirant sa chemise et en poussant des sanglots. Pupetta, qui craignait visiblement que cette scène ne fût favorable à Orlando, l'apostropha au beau milieu de la salle du tribunal : « Tais-toi, assassin ! »

Pendant que la police continue son enquête, il se passe toutes sortes de choses extraordinaires.

PUPETTA : Une semaine après la mort de mon mari, j'ai été convoquée à la Préfecture de police. Un fonctionnaire me montra une photo d'Esposito et me dit : « Nous savons parfaitement qui a fait tuer votre mari. Mais nous ne pouvons rien contre lui. Nous n'avons pas de preuves. » — C'était par moi qu'ils voulaient obtenir des preuves, comprenez-vous ?... Mais tous ceux qui savaient qu'Orlando avait été envoyé par Esposito, et tout le monde le savait, avaient peur. Ils ne voulaient pas parler. Il a fallu que je leur jure de ne pas prononcer leurs noms, de ne pas les trahir... Trois semaines après la mort de Pasqualone, Esposito m'expédia un de ses amis. Il me proposa de retirer ma plainte contre Esposito. Il me dit : « Votre mari est mort et rien ne lui rendra la vie. Tenez-vous tranquille et vous ne vous en repentirez pas. Si vous retirez votre plainte, et je vous le conseille pour votre bien, nous n'y regarderons pas à quatre ou cinq millions... »

Mais ce n'est pas tout. Pupetta prétendit qu'Esposito l'avait menacée. Il a cependant été établi que ses frères ont traité avec le même Esposito après la mort de Pasqualone et l'ont prié de leur accorder un « prêt » substantiel. On dirait vraiment que la veuve s'est efforcée de faire chanter le meurtrier de son époux. Mais elle n'y avait visiblement pas réussi.

4 octobre 1955.

Onze semaines après la mort de Pasqualone, une Fiat noire s'arrête devant un café du Corso Novara, à un jet de pierre de la banque devant laquelle Pasqualone a été abattu. Au volant, il y a un chauffeur ; au fond, on aperçoit Pupetta Maresca et son frère Ciro, âgé de quatorze ans. Pupetta est habillée de noir des pieds à la tête. Elle porte une épaisse voilette noire.

PUPETTA : Nous nous sommes arrêtés au Corso Novara, tout à côté du café Randone. Je suis descendue, notre chauffeur aussi ; en revanche, mon frère est resté dans la voiture. Le chauffeur s'éloigna, il avait une course à faire. Je me suis dirigée vers le café et j'ai jeté un coup d'œil pour voir si par hasard M. Imperato s'y trouvait, car il devait me remettre de l'argent. Dans la salle, près de la caisse, il y avait Esposito et plusieurs hommes. Je retournai à la voiture et me rassis à la place que j'avais quittée, pour attendre le chauffeur. J'avais fermé la portière. La vitre était ouverte. Quelques minutes plus tard, Esposito, accompagné de trois hommes, quitta le café. Les trois hommes s'alignèrent derrière lui, dos au mur. Esposito vint vers moi. Entre-temps, j'avais klaxonné plusieurs fois pour rappeler le chauffeur parce que j'avais un mauvais pressentiment en voyant s'avancer Esposito. Le chauffeur revint. Au même instant, Esposito se rapprocha de la voiture et me dit de descendre. Il ajouta : « On m'a raconté que tu te balades partout en faisant de sombres allusions. On m'a raconté que tu me menaces. On m'a raconté que tu veux te débarrasser de ma personne. » — Je ne comprenais pas du tout où il voulait en venir. Je me souviens avoir dit au chauffeur de démarrer tout de suite. L'homme qui me faisait face était l'assassin de mon mari. Mon sac à main était sur mes genoux. J'y avais mes papiers et quelques objets ayant appartenu à feu mon mari : sa carte d'identité, son anneau de mariage et son pistolet.

LE PRÉSIDENT : Et qu'arriva-t-il ensuite ?

PUPETTA : Esposito comprit que je voulais partir pour

lui échapper. Immédiatement, il prit son revolver et fit feu, je ne sais plus — une ou deux fois. Je sortis également mon arme et lui tirai dessus par la vitre ouverte. Esposito tirait toujours après avoir essayé d'ouvrir la portière pour mieux m'atteindre.

LE PRÉSIDENT : Combien de coups avez-vous tirés ?

PUPETTA : Je ne le sais plus. Quatre ou cinq. Je me suis arrêtée de tirer dès qu'Esposito a cessé. Le pistolet avait appartenu à mon mari, je ne sais pas combien de coups il y avait dans le magasin. Puis j'ouvris la portière de gauche, descendis et m'enfuis.

LE PRÉSIDENT : Où ?

PUPETTA : Je ne sais plus. Je ne me souviens plus où.

Esposito est emporté. Il est mortellement blessé et mourra quelques heures plus tard à l'hôpital des Incurables, où Pasqualone était mort onze semaines auparavant. Pupetta était cachée chez une marraine et demeura pendant six jours dans la région montagneuse et inaccessible de Castellamare. Son frère Ciro était également *uccel di bosco,* en français : petit oiseau dans les bois, c'est-à-dire en fuite. On n'a pas encore retrouvé sa trace aujourd'hui.

14 octobre 1955.

La police arrête Pupetta Maresca. On l'enferme dans la prision de Poggioreale. Il existe là un département pour les futures mères. Pupetta est enceinte de six mois. Les juges d'instruction se mettent à l'ouvrage. L'enquête est longue et laborieuse.

Fin janvier 1956.

Pupetta met son enfant au monde, un fils auquel elle donne le nom de son père, Pasquale.

Entre-temps, Pupetta, la jolie fiancée du gangster, l'ange sanglant de Naples, était devenue un personnage de légende. Toute l'Italie parlait d'elle. Les feuilles des boulevards ne cessaient de sortir de nouvelles photos de la jeune femme : Pupetta en reine de beauté, Pupetta en mariée, Pupetta en prison, Pupetta avec son enfant dans les bras, Pupetta à la télévision, Pupetta comme personnage de film. Le metteur en scène Rosi a réalisé, dans l'année qui suivit le double meurtre, un film sur cette affaire. Personne ne se souvient que la veuve au revolver dans son sac à main ne s'appelle pas en réalité Pupetta, mais Assunta. Le surnom de Pupetta, en français petite poupée, devint si populaire que, même devant le tribunal, il remplaça le vrai nom de la femme. A Naples surtout, sa célébrité et sa popularité croissaient de jour en jour. Sa maternité la rendait inattaquable. On en fit l'ange de la justice. Comme toujours en Italie quand un grand cas criminel est en discussion, la Nation prit spontanément et violemment parti. L'opinion publique s'empressa de donner son avis. La sentence était favorable à Pupetta. Les « orlandistes », qui défendaient Orlando et Esposito, représentaient une minorité rapidement déclinante. Le « pupettisme » de la presse prit des formes incompréhensibles. Un grand nombre de journaux se comportaient comme s'il était question d'une figure mythologique ou d'une canonisation. Dans la célèbre feuille *Il Tempo,* on lisait : « Ce crime... affecte des traits archaïques, pour ne pas dire grecs, dans le sens de la tragédie antique. Ses formes et ses couleurs sont si violentes que l'on peut à peine se décider à nommer cela un crime. Dante eût dit qu'il s'agissait ici d'un destin biblique : le fameux œil pour œil ! Le sang ardent de la jeune héroïne de la terre vésuvienne a donné lieu à ce que les temps antiques nommaient le *beau geste.* En cette paysanne de Palma Campania, qui apporta par la fraîcheur de sa jeunesse un souffle printanier dans la sinistre prison, en dépit des sévères vêtements de deuil qu'elle portait, s'est peut-être incarnée une jeune Athénienne, aussi belle, mais moins vêtue, de l'époque de Périclès. »

D'autres quotidiens, par exemple *Il Giornale d'Italia,* dotèrent même la lutte sanglante entre les bandes rivales des gangsters des tomates de Naples d'une auréole improvisée. Ils décrirent l'enfance de Pupetta : Pupetta penchée sur des livres pieux, Pupetta élève modèle d'une école de nonnes, Pupetta en première communiante. Ladite feuille avait même réussi à trouver des témoins affirmant qu'il y avait eu quelque chose de surnaturel dans la naissance de Pupetta : « Sur la route de Castellamare au Monte Faito se dresse une haute paroi rocheuse avec une grotte consacrée à la Madone. En 1934, une jeune femme entreprit un pèlerinage à cette grotte et supplia la Madone d'intercéder pour elle afin que l'enfant qu'elle portait dans son sein naquît en bonne santé. La jeune femme souffrait d'un mal qui lui interdisait à jamais le bonheur de devenir mère. Les médecins avaient déclaré que cette maladie était incurable. La jeune femme but de l'eau miraculeuse de la source, qui jaillissait sous l'image de la Vierge. Cette mère s'appelait Dolorinda Maresca. La Madone avait voulu le miracle. Et c'est ainsi que la jeune femme mit au monde un enfant sain et lui donna le nom d'Assunta, Assomption. Pupetta Maresca devait son prénom à sa naissance miraculeuse. »

Plus les projecteurs que la publicité braquaient sur Pupetta illuminaient son visage, plus les raisons secrètes de l'histoire devenaient obscures. Le procureur de la République et le juge d'instruction ne cessaient de faire comparaître de nouveaux témoins. Chacun d'entre eux apportait de nouvelles contradictions, de nouvelles hésitations, de nouvelles confusions. Le nombre croissant des témoins menaçait d'étouffer le procès avant même qu'il ne fût mis en train. De l'arrestation de Pupetta à l'ouverture du procès s'écoulèrent de cette manière trois ans et demi. L'Italie tout entière avait les yeux tournés vers Naples quand on en arriva à ce stade. Les observateurs les plus sérieux attendaient de ce procès autre chose que l'éclaircissement de deux meurtres. Ils espéraient que le tribunal s'attaquerait au gangstérisme, à la Nouvelle Camorra et pas seulement aux accusés, qu'il prendrait enfin à partie les véritables instigateurs. Le fait que le tribunal avait décidé de traiter les deux cas en une seule procédure les fortifiait dans cet espoir. Ainsi, le rapport entre les deux assassinats était juridiquement établi. L'homme qui était à la base de ce lien, le véritable accusé et principal coupable, n'apparaissait pas à la barre du tribunal. Antonio Esposito était tombé, victime de sa profession.

31 mars 1959.

Les débats s'ouvrent devant la Cour d'assises de Naples, Sont accusés : Gaetano Orlando, du meurtre avec préméditation, et pour des motifs bas, de Pasqualone Simonetti. Assunta Maresca, du meurtre avec préméditation d'Antonio Esposito, de détention d'armes interdites et d'utilisation imprudente d'une arme à feu dans une région habitée. Est accusé aussi, malgré son absence, Ciro Maresca, le frère de Pupetta, pour complicité dans un assassinat.

Les défenseurs d'Orlando s'efforcèrent de présenter son action comme de la légitime défense. Dès les premiers jours des débats, cette thèse fut fortement ébranlée. L'accusé s'embrouilla plusieurs fois dans des contradictions. En ce qui concernait la question de savoir si Pasqualone avait été armé le jour de son assassinat, les dépositions pour et contre étaient à égalité. Les rapports ténébreux qui liaient Orlando à Esposito ne purent être établis que sur des indices. En tout cas, Esposito avait procuré à son homme de main un défenseur. Les avocats de Pupetta étaient surtout préoccupés de présenter le meurtre d'Esposito sous l'aspect d'un homicide par imprudence. L'accusée détruisit ces efforts en un instant : « Monsieur le Président, je suis épuisée. Je ne peux plus lutter. J'ai tué Esposito par amour pour mon mari. Je l'ai tué parce qu'il avait fait assassiner mon mari. Si Pasqualone revenait d'entre les morts et s'ils le tuaient une seconde fois, je ne pourrais pas agir autrement. Esposito devait mourir. »

Mais ce n'était pas tout. Les experts découvrirent que le gangster mort avait été percé de trente à quarante balles. Un des avocats d'Orlando constate : « La thèse d'homicide par imprudence, en état de légitime défense, est ridicule et ne tient pas. Pupetta Maresca a délibérément commis un meurtre. Quatre ou cinq personnes ont tiré sur Esposito. Les expertises estiment que vingt-cinq à quarante balles auraient été tirées sur lui. Pas moins de quatre armes différentes ont été employées. En dehors de Pupetta et de son frère Ciro, il devait y avoir au moins deux complices sur place pour abattre Esposito. L'attentat a été systématiquement organisé par l'accusée. Elle a veillé à ce que la victime ne pût s'échapper. Elle a fait verrouiller le lieu du crime par ses gens de manière qu'il ne restât aucune issue à Esposito. »

Le « beau geste » de la veuve qui venge son mari dans son amour passionné de la justice, vu sous ce jour, perd de sa beauté. La « fusillade » du Corso Novara n'était pas une affaire privée, mais le dernier « round » de la lutte d'élimination des gangsters de la tomate. Il semble que Pupetta ait été un pion mis en avant par d'autres intéressés, plus puissants, que gênait Esposito. Mais qui avait organisé ce sacrifice du pion ? Qui étaient les coupables ? Qui dirigeait la Nouvelle Camorra ? Qui profitait des fusillades du Corso Novara ? Durant trente jours de débats, le tribunal s'efforça d'élucider ces questions. On peut lire les résultats dans les gros titres des journaux :

A Naples : témoins aveugles, témoins sourds, témoins muets.

Dépositions réservées et mensongères au procès de la Camorra.

A Naples, interrogatoires inutiles et sans résultat.

La loi du silence de la Camorra. Un procès sans vérité.

Défilé interminable de témoins : contradictions et mensonges.

Le procès de Pupetta se heurte à la conspiration du silence.

Débats monotones : interrogatoires sans fin et sans résultat.

Angoisse et terreur à Naples : la Justice se discrédite.

Les récits du procès quittent la première page des journaux, passent à la troisième, puis à la quatrième ou cinquième page des quotidiens. Les correspondants spéciaux s'en vont. Le public se disperse. La salle, autrefois pleine à craquer, bâille d'ennui. Les témoins deviennent de jour en jour plus éhontés. Ils crient « Non ! » ou « Je ne sais pas ! » avant même que le président n'ait posé une question. L'avocat général déclare que c'est là un procès comme on en voit dans les théâtres de marionnettes, la caricature d'un procès, une absurdité juridique, le fantôme d'une procédure de justice. Il lit dans une séance publique la déclaration officielle suivante, un document certainement unique dans les annales juridiques du XXe siècle :

« La Cour et l'opinion publique se demandent sans doute pourquoi, dans ce procès, le parquet ne s'oppose pas à l'attitude de certains témoins. A ce sujet, je vous suis redevable d'une explication. Non seulement la Cour et les avocats, mais le public lui-même ont remarqué que les fausses dépositions, les mensonges, les contradictions et les faux serments sont à l'ordre du jour dans ce procès. C'est précisément le fait que la dénaturation de la vérité n'est pas ici un cas isolé, mais bien la règle, qui m'empêche de porter plainte contre tel ou tel témoin. Sur quelle déposition devrais-je faire reposer ma plainte, alors que toutes sont mensongères et qu'aucune n'est véridique ?

Cette technique de l'obstruction systématique d'une enquête juridique est aussi vieille que le crime organisé, aussi vieille que la Garduña, la Maffia et la Camorra. Elle porte un nom, elle s'appelle *Omertà*. Le dictionnaire nous donne sur ce mot les renseignements suivants :

« *Omertà*, substantif féminin. Du latin *homo*, littéralement *virilité*. Le mot fait partie de l'argot des criminels. *Omertà* signifie : en cas d'injustice, sous aucun prétexte ne s'adresser à la Justice, ne jamais prononcer un nom, se charger de sa propre justice. Laver son linge sale en famille, ne jamais trahir le coupable envers les gens de l'extérieur. L'*Omertà* est la loi fondamentale des bandes criminelles. »

C'est cette loi fondamentale et non le Code criminel italien qui a eu le dernier mot dans le procès de Naples. Le tribunal a dû se contenter de juger les accusés. Les véritables coupables demeurèrent inconnus.

16 mai 1959.

Après une délibération qui dura douze heures, la Cour d'assises de Naples a rendu la sentence suivante :

Gaetano Orlando est condamné à trente ans de prison pour meurtre exécuté pour des motifs bas.

Pupetta Maresca est condamnée pour meurtre avec circonstances atténuantes à dix-huit ans de prison.

Ciro Maresca est condamné par contumace à douze ans de prison pour complicité.

Les droits civiques sont retirés aux accusés pour toute leur vie.

Le jour où fut prononcée cette sentence, la nation italienne recommença à se poser des questions au sujet de la Camorra, de ses exploits, de ses abus, de ses secrets et des procédés à employer pour l'exterminer. Le procès de Naples ne l'avait pas abattue. Mais si les journalistes de la presse de gauche, au lieu de vanter les accusés et de formuler des hypothèses, s'étaient rendus à la campagne et avaient interrogé quelques cultivateurs de tomates, s'ils ne s'étaient pas perdus dans le labyrinthe des interrogatoires sans résultat et des rumeurs improuvables, s'ils avaient abandonné la coulisse néovériste du quartier Vasto et du Corso Novara et s'étaient tournés vers le centre de Naples, la Via Carracciolo, la Piazza San Ferdinando ou les nouveaux gratte-ciel de la Via Roma, ils seraient tombés sur des faits curieux. L'analyse qui fut entreprise là avec tant de zèle était en réalité une autopsie. Elle s'adressait à un cadavre. La sinistre, dangereuse, mystérieuse et puissante Nouvelle Camorra s'était, au cours des quatre années écoulées depuis le dramatique échange de balles de 1955, effondrée sans bruit, sans razzia, sans arrestation, sans procès à sensation et sans scandale. Aucun préfet de police résolu ne l'avait anéantie. Durant dix ans, la Nouvelle Camorra avait prospéré à Naples, un anachronisme, une bande d'amateurs sans scrupules et démodés. Leur heure sonna au moment où le Progrès atteignit Naples, et ce Progrès vint avec les personnages du grand capital. Le temps des canailles de médiocre envergure et des petits assassins, des Pasqualone et des Esposito, le temps des mélodrames, de l'*Omertà,* des *guappos* généreux et crasseux était passé. D'habiles directeurs, juristes et spécialistes des questions fiscales firent leur apparition, de resplendissants immeubles d'administration se construisirent ; à la place des matraques et des pistolets, d'autres armes surgirent : contrats et traites, crédits et stipulations. Elles étaient plus efficaces. Les nouveaux messieurs, vêtus de chemises immaculées, entrèrent en scène, au milieu des tomates et des oranges. Ils avaient des notions de finances et, derrière eux, les conserveries et les banques d'exportations, les industriels du Nord et les hommes d'argent de Rome. Et ils vainquirent la Camorra en continuant son œuvre, son œuvre d'exploitation. Ils l'anéantirent sans effusion de sang. Verser du sang, c'était démodé. Ils l'exécutèrent en gros, pas en détail. Ils n'avaient pas la police et la justice contre eux, les autorités et le gouvernement étaient de leur côté. La Nouvelle Camorra n'était pas assez nouvelle. La plus récente s'appelait : cartel. La guerre des tomates ne dura pas longtemps. Les stratèges du cartel la gagnèrent en deux étapes.

Première étape : C'est la fin de la récolte de tomates. Le cartel envoie ses acheteurs sur les marchés qui regorgent. Leurs offres sont de 30, 50 et 70 % au-dessous des prix du jour. Les cultivateurs et leurs agents, les seigneurs de la Camorra, résistent pendant quelques jours. Mais qui offre davantage ? Quelques outsiders, qui le tentent, ont des difficultés avec leurs banques, leurs exportateurs et leurs acheteurs en gros. Le cartel contrôle le marché. Les cultivateurs se voient obligés de vendre, même en faisant de grandes pertes. Les camorristes sont impuissants, il leur devient impossible de faire rentrer leurs commissions, le nouvel adversaire est trop fort, la capitulation est proche.

Deuxième étape : Le plancher du marché des tomates s'effondre. Devant l'évolution des prix, les cultivateurs décident une reconversion. Ils réduisent leur culture de tomates et plantent à la place d'autres fruits ou légumes, par exemple des petits pois. Une reconversion de ce genre coûte cher. Les misérables rentrées de l'ancienne récolte ne suffisent pas à couvrir les frais. Les paysans ont besoin de nouveaux crédits. Les banques de Naples ont toujours refusé d'accorder des crédits aux cultivateurs. A ce moment, ils reçoivent une missive qui les sauve. Une des firmes appartenant au cartel offre aux maraîchers une aide financière. A deux conditions : premièrement, le cartel s'arroge le droit d'achat exclusif de la future récolte du crédité. Deuxièmement : le prix sera établi immédiatement. Il est bas, très bas, plus bas que le montant qui restait autrefois au paysan après qu'il se fut acquitté du pourcentage dû à la Camorra. Le cultivateur accepte le marché parce qu'il n'a pas d'alternative. Dans les champs, dans les villages de l'arrière-pays de Naples règne la paix. Qui sont les vaincus ? Les paysans de ce pays sont habitués à la défaite et à la misère.

Les anciens camorristes, pour autant qu'ils ne se soient pas mutuellement massacrés ou aient été emprisonnés, tentent de regagner du terrain en se lançant dans le marché du bétail, les laiteries et les entreprises publiques. Mais, là aussi, leurs jours sont comptés. Les plus intelligents le savent. Leurs anciens ont acheté les actions des grandes sociétés qui ont pris leur suite. Ils se reposent de leurs agissements passés dans leur maison de campagne. Nostalgiques, ils contemplent le golfe. Le Corso Novara est vide. Dans sa sagesse, la municipalité a fait arracher le pavé. Voici des années que le Corso est fermé à la circulation pour cause de réparations. Les cafés sont déserts. On n'y rencontre plus un seul courtier en bras de chemise, aucun président des prix, pas le moindre tireur d'élite, rien que quelques chats errants. Les chanteurs des rues ont émigré. Ils ne travaillent plus devant le café Grandone, le lieu de rencontre d'Antonio et de Pupetta, mais devant la façade lisse des immeubles de bureaux. Quand les jeunes directeurs entendent le chant de la Camorra, la canzone *Guapperia,* ils sourient et envoient leurs grouillots à la fenêtre pour jeter quelques centimes dans la vallée que forme la rue.

Wilma Montesi

UNE VIE APRÈS LA MORT

Ceci est l'histoire d'une noyée. C'est une vieille histoire.

Le varech et les algues s'accrochaient à elle
En sorte que, lentement, elle s'alourdissait.
Froids, les poissons nageaient contre ses jambes
Plantes et bêtes embarrassaient encore son dernier voyage.

C'est par ces paroles que Bertolt Brecht la raconte dans sa ballade de *La Noyée*. C'est l'histoire d'Ophélie, l'histoire de la mariée de Woyszeck, l'héroïne de Reinhold Lenz et de Charles Baudelaire, l'histoire d'un malheur vieux comme le monde qui finit dans l'eau.

Dans ses cheveux, un nid de jeunes rats d'eau
Et les mains baguées sur le flot
Comme des nageoires, ainsi elle passe dans l'ombre
De la grande forêt vierge qui repose au fond de l'eau.

Mais la justice ignore les archétypes, elle ne connaît que des cas précédents.

Elle s'informe : accident, suicide ou crime ? Elle n'accepte pas de citation, elle enregistre des détails personnels. Les voici : nom : Wilma Montesi, lieu d'habitation : Rome, Via Tagliamento, n° 76 ; âge : vingt et un ans ; situation de famille : célibataire. Couleur de cheveux : châtain foncé ; couleur des yeux : marron. Visage : ovale ; silhouette : moyenne ; signes particuliers : néant. A l'instant où un gendarme ignorant inscrivit ces indications dans son carnet, la ballade *La Noyée* est devenue une affaire : l'affaire Montesi.

Mais cette affaire s'est déroulée dans un pays de la nature véritable duquel nous sommes mal informés en dépit du fait que nous nous imaginons le connaître parfaitement. Les codes italiens sont analogues aux nôtres. Mais la justice n'existe pas que dans les codes ; elle vit aussi dans ce qui demeure non exprimé dans le cœur d'un peuple. Quand chez nous, à la campagne, un crime a lieu, les journaux l'annoncent. Il y a des procès qui excitent l'opinion publique. On les suit avec le plus grand intérêt. Mais la découverte de la vérité, l'enquête provoquée par la plainte, le prononcé du jugement sont laissés à ceux dont c'est la fonction : la police, le parquet, les avocats, le tribunal. La société s'est accommodée de cette division du travail à laquelle elle doit son existence. La justice est devenue l'affaire de spécialistes compétents. L'accusé est tout simplement l'Autre. Nous ne sommes liés à lui que par notre curiosité. Entre lui et nous s'élèvent les barrières de fer de la Justice. Nous n'avons rien à faire avec lui. Nous ne reconnaissons en lui ni nous-mêmes ni notre ennemi. Nous avons établi des cours de justice criminelle et des présidents de tribunaux : qu'ils se chargent de lui. Son affaire ne nous concerne plus.

C'est cependant l'affaire de tous les Italiens, du président de l'Etat au dernier des mendiants. La justice est indivisible ; l'exercer est un droit élémentaire auquel personne ne peut renoncer. L'intérêt avec lequel l'Italien considère le crime est profondément enraciné en lui. Dans le crime, chacun rencontre ce dont il est ou serait capable, en lui se montre dévoilé à chacun ce qu'il aurait souhaité être et ce à quoi il a renoncé. C'est pourquoi tous les Italiens sont des juges-nés qui ne peuvent jamais se démettre de cette dignité parce qu'ils n'ont pas déchiré le voile qui les sépare de l'homme qui est sur la sellette.

Pour le peuple italien, la justice n'est que l'exécutrice de ses propres jugements. C'est la raison pour laquelle il ne se fie pas à elle, parce que l'on ne se fie jamais à son serviteur : on ne se remet jamais complètement entre ses mains. Mieux, on lui cache beaucoup de choses desquelles on pense qu'elles ne sont pas pour ses oreilles. La Justice est une aide, mais aussi un perpétuel adversaire contre lequel il faut se tenir sur ses gardes. En sait-elle davantage sur la justice que n'importe quel citoyen ? N'agit-elle pas à l'aveuglette ? N'est-elle pas encline à s'emparer du droit comme s'il était sa propriété ? Qui sert-elle ? Qui juge ses sentences ?

C'est là une manière de voir le droit qui nous est très étrangère. Ses défauts sont visibles et, dans ce récit, ils n'apparaîtront que trop clairement. Mais, avant de les condamner, songeons à leurs avantages ! En Italie, ce qui chez nous a été à l'ordre du jour pendant une décennie aurait à peine été possible : la violation du droit passée en système, l'injustice devenue principe d'une justice qui servait aux autorités en puissance et couvrait leurs crimes.

Souvenons-nous de la fin du règne fasciste en Allemagne et en Italie ! Chez nous, des années s'écoulèrent avant que ne se développât péniblement le processus mesquin et ridicule de la dénazification imposé par les vainqueurs, et les procès des grands criminels durent encore aujourd'hui, sous le regard indifférent du public. En Italie, le peuple libéré se posa spontanément en juge de ses bourreaux et les condamna par un seul acte de justice historique, sanglant et affreux, mais qui a d'un coup purgé le pays et l'a éveillé du cauchemar. Quiconque n'y avait pas trouvé la mort était gracié ; car la justice de ce peuple n'ignore pas la magnanimité qui repose dans le droit. C'est ce dont témoigne l'affaire de la Noyée, dont nous allons parler ici. Comme chacune des grandes affaires criminelles du Pitaval italien, on ne l'accepte pas pour ce qu'elle semble être : un incident des ténèbres de la vie quotidienne. Comme le crime doit être jugé par tous, comme il regarde et touche tout le monde, il n'est pas possible d'en détourner les yeux, de le laisser reposer en soi comme une affaire privée, l'acte d'un isolé, qui ne concerne personne. Il est semblable à un chiffre qui, décodé, trahit une partie d'un tout, révèle quelque chose de la société dans laquelle il a été accompli. En examinant le crime, la société s'examine soi-même : d'où l'extraordinaire passion avec laquelle, en Italie, une grande affaire est suivie par les travailleurs et les intellectuels, les citadins et les paysans, les pauvres et les riches. Tous, ils s'efforcent de déchiffrer en elle ce qui pourrait appartenir à leur propre destin. Comme pour chacun des grands crimes suscitant l'émotion du pays, dans l'affaire Montesi, l'affaire de la Noyée, au « procès du Siècle », l'Italie porte un jugement sur soi-même.

9 avril 1953, cinq heures de l'après-midi.

Via Tagliamento, au nord-est de Rome, hurle la sirène d'une usine. Les ouvriers sortent en foule des petits ateliers et des chantiers de construction. Les plombiers, qui travaillent dans la cave du grand immeuble de rapport du numéro 76, rentrent, eux aussi, chez eux. Quelques minutes plus tard, une jeune fille sort de la maison où elle habite. Elle ne salue personne, mais le concierge l'aperçoit. Elle était seule chez elle : le père, un menuisier, était à son atelier, la mère et la sœur au cinéma. Vers neuf heures, la famille commence à s'inquiéter sérieusement. On téléphone à des parents. La mère court jusqu'à la loge du portier et s'écrie en pleurant : « On m'a tué mon enfant ! »

Vers onze heures, l'oncle de la jeune fille, Giuseppe, va faire avec sa voiture la tournée des postes de secours et des hôpitaux ; il va même fouiller les rives du Tibre. On met la police au courant. Pendant deux jours, la famille demeure sans nouvelles de la jeune fille.

11 avril 1953.

Un peu avant six heures, dans l'aube grise, un garçon de quinze ans parcourt la plage de sable devant Tor Vaianica, une région presque inhabitée de la côte occidentale de l'Italie, à une cinquantaine de kilomètres au sud de Rome. Il découvre, baignant à demi dans l'eau, le cadavre d'une jeune fille. La morte n'est pas complètement habillée ; on ne trouve pas trace de ses souliers, de ses bas, de sa jupe et de son porte-jarretelles. Le cadavre est transporté à l'Institut médico-légal. C'est là que l'identifie la famille du menuisier. Les journaux publient une photo de la morte ; là-dessus se présente une certaine demoiselle Passarelli : elle prétend avoir rencontré la jeune fille dans le train de cinq heures trente qui va de Rome à Ostie, le Lido de Rome. Elle était assise en face d'elle.

Jusque-là, le cas semble banal. La police se livre à une enquête de pure routine. Sur l'ordre du parquet, l'Institut médico-légal entreprend une autopsie. Le processus habituel se déroule normalement. Les pièces du dossier s'accumulent. Bientôt, on voit s'esquisser le résultat auquel va aboutir l'enquête : mort par accident. La reconstitution du parquet donne à peu près ceci : selon les dépositions des membres de la famille, la jeune fille s'était, peu de temps avant sa mort, blessée au talon. On avait parlé en famille du bien qu'un bain de mer ferait au pied blessé. Il paraissait probable que cet après-midi-là la jeune fille avait pris le train de banlieue jusqu'à Ostie ; on avait un témoin. On attribuait le fait qu'elle se fût noyée pendant son bain à un évanouissement auquel elle aurait succombé. Le fait qu'elle se fût trouvée indisposée les jours précédents venait à l'appui de cette thèse. Il y avait dix-sept kilomètres entre Ostie et le lieu où le cadavre avait été découvert. Le vent et les courants pouvaient expliquer cette circonstance. Le corps de la jeune fille, dit-on, avait dérivé — à dix-sept kilomètres.

Octobre 1953.

Le procureur de la République Sigurani clôt l'enquête et conclut à un accident entraînant la mort par noyade. Aucune poursuite n'est entreprise.

L'histoire de la jeune Noyée est un *fait divers,* ne valant pas plus qu'une demi-colonne dans les nouvelles locales. Certes, on donne le nom de la morte, mais personne n'y attache la moindre attention. Une jeune fille entre mille, de condition modeste, une créature qui n'était pas encore beaucoup sortie, ou seulement en compagnie d'un petit policier calabrais auquel elle était fiancée, qui se vêtait aussi bien que le lui permettaient ses moyens, qui menait une vie ordinaire ; une fille quelconque, oubliant ceux qui se retournaient sur son passage et qui, pendant sa vie, n'aurait jamais pu donner à rêver qu'après sa mort son nom apparaîtrait en grands caractères en première page des journaux du monde entier : le nom de Wilma Montesi. Comment cet accident obscur a-t-il pu devenir le plus grand procès qu'ait connu l'Italie, de mémoire d'homme ? Aujourd'hui, dix ans après, les premiers craquements qui devaient déterminer l'avalanche vont nous permettre de remonter aux commencements de l'histoire.

Mai 1953.

Dans un hebdomadaire à demi fasciste, le *Merlo Giallo,* en français *Le Bouvreuil,* que l'on ne prend guère au sérieux, paraît une curieuse caricature. Le dessin représente un pigeon voyageur portant dans son bec un porte-jarretelles. La légende manque. Peu de personnes se rendent compte tout de suite de l'allusion. Le porte-jarretelles, l'unique détail qui, dans le cas de la Noyée, ait frappé le grand public, semble indiquer Wilma Montesi. Mais le pigeon voyageur ? Eh bien, en italien, pigeon voyageur se dit *piccione*. Qui voulait-on suggérer ? Un seul personnage connu portait ce nom : le ministre des Affaires étrangères de la République, Attilo Piccioni, un des piliers de la société, bon chrétien-démocrate et excellent catholique. Quel rapport pouvait exister entre lui et la fille du menuisier de la Via Tagliamento ? La caricature n'en disait rien. Ne la comprit-on pas ? Etouffa-t-on l'histoire ? Qui l'avait inspirée et qui accusait-elle ?

En même temps que ce dessin presque incompréhensible paru dans un petit hebdomadaire sans importance, un nouveau personnage entre en scène : la Renommée, c'est-à-dire la rumeur. Dans le drame Montesi, elle est indispensable. Elle ne manque dans aucun procès italien ; elle est comme l'ombre du crime, qui peut à la fois protéger et aussi trahir le criminel. La police italienne sait cela et en tient compte dans ses méthodes. Ces méthodes sont complètement différentes de celles de notre propre police. Le processus rationnel du travail de détective ne joue pas en Italie de rôle prépondérant. Ce n'est pas Sherlock Holmes qui domine la situation, mais la Renommée. Un axiome de la criminalistique italienne est : là où il y a eu crime, il y aura tôt ou tard des bavardages ; la police partage cette conviction avec le peuple, qu'elle sert et duquel elle émane. Quelqu'un parlera, un voisin, un concierge, un passant, un témoin oculaire occasionnel. Il ne formulera probablement pas d'accusation : cela crée de l'irritation et de la mauvaise humeur ; mieux, cela peut devenir dangereux. Qui sait jusqu'où cela pourrait vous entraîner ? Mais peut-on garder complètement par-devers soi ce que l'on a remarqué ou supposé ? Impossible. On en parle, par allusions, en termes obscurs. Et, un jour, une de ces allusions vient s'accrocher au réseau de la police et de ses informateurs. Elle ne sera pas perdue. On y veille. Car dès que la rumeur vient aux oreilles de la police, dès qu'elle devient une « information officieuse », elle s'affirme, se consolide, prend une forme durable. Cette forme est le dossier d'archives. Dans ce dossier vient s'abattre ce qui s'est glissé, insaisissable, à travers les murs, ce que le vent a soufflé aux oreilles. Il y entre beaucoup plus de choses que ne l'imagine le citoyen : pas seulement des condamnations antérieures, des papiers officiels, des documents ; mais aussi des suppositions, des indications, des observations, des nouvelles de seconde, troisième et quatrième main. C'est le schéma classique d'un travail policier utilisant les moyens du XIXe siècle : le schéma de Fouché et de Metternich.

Mais le temps des pouvoirs absolus est passé en Italie comme ailleurs. Les rumeurs et les dossiers d'archives ont été les moyens originaux des gouvernements absolus contre lesquels il n'existait ni recours ni défense. L'autorité seule décidait comment, quand et contre qui faire usage des informations venues se prendre dans les filets de la police. La démocratie italienne s'est munie d'un instrument qui peut soutenir la comparaison avec la technique employée par la police pour l'obtention des nouvelles par les rumeurs et les dossiers, et qui peut jouer contre ceux qui l'ont découvert. Cet instrument est la presse. C'est à la fois son erreur et son mérite d'avoir fait du destin d'une fille morte un scandale qui devait amener la société italienne au bord d'une révolution.

6 octobre 1953.

Cinq mois ont passé. L'enquête est close. Le dossier Montesi repose. La caricature avec le pigeon voyageur et le porte-jarretelles semble oubliée, la rumeur s'est tue. D'un jour à l'autre, la sensation éclate, frappe un public non préparé et détermine enfin l'avalanche que rien ne peut plus arrêter. Un homme du nom de Silvano Muto — propriétaire et éditeur d'un magazine qui, sous le titre *Attualità,* s'occupe surtout d'affaires et de scandales — publie un récit dans lequel apparaissent tous les détails connus de l'affaire Montesi. Sans donner de noms, Muto suggère ouvertement où il veut en venir : au meurtre commis sur la personne de Wilma Montesi et dont il accuse des membres fort honorablement connus de la Société romaine. Il y est aussi question d'orgies, de contrebande, de trafic de drogues et de traite des blanches. Dès cet instant, la presse fait définitivement main basse sur l'affaire, à moins que ce ne soit l'affaire qui s'empare de la presse : elle passe dans la *cronaca* de toutes les feuilles italiennes et y demeurera pendant des années.

La *cronaca,* en fait *cronaca nera* ou chronique noire, ne peut pas ne pas exister dans le journalisme italien. Tous les journaux, même les plus sérieux, lui consacrent jour après jour une page entière, voire très souvent même la fait débuter en première page. C'est à cette page que le lecteur de Turin, de Rome, de Naples et de Florence ouvrira d'abord son journal, avant même que d'avoir consulté la page sportive. L'homme de la rue la lit avec la même attention que l'intellectuel, le lecteur de la presse illustrée aussi bien que le public plus difficile des journaux internationaux. Au centre de la chronique noire se trouve le crime. Les suicides et les accidents y paraissent aussi, surtout quand ils présentent quelque mystère ou une valeur typique, représentative. Derrière la *cronaca nera* et le prix qu'on y attache se dissimule les traits essentiels du temparément italien et de la Société italienne.

Octobre et novembre 1953.

La chronique des feuilles italiennes bourdonne comme un nid de guêpes. Silvano Muto, le petit propriétaire de journal aux idées néo-fascistes, est assailli de questions, d'accusations, de louanges et d'injures. D'où tient-il son information ? Et voici qu'apparaissent deux nouvelles figures : celles des deux témoins principaux.

Le premier, ou plutôt la première, s'appelle Adriana Bisaccia. Sa photo apparaît dans les magazines illustrés : un visage pâle avec des yeux noirs craintifs. Une chevelure d'un noir profond, mal peignée. Adriana Bisaccia est originaire d'un village des environs de Naples. Elle veut faire du cinéma. Elle se conduit comme une « existentialiste » de Saint-Germain-des-Prés, vit avec un amant, morphinomane, dans un réduit sous l'escalier d'une maison menaçant ruine, et erre toute la journée dans les cafés de la Piazza di Spagna. Elle est à peu près incapable de dire de quoi elle vit. Elle donne l'impression d'être une névropathe.

L'autre témoin, Anna Maria Caglio, par comparaison, est froide, flegmatique. Elle a vingt-trois ans et appartient à une bonne famille bourgeoise de Milan. Elle est jolie, a de nombreuses relations parmi les riches « dix mille » de Rome et dispose d'une mémoire extraordinaire.

En peu de mois, les deux jeunes filles deviennent des

célébrités nationales. Avant même qu'une quelconque démarche officielle eût été entreprise, avant même que la Justice recommençât à s'occuper de l'affaire Montesi, la presse introduit « le procès du siècle ». Les rapports de faits, les articles, les démentis et les plaintes en diffamation s'entassent. Les journalistes s'empressent à l'envi pour obtenir des déclarations. On écrit des lettres ouvertes, on publie des documents faux et d'autres authentiques. Adriana Bisaccia vend à deux hebdomadaires pour une somme fabuleuse son journal et une série d'articles sous le titre de *Ma vérité*. Pour mille cinq cents marks, la logeuse de la Caglio vend les lettres de cette dernière qu'elle a trouvées dans un tiroir.

Dans ce procès avant le procès, déclenché par la presse et dans lequel sont impitoyablement employées les armes classiques — rumeurs et dossiers —, on décèle bientôt la manière dont sont distribués les rôles. Ce sont des rôles traditionnels, pour lesquels il existe même des noms fixes et qui se dégagent chaque fois que les feuilles s'attaquent à une affaire : les rôles de l'accusation sont pris par les *colpevolisti* (de *colpevole,* coupable) et celui de la défense par les *innocentisti* (de *innocente,* innocent). Il s'avère très vite que, dans l'affaire Montesi, ces rôles sont politiquement distribués : *colpevolisti,* les journaux d'extrême droite, à demi fascistes du genre de *Attualità,* qui sont soutenus par la puissante et combative presse de gauche. Les défenseurs se trouvent au centre, dans les rangs du parti gouvernemental démocrate-chrétien. C'est ainsi que l'officieux *Messagero* déclare pieusement et non sans quelque onction : « Dieu seul sait comment Wilma Montesi est morte. »

Mais le procès mis en scène par la presse est un procès sans accusé. Bien entendu, de jour en jour, les allusions et les insinuations deviennent plus significatives ; mais elles ne se concentrent pas sur une personne. Si le nom du ministre des Affaires étrangères en exercice revient souvent, des hauts personnages de la police, des dignitaires du Vatican sont mêlés au scandale d'une manière plus ou moins transparente. On voit aussi reparaître sans cesse dans la chronique noire le nom d'un certain marquis M... Dès ce stade préliminaire de l'affaire, l'accusé, que poursuivent les *colpevolisti,* ne semble pas être une personne, mais une collectivité : une classe, une vaste et puissante clique. Ce que l'on accusait, c'était une société pourrie, incriminée d'avoir noyé une jeune fille.

28 janvier 1954.

L'affaire Montesi est appelée devant le tribunal. Mais l'accusation ne porte pas sur un meurtre. Elle repose sur « la publication de nouvelles fausses, exagérées et tendancieuses, de nature à troubler l'ordre public » ; sur le banc des accusés, ce n'est pas la société italienne qui vient prendre place, mais Silvano Muto, le journaliste marron. Le procès-verbal de la séance rapporte son premier interrogatoire comme suit :

LE JUGE : Qu'avez-vous à dire sur l'article que vous avez rédigé et dans lequel vous prétendez être au courant des circonstances de la mort de Wilma Montesi ?

MUTO : L'article repose en partie sur des déclarations glanées dans d'autres feuilles et en partie sur ma propre enquête.

LE JUGE : Que résulte-t-il de cette enquête ?

MUTO : Tout d'abord, qu'à l'époque en question le trafic de la contrebande de tabac et de stupéfiants faisait rage sur la côte entre Ostie et Anzio. Entre autres, je fis connaissance de Mlle Adriana Bisaccia. Elle m'a dit qu'elle savait toutes sortes de choses sur la mort de la Montesi et qu'il ne s'agissait pas d'un accident. Elle m'a raconté qu'elle avait été invitée à certaines fêtes nocturnes et que Wilma Montesi y avait rencontré des gens appartenant aux cercles de la grande Société, lesquels assistaient à ces fêtes. Elle prétendait que ces personnes étaient responsables de la mort de la jeune fille. Quand je lui demandai les noms, la Bisaccia me déclara qu'elle ne les donnerait pas, car elle craignait des représailles... Plus tard, je fus en rapport avec Anna Maria Caglio. Elle aussi m'a parlé du trafic de stupéfiants et de ces « fêtes ». Elle nomma un certain Ugo Montagna, Marchese de San Bartolomeo, chevalier du Saint-Sépulcre, qui dirigeait pour le compte exclusif d'un club les terrains de chasse de Capocotta... La Caglio prétendait que Montagna savait parfaitement comment la Montesi avait perdu la vie. Elle disait qu'à Capocotta les orgies étaient à l'ordre du jour et cela sous l'influence des drogues. Elle aussi avait peur de sanctions.

L'AVOCAT GÉNÉRAL : Dans son article, l'accusé décrit la mort de la Montesi dans tous ses détails. D'où les tenait-il ?

MUTO : Mlle Bisaccia m'a raconté que la Montesi s'était trouvée mal à la suite de l'absorption d'une trop grosse dose de stupéfiant. Elle serait morte pendant la « fête », amenée ensuite sur la plage avec une voiture et abandonnée là.

Il est évident que le procès de Muto n'est que l'amorce de la bombe et les déclarations de Muto expriment clairement que deux personnes seulement sont en état de mettre le feu à la mèche : les deux témoins Adriana Bisaccia et Anna Maria Caglio. Aussitôt commencent de fiévreuses recherches pour découvrir les deux jeunes filles, qui d'abord sont introuvables. On doit ajourner les débats. On déniche la Bisaccia dans un hôtel, où elle est plongée dans un profond sommeil pour avoir absorbé une trop forte dose de somnifère. Quand elle est enfin en état de faire une déposition, on assiste à un long dialogue entre le témoin, l'avocat général et le défenseur de Muto :

LE DÉFENSEUR : Où se trouvait le témoin le 9 avril 1953, au moment de la mort de Wilma Montesi ?

BISACCIA : Je ne sais plus. Il y a trop longtemps de cela.

L'AVOCAT GÉNÉRAL : Qu'avez-vous raconté à ce sujet à Muto ?

BISACCIA : Je ne me souviens pas. J'étais tout à fait sous son influence.

LE DÉFENSEUR : Vous voulez dire qu'on vous a tendu

un piège ? Si Muto vous a, comme vous le prétendez, rendue à moitié folle avec ses questions, pourquoi ne vous êtes-vous pas défendue et n'en avez-vous parlé à personne ?

BISACCIA : Je n'en sais rien.

LE JUGE : Et comment vous sentez-vous à présent ? Etes-vous toujours sous l'influence de Muto ou votre émotion s'est-elle calmée ?

BISACCIA : Maintenant, je puis parler librement. Il est possible que j'aie dit à Muto : « J'ai vu mourir Wilma Montesi, et Piero Piccioni, le fils du ministre des Affaires étrangères, était présent. » Mais quand j'ai dit cela, j'étais fatiguée, abattue, hors de moi d'émotion. Avec ses questions, Muto m'avait amenée au bord d'une crise de nerfs. « Où la Montesi est-elle morte ? Que sais-tu de Piero Piccioni ? » Il est possible que devant ces questions répétées je me sois sentie au bout du rouleau... Il me faisait peur, me promenait dans l'obscurité... Il m'emmena en voiture au bord de la mer et me posa sur la plage des questions sur la Montesi...

LE DÉFENSEUR : Ah, ah ! Au bord de la mer !

LE JUGE : Nous voudrions enfin savoir quelque chose de précis.

BISACCIA : Eh bien, par exemple, j'ai reçu un jour un télégramme d'un ami de Muto. Il me télégraphiait de le retrouver à Caserte... Là, il me raconta que Silvano Muto l'avait envoyé m'avertir que Piero Piccioni s'était rendu avec deux amis dans mon village natal pour me tuer. J'éclatai en larmes... Je voulais m'enfuir...

LE DÉFENSEUR : Mais on dirait un roman policier !

LE JUGE : Aviez-vous peur de Muto ?

BISACCIA : Non. Il a toujours été très aimable. Sauf quand il était repris de son idée fixe... Alors, il me disait : « Tu t'imagines peut-être que tu es très maligne ; mais je suis plus malin que toi. »

L'AVOCAT GÉNÉRAL : Mais, finalement, vous êtes ici devant le tribunal. Dites enfin ce que vous savez en fait de cette affaire.

BISACCIA : Je ne sais rien. Pourquoi n'amenez-vous

pas ici les coupables ? Vous savez parfaitement où les trouver ! Ici, on fait le jeu de la politique et, pendant ce temps-là, je suis aux abois.

C'était vrai, Adriana Bisaccia était aux abois. Elle n'était pas de taille à se prêter à ce procès. La presse s'attaquait à sa vie privée, tirait au jour ses ténébreux petits secrets et s'étendait sur ses chemises de nuit, son côté maladif, ses histoires d'amour. Au bout de quelques semaines, la fille était mûre pour la maison de santé. Ses déclarations étaient impossibles à confirmer et encore moins à infirmer. Durant la suite du procès, elle ne fit plus que de rares apparitions.

Mais le second témoin était d'une autre trempe. Anna Maria Caglio ne perdit pas un instant la tête. On la rechercha pendant plusieurs semaines. On finit par la découvrir dans un couvent de Florence et on la cita à comparaître.

4 mars 1954.

Anna Maria Caglio paraît devant le tribunal. Elle commence par déclarer avoir été pendant des années la maîtresse d'Ugo Montagna et avoir aperçu, peu de semaines avant sa mort, Wilma Montesi dans la voiture de son amant. Mais ce n'est pas tout. A son second interrogatoire explosa la bombe à retardement qui tictaquait depuis près d'un an.

CAGLIO : Vers la fin d'avril de l'année passée, Ugo et moi venions de nous mettre à table pour dîner quand le téléphone retentit. Piero Piccioni était à l'appareil. Il pria Ugo de se rendre immédiatement chez le chef de la police pour dissimuler la chose. Il était déjà tard, neuf heures et demie, et j'avais espéré que Ugo ne sortirait plus. Mais il m'intima l'ordre d'avaler le repas à la hâte. Puis, nous sommes montés en voiture et sommes allés au Viminal (le siège du ministère de l'Intérieur). Il se rangea à droite de la sortie. Tout de suite, Piero Piccioni (le fils du ministre des Affaires étrangères) se précipita sur nous et s'entretint longtemps avec Montagna. Ils marchaient de long en large, cependant que je restais dans la voiture. Puis ils entrèrent au ministère de l'Intérieur. Ils revinrent au bout d'une demi-heure. Piccioni était très excité, mais Ugo donnait l'impression d'être sûr de lui. Piero s'éloigna et Ugo vint me rejoindre dans la voiture. « La chose est O. K. », dit-il, et je lui demandai comment il s'était arrangé. Je lui ai dit aussi : « Je trouve que ce n'est pas juste. Si Piero Piccioni a commis une faute, il n'a qu'à payer, même s'il est fils de ministre. » Montagna s'est mis très en colère et m'a apostrophée : « Il n'a rien à voir dans toute cette histoire. D'ailleurs, il était à Amalfi quand la Montesi s'est laissée mourir. » Je fus aussitôt prise de soupçon. Je savais que ce ne pouvait pas être vrai et je dis : « Il ne pouvait pas être à Amalfi ! Il t'a appelé à Rome pendant que j'étais chez toi ! » Et à ce moment Montagna m'a dit : « Dis donc, ma petite, tu en sais trop. Un changement d'air ne te ferait pas de mal. Tu ferais mieux d'aller passer quelque temps à Milan. » Il a ajouté que si je ne m'y rendais pas de mon plein gré, il ne lui serait pas difficile d'obtenir de la police un décret d'expulsion. Alors, je me suis rendu compte que je ferais bien de me taire. (Mouvements dans la salle.)

Ce que je déclare ici, je l'ai dit aussi au juge d'instruction. Il m'a conseillé de me retirer de toute cette affaire et de ne pas me mêler du procès... Il a plusieurs fois réitéré ce conseil.

(Ici s'élève dans la salle un bruit indescriptible. Les débats ne purent être repris qu'après une pause assez longue.)

LE JUGE : Quand avez-vous rompu vos relations avec Ugo Montagna ?

CAGLIO : En novembre 1953.

LE JUGE : D'où venait la rupture et pour quelle raison ?

CAGLIO : J'ai mis un point final à notre liaison. Je ne voulais plus avoir de rapport avec Montagna. Mes soupçons envers lui étaient devenus trop forts... Sa première réaction lors de ma décision fut la phrase suivante : « Les traîtres paient... Avant de me laisser prendre, je ferai sauter à peu près vingt autres personnes. » Il me dit encore : « Quiconque déposera contre moi se réveillera avec du plomb entre les côtes. »

L'AVOCAT GÉNÉRAL : Comment le témoin Caglio en est-il venu à prétendre que Montagna s'occupait de trafic de drogue ?

CAGLIO : Je savais que ses énormes bénéfices ne pouvaient pas provenir de sources pures... Quand je lui ai dit en face qu'il gagnait des millions dans le trafic des drogues, il n'a pas nié... Il a chez lui un coffre que personne ne peut ouvrir...

LE DÉFENSEUR : Le témoin maintient-il les déclarations qu'il a faites devant le juge d'instruction et selon lesquelles Montagna aurait fait don à de hauts fonctionnaires de sommes se montant à cinq ou six millions ?

L'AVOCAT GÉNÉRAL : Je m'oppose à cette question.

LE JUGE : Cette question n'est pas autorisée.

CAGLIO : Une chose est sûre : en mai 1953, Montagna a acheté une maison. Il m'a dit qu'il voulait la mettre à la disposition du chef de la police, Tommaso Pavone... Il ne m'a pas confié les raisons de ce cadeau. Il fit simplement remarquer que c'était en compensation de services que lui avait rendus Pavone. Mais lorsqu'en novembre il m'offrit 10 000 lires, je lui ai dit : « Je ne veux pas de ton argent. Il provient d'affaires malpropres et il y colle encore du sang de femme. »

LE JUGE : Racontez-nous comment vous en êtes venue à rompre définitivement avec Montagna...

CAGLIO : A la fin de novembre, nous nous rendîmes pour dîner dans un restaurant du nom d'*Alla Matriciana*. Montagna ne mangea de rien de ce qu'on me servait et me ramena immédiatement à la maison. Cette nuit-là, je vomis plusieurs fois. J'étais certaine que l'on m'avait empoisonnée. J'ai téléphoné pour avoir du secours.

LE JUGE : A qui ?

CAGLIO, *très hésitante* : A une nonne qui m'a conseillé d'aller immédiatement chez le médecin. Elle m'emmena chez le docteur Busnelli, lequel m'a recommandé de partir sur-le-champ pour Milan. Là, je serais en sûreté. Je me mis en route le jour même.

La République italienne trembla sur ses bases à cause des déclarations d'une jeune fille de vingt-trois ans. Le journaliste Silvano Muto était oublié. Personne ne s'occupait plus de l'homme pâle aux lunettes de soleil, cérémonieusement assis sur le banc des accusés. La malheureuse Wilma Montesi n'était plus qu'un prétexte : le prétexte d'un règlement de comptes avec une société dont le jeu caché venait, semblait-il, d'être soudain mis au jour.

CAGLIO : Une seule affaire rapporta à Montagna quatre-vingt-dix millions et Ugo m'a dit que les frais s'étaient montés à neuf millions, versés par lui au ministre des Affaires étrangères Piccioni et à Spataro, le ministre du Travail.

Si de telles affaires étaient à l'ordre du jour, en fait tout devenait possible. Personne ne douta plus que l'administration avait dès le début tout fait pour étouffer dans l'œuf l'enquête sur la mort de Wilma Montesi. Sans hésiter une seconde, l'opinion publique déclara tout le monde coupable : les ministres et les procureurs de la République, les juges d'instruction et les chefs de la police, les magnats des finances et les cardinaux. Quiconque trempait dans cette histoire, quiconque ayant eu la moindre relation avec Montagna — et qui n'en avait eu ? — était damné. Drogues, contrebande, proxénétisme, spéculations de terrain, corruption, tromperie et, le cas échéant, meurtre. Capocotta, cette chasse, que gérait Montagna, devint le symbole de la dépravation qui semblait avoir contaminé l'Italie. Les capocottariens, c'étaient les amis du gouvernement, les protégés de la police, les criminels en gants blancs, les spéculateurs ne reculant devant aucune infamie, la plaie de l'Italie : en un mot, les classes dirigeantes du pays. La moindre jeune fille était leur victime en puissance. Wilma Montesi n'était pas la seule à avoir mené une double vie, la nation tout entière paraissait en avoir fait autant. La presse prit le mors aux dents. Jamais un procès n'avait à ce point préoccupé le public. La peur et l'effroi envahissaient les possédants, les hommes d'affaires, les politiciens. Les gros titres foisonnaient :

Montagna, instrument de la Maffia !

Les relations de Montagna avec le bandit Giugliano !

La police de Scelba, Pavone et Montagna tire sur les sans travail de Calabre !

Nous exigeons que le gouvernement se démette !

La presse communiste, notamment, s'épuisait en hypothèses, en réclamations et en rumeurs. Déjà commençait la formation des mythes. Ugo Montagna était sicilien. Comment ne pas supposer des rapports avec les gangsters de Palerme, avec les bandits et les contrebandiers de l'île ? Mais les feuilles les plus sérieuses ne pouvaient pas se soustraire à l'émotion que les déclarations de la Caglio avaient provoquée. Les journaux dévoués au gouvernement livraient des combats d'arrière-garde, démentaient, puis démentaient leurs démentis ; leurs actions de retardement étaient placées sous le signe de la peur. Finalement, les journaux de la bourgeoisie italienne, le *Corriere della Sera* et la *Stampa,* de Turin, pourtant financés par l'industrie, mais n'en conservant pas moins une certaine indépendance, renoncèrent à leur scepticisme et à leur impassibilité. Le scepticisme et l'impassibilité n'étaient plus possibles en mars 1954. Quiconque ne prenait pas parti signait sa propre condamnation.

La *Stampa* écrivait : « Ce n'est pas Muto qui est aujourd'hui au banc des accusés, mais la République, avec ses institutions et sa vieille bourgeoisie catholique, qui dirige toujours l'Italie. Les dommages causés par le cancer fasciste ont laissé des suites : c'est la dictature qui a communiqué aux couches dirigeantes la conviction que les riches ne sont pas responsables des pauvres et que les gens instruits sont dispensés de la sollicitude qu'ils doivent au peuple. »

Le Parlement et le Cabinet n'étaient-ils pas de simples façades, un organe d'exécution n'agissant pas au nom du peuple, mais des obscurantistes qui détenaient en réalité la puissance et l'argent ? Voici qu'enfin quelques-uns de ces hommes étaient devenus vulnérables. On connaissait leurs noms : les capocottariens étaient au pilori. Qui les avait nommés ?

« La Jeanne d'Arc italienne, », « Le cygne noir », « La jeune fille du siècle », Le témoin sans peur et sans reproche ». C'est ainsi que les journaux appelaient Anna Maria Caglio ; ils en faisaient une héroïne du peuple. Etre connu, voire célèbre, cela veut dire, en Italie, s'exposer au jugement de la Nation. Il n'y a pas dans ce pays de notoriété neutre. Etoiles de cinéma, chanteurs de charme, champions de football ou de cyclisme sont aussi passionnément discutés que des politiciens ou des criminels. Est-il (ou elle) sympathique ? Que peut-on dire pour ou contre lui (ou elle) ? En l'occurrence, il ne peut pas être question d'objectivité : il arrive quotidiennement qu'une chanteuse se voit reprocher sa moralité douteuse ou, au contraire, qu'un politicien subisse des critiques à cause de sa voix enrouée. Les avantages et désavantages de la personne désignée sont discutés en détail et sans le moindre scrupule ; c'est le prix de la célébrité. Il se forme immédiatement deux partis : l'un contre, l'autre pour Sophia Loren, Soraya, Fausto Coppi ou Maria Callas. Ce perpétuel ostracisme ne connaît ni pitié ni discrétion, mais il se laisse volontiers influencer par des actions nobles et n'est pas sans justice. Anna Maria Caglio subit les louanges et les injures avec égalité d'humeur. Inébranlable, d'une voix basse, elle faisait ses fantastiques déclarations comme s'il s'agissait de bagatelles. « Elle a du courage... » disait-on ; « Elle est folle » ; « C'est une pécheresse éhontée ! » « Elle n'épargne personne, même pas elle... » ; « En elle s'exprime l'esprit vindicatif et la colère d'une femme jalouse et abandonnée » ; etc., dans les cafés, dans les colonnes des journaux, au micro, dans les corridors du Palais de Justice. Ce qui fit pencher la balance en sa faveur, ce fut un nouveau coup de théâtre sensationnel dans le procès contre Muto, le fameux « Rapport secret Pompei ».

10 mars 1954.

Le procès contre Muto tire à sa fin. A la demande de la défense, et en dépit de l'opposition de l'avocat général, le président autorise la lecture d'un rapport secret, celui que le colonel des carabiniers, Pompei, a rédigé pour son dossier.

La signification de ce document n'est compréhensible que quand on sait ce que sont les carabiniers et ce qu'ils représentent. Il y a en Italie deux polices complètement indépendantes l'une de l'autre et placées sous les ordres d'un commandement différent. La *Publica Sicurezza* se charge de la sûreté proprement dite et de la police criminelle, les carabiniers sont une sorte de gendarmerie. Entre ces deux formations existe perpétuellement une rivalité qui, par instants, s'exaspère jusqu'à devenir une sorte de sourde guerre civile. Toutes deux ont leurs informateurs et leurs dossiers respectifs. Là aussi, le public italien juge avec passion, prend parti : les carabiniers jouissent de la bienveillance et de l'affection de leurs concitoyens, alors que la P.S. ne récolte que méfiance et antipathie. Les gens simples, surtout, accueillent volontiers la Sûreté avec des sarcasmes et des moqueries, et les carabiniers par des exclamations amicales : c'est ce qui se passa lors de la libération de Rome en 1945. L'affaire Montesi avait été suivie par la Sûreté : le rapport secret de Pompei était la riposte des carabiniers. On y lisait :

« Montagna a dès 1941 reçu un avertissement parce qu'il donnait dans sa demeure de la Via Rabirio n° 1 des réunions qui duraient jusque très avant dans la nuit et suscitaient des réclamations de la part de ses voisins. Montagna y aurait reçu des femmes de réputation douteuse et les aurait mises en rapport avec des hauts fonctionnaires et des politiciens de cette époque... Des officiers allemands, avec lesquels M... entretenait d'étroites relations, s'y rendaient également très souvent et, tout de suite après la libération, des membres des états-majors alliés. On dit que M..., pendant la guerre et l'occupation, s'est livré au marché noir. Comme le rapporte le commissariat du quartier, M... passait généralement pour être un espion des Allemands et l'homme de confiance de la police secrète fasciste, de laquelle il aurait reçu un salaire. En 1944, il échappa à l'internement parce que l'avocat général près de la Cour de Cassation se serait entremis en sa faveur. »

« Les affaires de M... sont compliquées et difficiles à déterminer. Il a été, entre autres, courtier immobilier, pour échapper à la surveillance de la police. Une enquête secrète n'a donné aucune base permettant d'affirmer que, parmi les diverses affaires plus ou moins ténébreuses auxquelles se livre M..., le trafic des drogues joue un rôle quelconque. Par ailleurs, rien ne vient prouver que lors des invitations à la chasse organisées par M... à Capocotta et où de hautes personnalités étaient présentes, on n'ait point distribué de stupéfiants. Ce soupçon est partagé par l'opinion publique et trouve un soutien dans les rumeurs obstinées qui circulent sous le manteau. »

L'émotion soulevée par ce rapport fût telle que personne ne remarqua le cercle vicieux sur lequel il reposait. Le système de dossiers et de rumeurs donna ce curieux résultat que l'un venait confirmer l'autre, en sorte que, pour finir, de simples hypothèses apparurent comme des faits. Ce que dissimule la police criminelle, pensait le public, les carabiniers le révèlent. Ce qu'ils disent n'est plus douteux. Les dépositions de la Caglio semblaient être confirmées d'office.

12 mars 1954.

Un beau matin, le rapport secret Pompei apparut, collé par des mains inconnues à des dizaines de milliers d'exemplaires sur les murs de Rome. Montagna est un souteneur, un espion, un criminel : cela se lisait sur les murs de toutes les maisons.

13 mars 1954.

Le préfet de Rome prescrit la saisie des affiches reproduisant le rapport Pompei. Le même jour, le chef de la police italienne, Tommaso Pavone, est obligé de donner sa démission. La presse triomphe : « Pavone est tombé ! »

« La colère du peuple a vaincu ! »

« Le premier ami des trafiquants est obligé de s'en aller ! »

Le gouvernement est compromis. Les conseils de cabinet succèdent aux conseils de cabinet. Le ministre de l'Intérieur ordonne que l'on retire son passeport à Montagna. Montagna riposte à cela de la manière suivante :

« Un pas de plus, et c'est la fin du monde ! »

La phrase semble ridicule, mais la menace qu'elle contient ne manque pas son effet. Montagna paraissait en état de dévoiler des faits et des noms qui renverraient dans l'ombre toutes les déclarations de la Caglio et le rapport Pompei. Une crise gouvernementale est proche. Le cabinet n'était pas en mesure de traiter sur le plan de la politique étrangère, notamment de prendre position dans les débats sur la Communauté Européenne de Défense qui se déroulaient alors à Paris. Les communistes attendaient leur chance.

16 mars 1954.

Le ministre des Affaires étrangères Piccioni offre sa démission. Le ministre-président la refuse. L'agitation du public prend des formes inquiétantes. Le Palais de Justice est, de l'aube à la nuit, assiégé par une foule immense, qui s'étend jusqu'à la Piazza Cavour, proche, et paralyse la circulation. Dans la salle du tribunal, dans les couloirs, les vestibules, ce n'est qu'allées et venues dans un mouvement indescriptible. Des gens de toutes les classes et de tous les métiers, d'origines et d'opinions les plus diverses, se pressent dans l'immense bâtiment édifié lors des années quatre-vingt du siècle dernier. Les premiers rangs de l'auditoire ressemblent à une présentation de collection de mode : la Rome élégante, le public de la Via Veneto, des célébrités du cinéma et des aristocrates s'y donnent quotidiennement rendez-vous. Moines, ouvriers, journalistes, avocats, oisifs, voyous, politiciens, intellectuels, tout le monde est là : les affaires de l'Italie sont traitées sous les yeux de l'Italie tout entière. Le gouvernement craint que la foule n'adopte une attitude menaçante. Les ponts sur le Tibre sont bloqués. Des milliers de policiers isolent le Palais de Justice. Devant ses entrées, voici les services permanents de la Sûreté avec ses jeeps. La foule furieuse se voit couverte par des mitrailleuses prêtes à tirer.

La procédure se déroule péniblement. On découvre bientôt que le procès est soumis à une loi, particulièrement caractéristique de la justice italienne : la loi de la multiplication des témoins. Dans les dépositions de la Bisaccia et de la Caglio, on voyait constamment surgir de nouveaux personnages dont les déclarations pourraient être prises en considération. Ces nouveaux témoins en appelaient à d'autres personnes pour confirmer leurs déclarations ou pour se décharger du fardeau d'un témoignage. De cette manière, la liste des personnes et le matériel des faits augmentaient au carré de la durée du procès. Le procès menaçait de s'effondrer sous le poids de ses propres résultats sans que l'on ait pu en tirer une conclusion quelconque. En même temps, il s'éloignait de plus en plus de son point de départ. Il y avait belle lurette que l'on ne parlait plus de l'accusé, et voici que la mort de la Montesi semblait passer à l'arrière-plan. Des contradictions à perte de vue, les menaces et les contre-menaces devenaient bruyantes ; le scandale s'était en quelque sorte libéré et se répandait aveuglément dans toutes les directions. Il paraissait impossible de le ramener à la question de savoir qui avait tué Wilma Montesi et d'établir la vérité sur ce point. Dans cette situation, la Caglio, avec un instinct ahurissant de l'instant favorable, frappa un nouveau coup. Sa logeuse, une certaine Mme Marri, confia à la presse qu'elle était en possession du testament de la Caglio, dans lequel le meurtrier de Wilma Montesi était nommé en toutes lettres. Dans ce pays, les juges sont obligés de lire les journaux pour se tenir au courant de leurs propres procédures.

20 mars 1954.

La logeuse Marri est citée devant le tribunal et explique qu'elle ne détient plus le testament. Elle l'a renvoyé à Mlle Caglio, à la prière de cette dernière. Le tribunal ordonne la saisie de cette lettre, qui est encore en route et que l'on trouve dans un sac postal. La lettre porte l'adresse suivante : « A la Sœur Donata, couvent du Saint-Sauveur, Via della Pineta Sacchetti, Rome. » Le nom de la destinataire n'a pas encore paru au procès. Le juge montre la pièce à conviction :

« J'ai ici la lettre saisie. Je l'ouvre. Elle contient une feuille de papier blanc ordinaire. Je déplie le papier et je vous lis le texte de la lettre :

« Rome, le 30 octobre 1953. Je confie cette lettre à ma logeuse, Lora Marri. Je voudrais que tout le monde sache que je n'étais pas au courant des agissements illégaux d'Ugo Montagna. J'ignorais tout de sa double vie. Je me faisais ma propre idée de sa vie, mais j'ai toujours songé à des histoires de femmes et à des dettes. S'il devait m'arriver quelque chose, cette lettre est le seul document auquel l'on doit ajouter foi. Toute autre déclaration m'a été arrachée par la force. Mes principes religieux m'interdisent le suicide. Mais je ne veux pas disparaître sans laisser de traces, sans avoir dit — quand ce ne serait qu'à cause d'autres jeunes filles qui pourraient être exposées à un destin semblable — ce que je sais d'Ugo Montagna et de Piero Piccioni, le fils du ministre. J'ai malheureusement appris qu'Ugo Montagna est le chef de bande d'un réseau de trafic de drogue par lequel beaucoup de femmes ont disparu sans laisser de traces. »

A ce passage, il s'éleva dans la salle des murmures et des chuchotements agités. Quelques intrépides rirent de la mauvaise syntaxe de la Caglio. Dans un pays aussi conscient de sa belle langue que l'Italie, une phrase comme celle qui venait d'être citée était un double scandale : d'abord, à cause de son contenu, ensuite, en raison de sa forme. Mais la phrase de conclusion balaya les rires :

« Montagna était le cerveau de la bande ; en revanche, Piero Piccioni en était le meurtrier... J'espère que la justice atteindra les criminels. Marianna Caglio. »

Ce dernier coup de théâtre du procès Muto a quelque chose de diabolique. D'où cette fille de vingt-trois ans tient-elle ce sens infaillible de l'instant politiquement favorable ? Elle ne s'exposait même pas à une plainte en diffamation, puisqu'elle n'avait pas remis son testament au tribunal, mais s'était arrangée pour que le président le fît saisir. Etait-il pensable qu'elle eût préparé elle-même ce tour ? Et sinon, qui donc était derrière elle ? Qui étaient ses conseillers ? A cette question, aucune réponse n'est encore possible aujourd'hui.

23 mars 1954.

Les bâtiments du Palais de Justice sont maintenant entourés d'un cordon de police motorisée et fortement armée qui en verrouille l'accès. La population observe vis-à-vis de la Sûreté une attitude hostile. Dans cette situation, il semble ne rester au tribunal et aux autorités judiciaires qu'une issue : se retirer. L'avocat général prend les conclusions suivantes .

« Je propose d'introduire dans le compte rendu des débats la déclaration suivante : devant les nouvelles perspectives ouvertes par les débats, et notamment en considération de l'accusation de meurtre portée par le témoin Caglio et qui pèse d'un grand poids dans la balance, le parquet propose que lui soient remises, aux fins d'éclaircir les circonstances de la mort de Wilma Montesi, toutes les pièces nécessaires à l'ouverture d'une nouvelle procédure. Je propose également l'ajournement à une date ultérieure du procès contre Silvano Muto. »

Et c'est ainsi que, pour la première fois, la théorie du « bain de pieds » a été officiellement abandonnée. La défense s'associe à la proposition de l'avocat général. Le tribunal se retire pour délibérer. A 15 h 45, le président lit la décision du tribunal. On donne suite à la proposition de l'avocat général. Le procès contre Muto est remis, et l'enquête sur la mort de la Montesi ouverte.

C'est le juge d'instruction Sepe qui est chargé de l'enquête préliminaire. Le choix est heureux. Avec la vitesse de l'éclair, l'insondable ostracisme de l'opinion publique italienne se déclare en sa faveur : il est *simpatico,* il est accueilli par le pays avec bienveillance, sinon avec enthousiasme ; il devient le juge le plus photographié du pays, les journaux donnent des détails sur ses plats préférés, sur son poids, sur sa famille, sur son violon d'Ingres ; les illustrés font paraître sur lui une iconographie, du nourrisson au premier communiant et à la photo où on le voit assis à sa table de travail, énorme, massif, flegmatique et incorruptible. Dès l'abord, il ne dissimule pas qu'il n'épargnera personne, que l'enquête durera des mois, qu'il pense travailler jour et nuit et que rien ne viendra le distraire de son devoir. A dire le vrai, il est lourd. La nation est secouée par une hystérie qui continue à se propager. Le phénomène de la multiplication des témoins prend des proportions inconcevables. Il ne se passe pas un jour qu'un nouveau nom ne soit prononcé : par exemple, ceux du Père jésuite dall'Olio, du directeur du département italien de l'Interpol, du prince Moritz de Hesse, l'un des membres de la famille royale. On exhume le corps de la Montesi : les déclarations d'experts se reproduisent comme des champignons. Un autre fils de ministre, lui-même sous-secrétaire d'Etat, est interrogé, ainsi que le chef de la puissante Action Catholique. On va jusqu'à prononcer le nom de Fanfani, le secrétaire général du parti gouvernemental. Mais des inconnus se présentent aussi : les domestiques et les gardes-chasse de Capocotta déposent, d'obscurs personnages du demi-monde romain, figurants de cinéma, secrétaires, avocats marrons et journalistes. Les trois quarts de ces témoins apportent des histoires librement inventées. Dans la revue *Attualità,* une inconnue prétend avoir été le témoin oculaire du crime sur les dunes de Tor Vaianica. On la fait comparaître et elle finit par avouer, après plusieurs détours, qu'elle a inventé l'histoire de toutes pièces pour gagner quelques milliers de lires avec son article. Dans ce fouillis de mensonges, d'allusions, d'excuses, de contradictions, de lettres anonymes, de dépositions de paranoïaques et d'imbéciles, de faux serments et de personnages importants, Sepe se fraye péniblement un chemin.

Entre-temps, le procès Montesi était devenu une sorte d'industrie enrichissant d'innombrables personnes. Une grande partie des journalistes italiens vécurent quatre ans de ce procès. La belle-mère de Wilma Montesi publia ses souvenirs. Presque chacun des témoins — et leur nombre se montait à environ trois cents — avant même que de déposer devant le tribunal, publiait dans les journaux et les illustrés aveux, récits, reportages photographiques, souvenirs et lettres ouvertes. D'une manière générale, chacune de ces déclarations publiques était suivie d'une contre-déclaration, d'un démenti, d'un désaveu ou d'une confirmation et d'une queue de rat d'actions civiles, d'assignations et de comparutions. Le besoin de parler, la folie de se précipiter dans ce maelström de mots saisirent aussi les parents de la noyée. Sa mère, tout particulièrement, publia un flot d'articles ; elle tourna même un film sur la mort de sa fille dans lequel elle jouait elle-même. Au vrai, le film n'a jamais été terminé. Un journaliste, qui avait écrit cinq à six cents articles sur le cas Montesi, eut avec elle la conversation téléphonique suivante — elle avait été enregistrée et fut plus tard lue devant le tribunal comme pièce à conviction :

LE JOURNALISTE : Ecoutez, il est temps que je vous règle. Que préférez-vous ? A la semaine ou aux fins de mois ?

MARIA MONTESI : Cela m'est égal, comme vous voudrez.

LE JOURNALISTE : Je vous verse 25 000 par semaine, cela fait 100 000 pour le mois.

MARIA MONTESI : De toute façon, il faut que je vous voie demain.

LE JOURNALISTE : N'avez-vous rien de piquant en perspective ? Peut-être une lettre de l'ami de Wilma ?

MARIA MONTESI : Non, je vous jure. Il n'y a plus rien,

LE JOURNALISTE : Bon. Mais que vais-je faire si le journal réclame de la nouveauté ?

MARIA MONTESI : J'ai tant donné à l'*Europeo* et je n'ai encore rien touché moi-même...

LE JOURNALISTE : Combien cela fait-il donc ?

MARIA MONTESI : 170 000 lires. Et avec ça, Mlle Bergagna, de l'*Incom,* m'a offert 150 000 lires pour un seul petit article.

LE JOURNALISTE : Bien, bien, madame Montesi. Mais il faut vraiment que vous me trouviez un clou pour mon nouveau grand article.

MARIA MONTESI : Entendu. Ecrivez votre article. Il peut être assez salé ; vous me le montrerez et nous nous mettrons d'accord.

Un autre journaliste déclara au cours du procès : « A cette époque, vous pouviez avoir tout ce que vous vouliez à Rome pour de l'argent. A notre rédaction (je travaillais à l'*Epoca*) se présentèrent toutes sortes de gens qui nous offraient pour vingt millions de lires de photos, où l'on pouvait soi-disant voir Wilma Montesi et Piero Piccioni. Un truc éventé ! Nous autres journalistes nous nous promenions constamment avec un carnet de chèques pour acheter... A la fin, nous décidâmes de mettre fin à tout cela et de tout refuser. Mais avant d'en venir là, presque toutes les personnes qui sont venues déposer devant ce tribunal avaient reçu de l'argent de nous, y compris la famille Montesi... La mère de Wilma m'a proposé d'écrire pour nous un article salé, à la condition que le journal subvînt aux dépenses occasionnées par le mariage de Wanda (la sœur de Wilma). Ils nous ont même envoyé une facture du pourboire remis au sacristain. Alors j'en ai eu assez, j'ai dit à Mme Montesi : « Maintenant, cela suffit. Après tout, je ne suis pas le fiancé de votre fille ! »

C'est dans cette atmosphère que la justice devait établir la vérité sur le cas Montesi. Si passionnément que réagît le public à tous les détours de l'affaire, l'émotion qui régnait au printemps de 1954 ne pouvait pas durer pendant des années. Elle s'apaisa tout de suite après le commencement de l'enquête et reprit par vagues durant certains déroulements de l'affaire. Il est difficile aujourd'hui d'établir cette courbe de température. Très souvent, les occasions n'avaient qu'un très lointain rapport avec l'explosion de l'état d'esprit du public, extraordinairement violent et rapide dans ses réactions. La névrose nationale qui régnait à ce moment en Italie atteignit une seconde fois à son paroxysme en septembre 1954.

15 septembre 1954.

Le juge d'instruction Sepe clôt son enquête. Le rapport secret des résultats qu'il a obtenus, après six mois de recherches, comprend quatre-vingt-douze volumes et est remis au parquet chargé de préparer l'acte d'accusation sur la base de ce rapport.

19 septembre 1954.

Le ministère des Affaires étrangères, Attilio Piccioni, père du suspect Piero Piccioni, offre une seconde fois sa démission ; cette fois, le président du Conseil l'accepte.

21 septembre 1954.

A Rome, le bruit court qu'un revirement sensationnel de l'affaire Montesi est imminent. A quatorze heures, le juge d'instruction Sepe signe deux mandats d'arrêt et un mandat à comparaître. Le premier mandat d'arrêt concerne Piero Piccioni, le fils du ministre des Affaires étrangères démissionnaire ; il est accusé d'avoir, le 11 avril 1953, causé par noyade la mort de Wilma Montesi sur la côte de Tor Vaianica et d'avoir jeté son corps à la mer, convaincu que la mort avait déjà fait son œuvre.

Le deuxième mandat d'arrêt est établi au nom d'Ugo Montagna pour complicité dans un homicide par imprudence commis par Piero Piccioni et pour avoir cherché à déguiser cet acte auprès des autorités compétentes.

Une assignation à comparaître, enfin, est adressée à

Saverio Polito, le préfet de police de Rome. Il aura à se défendre de l'accusation d'avoir, en tant que complice de Montagna, sciemment égaré les recherches de la police au sujet de la mort de Wilma Montesi, de manière à donner l'impression qu'il s'agissait d'un accident et d'avoir ainsi grossièrement abusé de son autorité.

Les mesures prises par Sepe ne sont connues dans les milieux de la presse que vers six heures. A huit heures, l'agence d'information A.N.S.A. publie une brève déclaration officielle de Sepe. Immédiatement, les éditions spéciales surgissent dans les rues. On se les arrache. C'est en vain que la police interdit aux marchands de journaux de crier les gros titres : les caractères, grands comme la main, parlent d'eux-mêmes. Jamais, à Rome, on a vendu autant de journaux. La ville ne parle que de cela. Dans les restaurants, les gens s'arrêtent de manger. Les cafés débordent de monde. Dans la Galerie Colonna, il y a une foule qui fait songer à la fois à une révolution et à une fête populaire. Des éditions spéciales continuent à paraître jusque tard dans la nuit. Mais l'ardente émotion de la foule n'a cette fois rien de menaçant : le peuple de Rome célèbre un triomphe, la fête de la justice — ou de ce qu'il entend par là. Le seul qui à neuf heures ignore encore les mesures du juge d'instruction semble être Ugo Montagna. Alors que le mandat d'arrêt est depuis longtemps exécutoire, Montagna est toujours installé dans un bar de la Via Veneto. La police le cherche dans toute la ville, au moment où il ouvre enfin l'édition spéciale dont la première page est ornée de sa photo. Il consulte ses avocats, monte dans son auto et se rend à Regina Coeli, la prison de Rome, pour se mettre à la disposition de la police. Là, Montagna descend de voiture et frappe à la porte de fer close. Le gardien de veille ouvre le judas et contemple sans intérêt le groupe. L'avocat de Montagna présente :

L'AVOCAT : Voici Ugo Montagna qui vient se livrer à la police.

LE GARDIEN : Un instant. Qui, dites-vous, Montagna ? Connais pas !

L'AVOCAT : Mais ce monsieur est le Marchese Ugo

Montagna, qui est recherché par la police. Le juge d'instruction a promulgué un mandat d'arrêt contre lui. Il vient se mettre à la disposition de la police. Il faut que vous le laissiez entrer !

LE GARDIEN : Cela ne me regarde pas. Je ne sais pas de quoi vous parlez. Cela n'entre pas dans mes compétences. Je ne peux rien pour vous. Je ne peux pas recevoir ce monsieur, n'importe qui n'aurait qu'à se présenter ! Commencez donc par me montrer son mandat d'arrêt !

(L'avocat de Montagna montre au gardien un journal. Le chef des gardiens le lit lentement, avec soin, sans laisser paraître le moindre signe d'intérêt ou de surprise.)

LE GARDIEN : Bon, si vous voulez. Entrez ! Mais pour que vous le sachiez : j'agis contre les instructions reçues, et c'est bien pour vous faire plaisir !...

Le gardien de Regina Coeli devint ce soir-là l'objet de moquerie générale. N'importe quel chauffeur d'autobus, femme de ménage, maçon aurait avec joie arrêté personnellement le Marchese Montagna ! Le petit peuple de Rome considérait les mesures du juge d'instruction Sepe comme une victoire remportée sur ses bourreaux et ses adversaires. Mais comment Sepe en était-il arrivé à prendre ces mesures ? Sur quoi les avait-il fondées ? Il s'appuyait sur l'enchaînement de preuves suivant :

Premièrement : Du rapport des prétendus « super-experts » résultait le fait que la mort de Wilma Montesi ne devait pas être attribuée à un accident. La jeune fille avait été noyée. Cela ne s'était pas passé à Ostie, mais à l'endroit où le cadavre avait été retrouvé. Des examens du sable contenu dans les poumons de la victime comparés à des échantillons de sable prélevés sur la plage ne laissaient aucun doute à ce sujet.

Deuxièmement : La jeune fille avait dû se rendre à Tor Vaianica et non à Ostie. Des essais avaient prouvé qu'elle n'aurait jamais pu atteindre à temps le train dans lequel elle aurait été vue, n'ayant quitté son logis qu'après cinq heures. Quelqu'un avait dû venir la chercher en voiture.

Troisièmement : Un témoin du nom de Zingarini affirmait avoir vu Wilma Montesi à Tor Vaianica en compagnie de l'accusé Piccioni et cela au printemps de 1953. Cela semblait prouver qu'il existait des relations entre les deux jeunes gens.

Quatrièmement : De l'avis du juge d'instruction, Piccioni n'avait pas d'alibi solide pour le jour du meurtre. L'accusé n'était pas étranger à l'incertitude qui régnait sur ce point. Vis-à-vis de sa famille, il avait prétendu avoir passé le jour en question à Milan. Cet alibi fut rapidement détruit. La seconde version de Piccioni disait qu'il était ce jour-là en compagnie de l'actrice de cinéma Alida Valli, avec laquelle il était très lié, l'hôte du producteur Ponti à Amalfi et qu'il avait tenu ce voyage caché à cause de sa famille qui ne devait pas connaître ses relations avec l'actrice. Enfin, Piccioni affirma qu'il avait dû interrompre sa visite à Amalfi parce qu'il avait été pris d'une grippe et qu'il était rentré à Rome pour se remettre entre les mains d'un médecin. Ce triple alibi rendait Piccioni suspect d'emblée.

Cinquièmement : Il y avait, de plus, des témoins d'une conversation téléphonique qu'Alida Valli aurait eue de Venise avec l'accusé quelques jours après la mort de la Montesi. L'actrice aurait dit, au cours de cette conversation, les phrases suivantes : « Mais que se passe-t-il ?... Tu as donc connu cette fille ?... Qu'en dit Ugo ?... Eh bien, mon cher, tu es dans de mauvais draps ! »

Sixièmement : La complicité et le concours de Montagna semblaient être prouvés par la déposition de la Caglio.

Septièmement : Il paraissait n'exister aucun doute sur le fait que Montagna et Piccioni étaient intervenus dans le processus de l'enquête policière. Cela ressortait de la déposition de la Caglio comme de l'évolution remarquablement abrégée et trop hâtive de l'enquête elle-même. Le juge d'instruction était cependant parvenu à la conclusion que ce n'était pas le chef de la police, mais le préfet de police de Rome qui était coupable, car la direction de l'enquête dépendait de lui.

Sepe avait établi cet enchaînement de preuves et d'indices plus par élimination que par de nouvelles découvertes. Il s'agissait surtout pour lui de rejeter l'immense ballast du procès, de mettre fin à l'avalanche des rumeurs et des spéculations et de se défendre contre l'imprévisible multiplication des témoins, des complications et des contradictions. Il y réussit ; après qu'il eut remis son rapport au parquet, les journaux commencèrent, d'abord en hésitant, puis de plus en plus fermement, à s'occuper d'autres sujets que l'affaire Montesi. Il y eut même des semaines entières où elle disparut complètement de la première page des feuilles. Une année s'écoula ; les accusés furent libérés sous caution ; le procureur de la République remit durant l'été de 1955 son acte d'accusation, un document comportant cinq cents pages. Les Italiens, qui, un an auparavant, avaient réagi avec une telle violence, firent alors preuve d'une de leurs plus grandes vertus, tout à fait indispensable quand on a affaire à la machinerie de la justice italienne : la patience. Des rumeurs circulèrent. Le procès aurait lieu à l'automne de 1955 à Rome. Il serait sans doute remis au printemps de 1956. Puis on apprit que la date finale était fixée à l'automne de 1956, avec Vérone comme lieu des débats. Et deux nouvelles années s'étaient encore écoulées.

Décembre 1956.

Le lieu et la date du procès criminel engagé contre Piccioni, Montagna et Politi furent enfin officiellement annoncés. Le procès devait se dérouler à Venise. Le choix du lieu avait été fait, comme on l'a dit alors, « eu égard à l'ordre, à la paix et à la sécurité publics » : Venise passe pour la ville politiquement la moins dangereuse et la plus apathique du pays.

20 janvier 1957.

Trois ans et neuf mois après la mort de la fille du menuisier Wilma Montesi, s'ouvrent enfin les débats du procès.

Le « procès du siècle » se passait dans la grande salle du Fannriche Nuove, un grand et vieux palais du Rialto. Les places des juges, de l'avocat général et des accusés ainsi que la barre des témoins prenaient presque un tiers de la place. Devant eux étaient assis les défenseurs ainsi que les avocats des plaignants par intervention, c'est-à-dire une trentaine de personnes, desquelles, durant le déroulement du procès, il arrivera souvent que personne ne saura plus qui elles représentent. Puis le banc de la Presse, une cinquantaine de places, mais sur lequel se serreront deux fois autant de journalistes. Le public doit se contenter de la seconde moitié de la salle. Il n'y a pas de places assises. Aux grandes journées du procès se tiendront là, debout, coude à coude, immobiles et pressées les unes contre les autres jusqu'à trois cents personnes. L'un des premiers à être interrogé est l'accusé Piccioni, qui nie avec décision.

LE JUGE : La déposition de la Caglio, selon laquelle vous vous êtes rencontré avec Ugo Montagna le 29 avril chez le chef de la police, au ministère de l'Intérieur, est-elle exacte ?

PICCIONI : Absolument pas. Ce soir-là, je dînais avec Alida Valli, l'écrivain français Félicien Marceau et d'autres amis.

LE JUGE : Depuis quand connaissez-vous l'accusé Saverio Polito, l'ancien préfet de police de Rome ?

PICCIONI : Depuis ce matin. Je l'ai rencontré pour la première fois dans la salle du tribunal.

LE JUGE : Et Wilma Montesi ?

PICCIONI : Jamais de ma vie je n'ai vu cette fille ; mieux, je n'avais jamais entendu parler d'elle. J'ai entendu son nom pour la première fois quand il a paru dans les journaux.

Au cours de l'interrogatoire, Piccioni réussit à affermir son alibi pour l'après-midi en question. Par des interrogatoires et des contre-interrogatoires qui s'étendirent sur plusieurs semaines, ses défenseurs parvinrent à forger une chaîne pratiquement inattaquable de preuves. Le témoignage du médecin, qui l'avait soigné ce jour-là à

Rome, excluait, autant qu'on en pouvait juger, la possibilité pour lui de se trouver à Capocotta. L'avocat général essaie en vain d'ébranler la crédibilité de ces témoins et de les entortiller dans des contradictions. La lumière définitive sur ce point ne fut faite qu'après de minutieuses questions et exigea un grand nombre de séances.

Après Piccioni, ce fut au tour de l'accusé Polito, l'ancien préfet de police de Rome, d'être interrogé :

POLITO : On a empoisonné les dernières années de ma vie. On veut me détruire ! Monsieur le président, comprenez-vous ce que cela veut dire que de passer de la Questure romaine sur le banc des accusés ? C'est horrible ! Et pourtant, il n'y a rien contre moi, rien, rien et encore rien ! Me comprenez-vous, monsieur le président ?

LE JUGE : Qu'avez-vous à dire pour votre défense ?

POLITO : Ecoutez, Excellence ! J'ai rencontré Piccioni pour la première fois dans cette salle. Je n'ai vu Montagna que trois fois dans toute mon existence. Je n'ai pas pris le moindre intérêt à l'enquête de l'affaire Montesi jusqu'à ce que le chef de la police m'ait raconté les rumeurs qui circulaient sur Piero Piccioni.

LE JUGE : A quelle époque ?

POLITO : Je ne sais plus... Ce n'est pas moi qui ai inventé l'histoire du bain de pieds, même si le juge d'instruction est d'un autre avis et me traite comme un meurtrier. Le préfet de police de Rome a mieux à faire que de courir après des petites filles en fuite. (Mouvements dans la salle.) Mes hommes ont interrogé la famille Montesi, la famille Montesi leur a raconté l'histoire du bain de pieds. Et, pour nous, l'affaire était réglée...

LE JUGE : L'accusé se plaint que ses dépositions devant le juge d'instruction n'aient pas été régulièrement enregistrées...

POLITO : C'était lors du second interrogatoire. Le juge d'instruction me dit : « Les superexperts ont établi que Wilma Montesi a été assassinée. Je veux maintenant que vous me révéliez le nom de l'assassin. — De quel assassin ? lui demandai-je. — De l'assassin de Wilma Montesi, dit le juge, et si vous ne vous dépêchez pas de parler, j'ai dans ma poche un mandat d'arrêt contre vous. » J'ai perdu mon sang-froid, j'ai pensé qu'il était devenu fou. Il voulait à tout prix établir un rapport entre moi et ce meurtre. C'est vraiment aller trop loin !

LE JUGE : Mais n'avez-vous eu aucun soupçon quand on vous a rapporté que la morte avait été trouvée sans porte-jarretelles ? Ou ne vous aurait-on pas mis au courant ?

POLITO : Peut-être. Mais je ne sais plus très bien. Je suis diabétique et j'ai une mauvaise mémoire. Il est probable qu'on me l'a dit, mais ce n'est pas mon affaire de me préoccuper de ces choses.

LE JUGE : Mais, après tout, vous étiez préfet de police ! Ce détail est un des faits les plus mystérieux de toute l'affaire, il n'est pas possible que vous ne l'ayez pas compris ? Vos réponses sont peu satisfaisantes et absurdes !

POLITO : Mais, à cette époque, personne ne s'occupait de l'affaire Montesi. Personne n'en parlait... Je suis innocent ! Croyez-moi !...

Une heure plus tard, ce fut au tour de Ugo Montagna. Lui aussi ne fait que répéter : « Je suis innocent ! Je suis parfaitement innocent ! »

30 janvier 1957.

Ce jour-là, la famille de la morte apparaît à la barre des témoins. Elle se présente en plaignante occasionnelle ; elle a surtout le désir d'idéaliser sa fille Wilma sous l'aspect d'une fille innocente et inoffensive. Entre autres, le père de la morte appuie avec succès ses protestations sur la constatation judiciaire de la pureté corporelle de son enfant. Il déclare :

« Wilma était une bonne fille, pieuse, modeste et respectueuse. Elle n'avait aucune relation avec des hommes ; elle n'avait même pas d'amies... Elle ne découchait jamais... Ce n'est pas vrai qu'elle eût une vie double... Elle n'a jamais été à Capocotta et n'a jamais pris part à une orgie ou une fête, quelle qu'elle fût... » Etc., etc. Ce qui est remarquable dans ce procès, c'est la manière dont les témoins cités se perdaient, en déposant, dans les détails les plus invraisemblables. On eût dit que de présenter les personnes et les événements desquels il s'agissait une image objective était la dernière idée qui leur fût venue. C'était comme s'ils jouaient en quelque sorte eux-mêmes : le suspect innocent, la courageuse accusatrice, le père soucieux de se montrer loyal, le cavalier injustement poursuivi, etc. Chacun d'entre eux semblait représenter un type, un parti. Si les *colpevolisti* et les *innocentisti* faisaient quotidiennement preuve d'ostracisme en public, les témoins, eux, prenaient d'emblée une position comme si elle leur avait été assignée par un metteur en scène invisible. Ils jouaient, chacun pour soi, mais aussi l'un contre l'autre, des rôles ; la raison fondamentale inexprimée de ce jeu était que les meilleurs interprètes devaient conserver la supériorité. Jusqu'à un certain point, cette attitude peut être attribuée aux singularités du Code de procédure italien. La plupart des dépositions avaient tout d'abord été faites publiquement et noir sur blanc, c'est-à-dire dans les colonnes des journaux. Elles avaient été ensuite reprises une ou plusieurs fois par le juge d'instruction et finalement consignées dans l'acte d'accusation. Les rôles des témoins isolés avaient donc été, au sens tout à fait littéral du mot, appris et répétés jusqu'à satiété, en sorte qu'aux débats c'étaient moins de véritables personnes qui apparaissaient que des interprètes d'eux-mêmes et des représentants des thèses pour lesquelles ils prenaient fait et cause : la Caglio, par exemple, n'apparaissait pas comme elle-même, mais comme quelqu'un jouant le rôle de la Caglio.

C'est ainsi que s'explique également une autre caractéristique de ce procès qui, à première vue, nous frappe d'étonnement : ce procès à sensation, ce « procès du siècle », se révéla à la longue très ennuyeux. Les jours s'écoulaient à écouter la répétition de faits que l'on connaissait depuis des années jusqu'à en être écœuré. Monotones et tenaces, on voyait reparaître le porte-jarretelles, le train d'Ostie, l'heure, l'alibi, le costume, le bain de pieds, les mêmes demandes et les mêmes réponses. Cela aussi fait partie intégrante de la nature du Code de procédure italien, qui accorde moins d'importance à établir des faits et à découvrir une vérité inconnue qu'à faire jouer les unes contre les autres des déclarations connues depuis longtemps, de les faire s'affronter, d'attiser les conflits qui s'élèvent dans l'espoir que leur confrontation aboutira à l'effondrement de la déposition mensongère. Ce processus convient parfaitement au caractère italien ; mais, comme l'a démontré le procès Montesi, on manque de témoins dont l'opiniâtreté demeure inébranlable.

28 janvier 1957.

C'est le jour de la Caglio, de sa première apparition à Venise. Elle a un peu perdu de sa fascination et de son action, mais rien de son sang-froid et de sa fermeté.

LE JUGE : Vous avez fait beaucoup trop de déclarations qui n'ont rien à faire avec ces débats... Tenez-vous-en au fait ! Que vous a dit Montagna sur l'affaire Montesi ?

CAGLIO : Tout de suite après la mort de la jeune fille, le 14 avril 1953, il m'a dit que Piccioni était un mauvais sujet, qu'il lui était arrivé quelque chose de grave, mais que lui, Montagna, n'avait rien à y voir et que si quelqu'un voulait l'entraîner dans cette affaire, il mangerait le morceau et nommerait vingt personnes... Je lui ai répondu : « Tu vis du trafic de la drogue et tu es complice d'un meurtre, car Piccioni a tué la Montesi, et tu es son complice. » Ugo n'a pas nié. Nous étions seuls en voiture. Il s'est borné à dire : « Personne ne peut le prouver. »

L'AVOCAT GÉNÉRAL : Vous avez déclaré que Montagna était le chef de bande. Qu'entendiez-vous par là ?

CAGLIO : Voyez-vous, Ugo me disait toujours que Piccioni était un souteneur. Quand j'ai raconté cela à Piccioni, il a dit : « Au contraire, Ugo est le chef de bande, pas moi. »

L'AVOCAT GÉNÉRAL : Ce n'est pas ce que je vous ai demandé. Vous avez prétendu qu'un grand nombre de femmes avaient disparu. Qui étaient ces femmes ?

CAGLIO : L'une d'elles était la Montesi, j'aurais été

la seconde, s'ils m'avaient tuée. En outre, Silvano Muto m'a parlé d'autres femmes qui auraient été abattues par la bande.

La Caglio se servait constamment de subjonctifs, de conditionnels, de points d'interrogation et d'allusions. Ses dépositions, que l'on avait d'abord prises pour de l'argent comptant, éveillaient maintenant un scepticisme sans cesse accru. Un fait restait patent : elle n'a jamais rien vu elle-même, elle n'a fait qu'entendre dire des choses accablantes par les uns ou par les autres. A l'entendre, elle savait tout, mais seulement par ouï-dire, de deuxième ou de troisième main. Ce qu'elle rapportait n'était, pour parler franc, que des ragots. A a dit que B lui aurait dit que C savait ce que D aurait fait : des dépositions de ce genre sont habituelles dans les procès italiens. Nous avons vu le rôle que jouent dans ce pays les rumeurs quand il s'agit d'élucider un crime. Aucun tribunal ne peut y renoncer. C'est l'une des raisons de ce phénomène que nous avons appelé la multiplication des témoins. Le procès-verbal continue :

L'AVOCAT GÉNÉRAL : Vous teniez donc ces renseignements de Silvano Muto ?

CAGLIO : En partie, oui.

L'AVOCAT GÉNÉRAL : Vous avez dit également au juge d'instruction : Je pourrais apporter un tas de preuves, mais, après tout, c'est votre travail. A quelles preuves faisiez-vous allusion ?

CAGLIO : S'ils m'avaient écartée, ç'aurait été une de ces preuves.

L'AVOCAT GÉNÉRAL : En fin de compte, vous êtes encore en vie. Qui étaient les membres de la bande dont vous parlez ?

CAGLIO : Montagna et Pavona, et aussi le préfet Mastrobuoni, étaient en affaires.

L'AVOCAT GÉNÉRAL : Quelles affaires ?

CAGLIO : Le trafic de la drogue.

L'AVOCAT GÉNÉRAL : Mais vous nous parliez à l'instant de la disparition de certaines femmes...

CAGLIO : Je voulais parler du trafic de la drogue ;

c'est à cause de ce trafic que des femmes ont disparu.

L'AVOCAT GÉNÉRAL : A qui avez-vous parlé de vos suppositions ?

Elle en avait parlé à Dieu et à tout le monde : au Père jésuite d'all'Olio, au Père Filipetti, de Milan, au Père romain Rotondi, au colonel Pompei et à d'innombrables autres. Mais cependant que les voix se multipliaient, qui considéraient la Caglio comme une mythomane, une menteuse psychopathe de grand style, qui, sans scrupules, uniquement par besoin de se mettre en avant, s'était poussée au premier plan sans avoir le moindre renseignement sur la mort de la Montesi, d'autres ne voyaient dans son attitude qu'une tentative de se venger à tout prix de son ancien amant, Montagna : peu importait que des innocents fussent condamnés, des cabinets ébranlés et que des ministres donnassent leur démission pourvu qu'elle, Anna Maria Caglio, atteignît son but secret ! Vers la fin du procès, le défenseur de Piccioni le lui jeta au visage avec une éloquence furieuse :

« Le procès contre Muto a été le grand moment de cette femme. A cette époque, elle pouvait se permettre de traiter les avocats selon son bon plaisir et de faire interrompre des séances. Mais nous n'en sommes plus là ! Qui n'a reconnu en elle une parjure et une menteuse ? Aujourd'hui, elle ne peut plus nous faire tourner en bourrique et se moquer de la justice ! Le temps des rumeurs est passé. La nation en a assez de ses mensonges ! Sa chance n'a duré que trop longtemps. Elle s'est enfin détournée d'elle. Qu'elle avoue enfin à la solde de qui elle est et qui l'a utilisée pour faire sa sale besogne ! L'heure de la vérité a sonné ! »

L'avocat général lui-même s'attaque à son principal témoin :

« Prenez garde, Maria Caglio ! Je ne veux pas dire ce que je pense de vous. Mais réfléchissez bien à votre situation avant qu'il ne soit trop tard !... Vous hochez la tête, mais vous savez parfaitement que nous ne pouvons plus vous croire. Il est encore temps ! Rétractez-vous... »

Mais la Caglio demeura inébranlable. Elle dit, et jusqu'à la fin elle s'en tint à ces paroles :

« Je n'ai jamais eu l'intention de raconter des mensonges. Quel intérêt y aurais-je ? Ce que j'ai déclaré est la vérité. »

2 mars 1957.

Cette journée est significative, non pas en raison des dépositions qui y furent faites, mais parce qu'elle a d'un coup transformé le climat du procès. D'une heure à l'autre, l'affaire Montesi, d'un drame de vie et de mort, devient un objet de moquerie. La tragédie se fait farce. La faute en revient au petit monsieur digne qui, ce jour-là, se présente à la barre des témoins.

LE JUGE : Comment vous appelez-vous ?

LE TÉMOIN : Je suis Orion, le magicien, dans le civil, je me nomme Ezio de Sanctis.

LE JUGE : Vous avez envoyé à l'avocat général une lettre dans laquelle vous prétendez que les accusés Piccioni et Montagna seraient venus en mars 1953, accompagnés de Wilma Montesi et d'Anna Maria Caglio, vous consulter dans votre bureau de Milan. Vous en tenez-vous à cette déclaration ?

LE TÉMOIN : Certainement. Je dois cependant apporter une petite correction. Le soussigné écrivait que les personnes nommées étaient venues me rendre visite en mars 1953. Je suis aujourd'hui en mesure d'affirmer que la date exacte était le 9 avril 1953. (Rires dans la salle.)

LE JUGE : Que se passa-t-il au cours de cette visite ?

LE TÉMOIN : Trois personnes, deux messieurs et une dame, pénétrèrent dans mon cabinet de consultation.

LE JUGE : Se sont-ils présentés ?

LE TÉMOIN : Mais oui. L'un d'eux dit : Je suis le Marchese de San Bartolomeo. Le second était Piero Piccioni, mais il prétendit s'appeler Piero Morgan. La dame était Wilma Montesi.

L'AVOCAT GÉNÉRAL : Et qui était la quatrième ?

LE TÉMOIN : Anna Maria Caglio. Elle vint plus tard...

Elle avait craint d'être reconnue par une fille qu'elle avait vue devant l'entrée.

LE JUGE : Et qui craignait-elle que ce fût ?

LE TÉMOIN : Adriana Bisaccia.

LE JUGE : Bon ! Alors, la compagnie était au complet !

Les gloussements étouffés de la salle étaient devenus des éclats de rire. Les accusés sont complètement abasourdis, les avocats eux-mêmes sont sans voix. L'avocat général essaie péniblement de garder sa dignité en feuilletant l'acte d'accusation. Le président en perd son lorgnon.

L'AVOCAT GÉNÉRAL : Qu'a dit la Montesi ?

LE TÉMOIN : Elle se faisait du souci.

LE DÉFENSEUR : Rien d'étonnant à cela : elle était morte, après tout !

L'AVOCAT GÉNÉRAL : Et qu'a-t-elle dit encore ?

LE TÉMOIN : Elle a dit qu'elle avait quitté sa demeure à cinq heures.

L'AVOCAT GÉNÉRAL : Mais votre cabinet de consultation se trouve à Milan !

LE TÉMOIN : Certes, mais la Montesi m'a dit qu'ils étaient venus en avion. Ils avaient été obligés de prendre un réacteur de chasse.

L'AVOCAT GÉNÉRAL : Reconnaîtriez-vous Piccioni et Montagna ?

LE TÉMOIN : Bien entendu. Ils sont là ! (Rires.)

L'AVOCAT GÉNÉRAL : Et comment la Montesi était-elle habillée ?

LE TÉMOIN : Elle avait aux pieds des chaussures vert et noir et un manteau couleur de pénicilline... (Gloussements.)

LE JUGE : Vous rendez-vous bien compte que cette déposition vous fait courir un grand risque ? Vous pouvez être traduit en justice pour parjure !

LE TÉMOIN : Je me rends parfaitement compte de ma situation. Le soussigné s'est présenté devant le tribunal par amour de la justice et pour aider la Vérité à vaincre...

Le magicien se refusa à retirer sa déposition. La

séance est interrompue à la demande de l'avocat général qui dépose une plainte contre le magicien Orion pour faux serment. Le devin passe au banc des accusés et, par une procédure accélérée, est condamné à dix-huit mois de prison. Il accueille gaiement la condamnation, tout comme s'il venait de faire sa pelote.

Le cas du magicien Orion n'est nullement unique dans ce procès. Il a été en quelque sorte le signal d'une nouvelle phase des débats, une phase de vaudeville, de mélodrames et de pitreries. On eût dit que le pays s'était lassé du fardeau spirituel représenté par l'affaire Montesi et, durant les semaines suivantes, on vit s'accumuler les situations comiques et les histoires mensongères les plus fantastiques. L'émotion qui s'était emparée de l'Italie cherchait une nouvelle soupape de sûreté et la trouva dans une gaieté qui, de son côté, avait certainement quelque chose d'hystérique, sinon de démentiel. A Venise, des journées entières se passèrnt à s'occuper de la fameuse « Johanna Rouge ». Ce personnage d'opéra se révéla être l'invention d'un curé de campagne de la plaine du Pô, qui l'avait appelé à la vie à l'aide de lettres habilement falsifiées. Ces lettres grouillaient d'aveux et d'événements dans la manière des romans à quatre sous. En jetant un regard en arrière, on peut dire que les dépositions de la Caglio, avec ses fixations sur la « drogue » et les « orgies », tenaient également de ce genre de littérature. L'interrogatoire du curé de campagne se déroula aussi au milieu des rires. De nouveaux témoins ne cessaient de se présenter : un second « devin » parut, un général des jésuites, un rédacteur de l'*Osservatore Romano*, le journal du Vatican, un détenu, une prostituée, des barmen et des colonels de gendarmerie. On a l'impression que le procès Montesi a représenté comme une coupe démoscopique de la nation italienne — une coupe singulièrement détériorée, certes, dans laquelle la participation des fous et des escrocs tenait une place disproportionnée. La multiplication des témoins alla si loin que les avocats durent établir des registres des personnes pour savoir qui déposait. Une fois, on appela à la barre un témoin du nom de Ceppi, originaire de Turin. Quand il fut à la barre, personne ne savait plus pourquoi il avait été convoqué, mieux encore : ce qu'il pouvait bien avoir de commun avec cette affaire. On lui demanda s'il savait pourquoi il était là. Le témoin répondit non.

Dans la liste des personnes appelées au procès — liste qui, avec le temps, était devenue un petit livre d'adresses — se trouvait cependant un nom qui s'avéra soudain comme extraordinairement important et qui amena dans le procès un dernier et dramatique revirement : le nom de Giuseppe Montesi. Cet homme, comptable de métier, fiancé avec une certaine Mariella Spissu, était l'oncle de la jeune morte.

28 mars 1957.

Dans l'interrogatoire de routine que subit comme témoin celui que les journaux devaient bientôt appeler l'oncle Giuseppe, ce dernier déposa que, l'après-midi où sa nièce disparut, il avait comme de coutume travaillé jusqu'à huit heures et demie à l'imprimerie où il était employé en qualité de comptable. Quand on lui demanda comment il avait appris la disparition de Wilma, il s'embrouilla dans des contradictions. L'avocat général peut prouver que ses déclarations à propos d'une problématique conversation téléphonique ne peuvent pas correspondre. En fin de compte, le collègue de Giuseppe, le typographe Leonelli, fait une déposition sensationnelle :

LEONELLI : Le 9 avril, monsieur Montesi, vous avez quitté l'imprimerie juste après cinq heures. Vous nous avez dit que vous partiez pour Ostie, où vous aviez un pied-à-terre.

MONTESI : Monsieur le président, voulez-vous demander à cet homme s'il n'a pas été déjà condamné !

LE JUGE : Ce n'est pas de cela qu'il s'agit ici. Dites-nous s'il est vrai que, le 9 avril, vous ayez quitté votre bureau plus tôt que de coutume ?

L'AVOCAT GÉNÉRAL : Ecoutez, Montesi, ici, vous n'êtes pas accusé. Tout ce que nous vous demandons c'est de nous dire où vous étiez cet après-midi-là entre six heures et neuf heures du soir. J'imagine qu'il y a dans la vie certaines choses desquelles on ne parle pas volontiers.

MONTESI : Bien sûr, que je ne suis pas accusé, mais je répète que j'étais à l'imprimerie.

LE JUGE : Etes-vous allé à Ostie ou non ?

MONTESI : Je ne suis pas allé à Ostie.

L'AVOCAT GÉNÉRAL : Où, alors ?

MONTESI : Je ne sais plus.

L'AVOCAT GÉNÉRAL : Dans votre propre intérêt : dites-nous la vérité.

MONTESI, *très excité* : Je ne peux pas le dire ! Je ne peux pas !

La séance fut interrompue à cet endroit. Le président fait évacuer la salle. Ce qui se passe à huis clos est connu de la presse dans tous les détails cinq minutes après la clôture de la séance ; le soir même, cela paraît, tout humide encore d'encre d'imprimerie, dans les éditions spéciales. Ce qui en sort, c'est une sombre et sale histoire des bas-fonds de la petite bourgeoisie romaine. Depuis des années, Giuseppe entretenait des relations coupables avec la sœur de sa fiancée ; des relations qui donnèrent même lieu à la naissance d'un enfant. Il prétend maintenant avoir passé la fin d'après-midi du jour où sa nièce disparut avec son amie, Rossana Spissu, et avoir tenu secrètes ces circonstances pendant des années pour garder cachées ses relations coupables. Son amie et future belle-sœur Rossana vint confirmer sa déposition et, de cette manière, lui fournit un second alibi. Mais quelques jours plus tard paraît dans un hebdomadaire, *L'Espresso*, une lettre ouverte.

2 avril 1957.

La lettre est adressée à « Oncle Giuseppe » et signée du journaliste Menghini. Voici ce qu'elle contenait :

Cher Monsieur Montesi,

Il est de votre devoir de vous présenter devant le tribunal et de dire la vérité. Et, mieux encore, toute la vérité, que vous avez tue jusqu'ici et que je connais depuis maintenant trois ans... Lorsqu'il y a un mois, après la déposition du typographe Leonelli, vous m'avez demandé si je conservais toujours la conviction que je m'étais faite il y a trois ans, c'est-à-dire si je vous crois toujours coupable, je vous ai répondu : non. Afin que vous sachiez ce que ce non voulait dire : hier, mon opinion n'avait aucun fondement ; aujourd'hui, j'en suis absolument sûr.

Le moment est venu, Monsieur Montesi, de tout avouer. Cela fait des années qu'il plane sur votre nièce un terrible soupçon. Aujourd'hui, sa famille entière, ses amis partagent ce soupçon. Ne vous fondez pas sur la thèse du suicide ou de l'accident : il y a longtemps que cette thèse s'est effondrée... Votre alibi, même votre second alibi, ne supporte pas l'examen. Vous le savez mieux que moi... Ce n'est pas la justice que vous craignez, c'est votre frère, le père de Wilma. Vous redoutez sa colère et sa vengeance. C'est le moment de faire preuve de courage : avouez que vous n'avez pas appelé votre amie durant l'après-midi du 9 avril. Tout le monde connaissait votre liaison avec la sœur de votre fiancée. Ce n'était pas un secret... Cet après-midi-là, ce n'est pas à Rossana que vous avez téléphoné de l'imprimerie, mais à la pauvre Wilma, que vous avez retrouvée et emmenée à Ostie. Ce qui s'est passé ensuite, vous êtes le seul à le savoir... Présentez-vous chez le juge ! Faites-lui des aveux !

Signé : *Fabrizio Menghini.*

10 avril 1957.

Lors de la séance qui suivit cette lettre, l'oncle Giuseppe, au cours de la confrontation, s'embrouilla dans des contradictions. Ses indications de dates et d'heures ne correspondaient pas exactement avec celles de son amie. Il s'avéra qu'il avait plusieurs fois invité Wilma à des promenades en auto. Et pourquoi Giuseppe Montesi avait-il pendant des années fait état d'un faux alibi et avait-il lutté par tous les moyens pour soutenir cet alibi, alors que, comme on le découvrit bientôt, toute la famille Montesi et un assez grand nombre de personnes étaient parfaitement au courant de sa liaison avec Rossana ? Qui voulait-il couvrir, sinon lui-même ?

L'AVOCAT GÉNÉRAL : Reconnaissez qu'il existe des contradictions entre vos déclarations et celles du témoin Rossana Spissu... Cette fois non plus, vous ne dites pas la vérité. Peut-être existe-t-il une troisième vérité et il est possible que cette vérité ait un rapport avec la disparition de votre nièce... Mais nous pouvons établir avec une certitude mathématique que vous ne nous avez pas dit la vérité aujourd'hui...

MONTESI : Mais je dis la vérité ! Que me voulez-vous, enfin ? Je n'ai encore jamais été interrogé ainsi !... Pendant quatre ans, j'ai gardé mon secret, et puis — *criant tout à coup* — voici qu'en un tournemain j'ai brisé et sacrifié ce qui était le plus cher à mon cœur : ma fiancée, mon enfant et la mère de mon enfant !... J'ai dit la vérité !

L'AVOCAT GÉNÉRAL : Non, vous continuez à mentir. Vous avez peur, Giuseppe Montesi... Vous avez invité votre nièce à une promenade en automobile.

MONTESI : Ce n'est pas vrai.

L'AVOCAT GÉNÉRAL : Vous l'avez invitée.

MONTESI : Ce n'est pas vrai ! Je ne l'ai pas fait. Sa mère m'a dit une fois : Giuseppe, les filles sont jeunes, pourquoi ne les emmènerais-tu pas, un de ces jours ! C'était sa mère ! Ce n'est pas moi qui ai invité Wilma !...

L'AVOCAT GÉNÉRAL : Pour la dernière fois : qu'avez-vous fait le 9 avril après midi ?

MONTESI *crie de toutes ses forces* : Je n'en peux plus ! Je vous le dis pour la dernière fois : je ne sais rien ! Je ne sais rien de la mort de Wilma Montesi ! Je ne sais pas comment elle est morte ! Peut-être son père le sait-il, ou sa mère, mais, moi, je ne le sais pas !

L'alibi de Giuseppe, déjà très ébranlé, subit quelques jours après un nouveau et terrible coup. Un couple, les époux Piastra, se présente au tribunal et dépose en commun accord qu'il a rencontré Rossana Spissu entre six et sept heures du soir le 9 avril à la Gare centrale de Rome. Un carnet de tickets de chemin de fer prouve qu'ils se trouvaient effectivement ce soir-là à la gare. Si leur déposition est exacte, Giuseppe n'était pas avec Rossana et son alibi repose sur le serment de son amie.

LE JUGE : Rossana nie s'être trouvée ce soir-là à la gare. Etes-vous absolument sûr de l'y avoir rencontrée ?

M. PIASTRA : Absolument sûr.

L'AVOCAT GÉNÉRAL : Etes-vous prêt à être confronté avec le témoin Rossana Spissu ?

M. PIASTRA : S'il le faut, oui...

L'AVOCAT GÉNÉRAL : Rossana Spissu, vous vous êtes toujours bien entendue avec la famille Piastra, n'est-ce pas ? Vous vous êtes souvent rendue chez eux, il n'y a aucune raison que les Piastra vous soient hostiles...

ROSSANA : Nous nous sommes toujours bien entendus.

L'AVOCAT GÉNÉRAL : Alors ! Pourquoi les Piastra mentiraient-ils ?

ROSSANA : Je ne sais pas. Mais je n'étais pas à la gare... J'étais avec Giuseppe... Madame Piastra, je vous en prie, essayez de vous souvenir ! Je ne vous ai pas rencontrée ce soir-là à la gare. Pourquoi me faites-vous cela ? Pourquoi voulez-vous détruire ma vie ? Que vous ai-je donc fait ?

Mme PIASTRA : Mais je ne peux pas. Je ne peux pas dire autre chose ! Nous nous sommes vraiment rencontrés à la gare !

ROSSANA : Réfléchissez encore ! Ce n'est pas possible.

Mme PIASTRA : Mais ce n'est pas ma faute, c'est ainsi ! Je n'y peux rien !... Je suis tout à fait sûre que c'était ce jour-là... Le carnet de billets en fait foi. Je n'y peux rien !

ROSSANA : Mais je n'y étais pas, voyons. Ce n'est pas vrai... Réfléchissez encore !... Vous me ruinez !

Mme PIASTRA : Je vous en prie, ne me parlez pas sur ce ton ! Ce n'est pas ma faute ! Je veux rentrer chez moi. Je ne supporterai pas cela plus longtemps. Mon enfant m'attend.

ROSSANA : Vous aussi, vous avez un enfant ! Mon Dieu, pourquoi me faites-vous cela ?

Pour finir, Giuseppe Montesi reprend la parole :

« Monsieur le juge, dites-moi ce que je dois faire ! Ou bien je sacrifie la mère de mon enfant, ou bien j'invente quelque chose qui n'est pas vrai. Elle est en difficultés et est poursuivie uniquement parce qu'elle dit la vérité. C'est de la folie pure ! Ce dilemme me torture depuis hier !

L'AVOCAT GÉNÉRAL : Il vous torture depuis des années, Montesi, avouez-le !

On interroge le journaliste qui a écrit la lettre ouverte à Montesi. Au cours de sa confrontation avec Montesi, il dit :

MENGHINI : Le jour de l'enterrement de Wilma, lorsqu'on ferma le cercueil, vous vous êtes refusé à regarder le cadavre. Vous fumiez une cigarette après l'autre et les plaintes de la mère de Wilma vous remplissaient de terreur... Après l'enterrement, vous êtes parti dans ma voiture. Vous souvenez-vous encore de ce que mon collègue et moi nous vous avons dit ? Nous vous avons dit en face que vous aviez tué votre nièce ! Giuseppe Montesi... Regardez-moi ! Vous m'avez dit que vous fréquentiez votre nièce !

MONTESI : Que voulez-vous dire par là ?

MENGHINI : Il y avait un homme dans la vie de Wilma. Et ce jour-là, je vous ai dit : Cet homme, c'est vous !

MONTESI : Vous mentez ! Ce sont des mensonges éhontés !

L'AVOCAT GÉNÉRAL : Monsieur le Président ! J'estime que ce procès est parvenu à un tournant. Giuseppe, votre premier alibi s'est effondré et voici que le second ne tient plus debout. Vous êtes entouré des ruines des mensonges que vous aviez édifiés... Je propose que le procès-verbal de ces débats soit remis au parquet, afin que celui-ci examine les preuves qui se sont accumulées contre Giuseppe Montesi et décide s'il y a lieu de déposer plainte contre lui.

Le procès avait pratiquement atteint son dernier stade. Il n'était plus question des accusations contre Piccioni, Montagna et Polito. Mais les preuves que l'on détenait contre l'oncle Giuseppe n'étaient pas suffisantes : tout au moins, on ne l'a jamais poursuivi. Pendant les dernières séances, on vit reparaître la note comique, presque joyeuse, qu'avait apportée au « procès du siècle » le magicien Orion. Cette fois, le personnage principal de ce jeu de satyre était un témoin nommé Simola. Cet homme, peut-être la figure la plus sympathique de tout le procès, avait été, quelques mois avant l'ouverture des débats, condamné à une petite peine de prison. Il s'y était ennuyé et, pour se procurer un peu de distraction et d'air frais, il s'était présenté comme témoin. Son histoire traitait surtout de petits paquets de cocaïne qu'il aurait portés et de maisons closes romaines qu'il aurait ravitaillées en drogue provenant du stock de Montagna. Il fit son récit gaiement et l'orna d'un grand nombre de détails amusants. Simola s'était fait faire, uniquement en vue du procès, un beau costume de détenu et son histoire le rendit très populaire. Elle était naturellement inventée de A à Z. Au fond, il ne risquait rien ; car, selon le droit italien, un témoin n'est pas puni pour avoir fait une fausse déposition, fût-ce sous serment, à condition qu'il se retire avant la fin du procès. C'est ce que fit Simola lors de la toute dernière séance, juste avant l'annonce de la sentence, après que l'avocat général l'eut averti :

L'AVOCAT GÉNÉRAL : Cela suffit, maintenant, Simola. Vous en faites trop.

SIMOLA : Excusez-moi, monsieur l'avocat général. Ce n'était pas exprès.

L'AVOCAT GÉNÉRAL : Cessez, voyons !

SIMOLA : Aïe, aïe, aïe ! Voici que je vais avoir une crise ! Je vais perdre connaissance !

LE JUGE : Cessez ce guignol !

SIMOLA : Je dis la vérité. J'ai toujours cru à l'innocence du docteur Piero Piccioni et qu'est-ce que le tribunal a découvert ? Que M. le docteur Piero Piccioni est véritablement innocent !

LE JUGE : Qu'en savez-vous ?

L'AVOCAT GÉNÉRAL : Pourquoi ne renoncez-vous pas à vos contes ridicules et mensongers ?

SIMOLA : Bon, entendu ! Si le tribunal dit que ce sont

des contes mensongers, ce sont des contes mensongers. *Amen ! Basta !* Je n'ai plus rien à ajouter. Je renonce.

Et les deux anges gardiens du pauvre mais joyeux Simola lui repassèrent les menottes et le ramenèrent, tout docile, dans sa cellule.

21 mai 1957.

Dans sa conclusion, l'avocat général propose l'acquittement de Piero Piccioni parce qu'il n'existe pas la moindre preuve contre lui. Il propose aussi qu'il soit judiciairement constaté que Wilma Montesi n'a pas été victime d'un accident, mais qu'elle a été tuée par un ou plusieurs inconnus. Enfin, l'avocat général propose l'acquittement de Montagna et Polito. Puisque Piccioni, comme l'avait établi le procès, était innocent, il ne pouvait pas être question de complicité.

28 mai 1957.

Après les plaidoyers des défenseurs, le tribunal se retire pour délibérer. La délibération dure sept heures et demie. La sentence est prononcée à minuit et demi devant une salle comble : acquittements de Piccioni, Montagna et Polito, l'innocence ayant été prouvée. La lecture de la sentence et de ses attendus ne dure que deux minutes. Le procès du siècle est terminé.

Dès l'instant qu la sentence a été rendue, l'affaire Montesi se divise en mille ruisselets qui vont se perdre, inaperçus, dans des montagnes de dossiers poussiéreux. Dans le calendrier du tribunal de première instance reparaissent, au cours des années suivantes, presque tous les noms que l'on a vus pendant le grand procès : plaintes et contre-plaintes pour offenses, calomnies, diffamation ; poursuites pour fausses dépositions faites sous serment, refus de témoigner et parjure ; demandes de dommages et intérêts, ordonnances de mesures provisoires et contre-ordonnances, exceptions, appels, avis, révisions, actions civiles et procédures pénales interrompues et reprises, accords et ordonnances. Une petite guerre obstinée et acharnée se poursuit pendant plusieurs années, et seuls les avocats y prêtent attention. Aujourd'hui encore, on voit parfois surgir, fantomatiques, les noms de Caglio et de la famille Montesi dans les colonnes du « courrier juridique » et peut-être s'écoulera-t-il des décennies avant que le dernier procès-verbal ne soit remis aux archives pour y moisir. Personne n'y attachera le moindre intérêt. Il y a belle lurette que l'affaire Montesi a été jugée.

Aucune opposition à ce jugement n'était possible. Les voix des *colpevolisti*, autrement dit de ceux qui étaient persuadés de la culpabilité des accusés et qui, à l'époque du procès Muto, n'avaient rencontré que de très rares opposants, sont muettes depuis longtemps. Les faits parlaient une langue claire. Le crime n'avait pas eu de témoin. Le principal accusé, Piccioni, avait, pour l'après-midi en question, un alibi valable ; mieux, on n'avait trouvé aucun témoin qui eût pu prouver qu'il connaissait la noyée. Rien n'indiquait que Wilma Montesi eût mis les pieds, ne fût-ce qu'une fois, à Capocotta. Il n'avait pas été prouvé que Montagna l'eût connue. Il n'y avait pas d'autre fondement au fait selon lequel le Marchese aurait cherché à camoufler le soi-disant crime de Piccioni que les déclarations d'une mythomane pathologique. Aucun indice ne venait soutenir les histoires qui mêlaient les accusés au trafic de la drogue. Il n'y avait pas un gramme de cocaïne parmi les pièces à conviction.

Après que le verdict eut été rendu, un grand nombre d'observateurs se demandèrent comment un procès de ce genre avait pu avoir lieu. Comment l'invraisemblable avalanche de rumeurs, de mensonges, de faux serments avait-elle été mise en mouvement ? Qui l'avait déclenchée ? Qui avait suscité la Caglio ? Ces questions n'ont jamais reçu de réponse. Ce ne sont pas les allusions et les hypothèses qui ont manqué. On prétendait que des politiciens sans scrupules avaient utilisé le scandale à leur profit pour faire naître des luttes intestines dans le parti du gouvernement, ce qui servait leurs propres intérêts. D'autres disaient reconnaître dans cette histoire la main du Vatican. Les fascistes, intervenaient les autres, avaient ourdi cette affaire. On nomma Fanfani, les communistes, les jésuites. Aucune de ces suppositions ne repose sur des preuves. La vérité concernant l'origine du grand procès ne viendra jamais au jour.

Quoi qu'il en soit, et quelles que soient les sources d'où sont parties les rumeurs : des rumeurs ne sont pas des preuves. La magistrature ne peut l'ignorer. Comment a-t-il été possible qu'un procureur de la République ait pu baser sur des preuves aussi insuffisantes une accusation contre des hommes comme le fils d'un ministre, le préfet de police de Rome ? La réponse à cette question est simple. Quand on arrêta Piero Piccioni, l'Italie était sur le point de se révolter et au bord de la guerre civile. La pression de l'opinion publique était écrasante. Mais comment expliquer cette pression ?

Cette question nous amène à la vérité de ce procès, où les mensonges pullulaient. Le peuple italien a cru à tout ce que disait Anna Maria Caglio, non pas malgré mais parce que la mythomane Jeanne d'Arc, « la jeune fille du siècle », accusait du meurtre le fils d'un ministre. L'Italie était prête à croire tout ce qui accusait les couches dirigeantes. La vieille ballade de la fille noyée s'alliait aux descriptions tirées des romans populaires, de drogues, d'orgies et de millions faciles aboutissant à une sorte de charade que se faisait le peuple italien de la société qui le domine. Et cette société, cette domination n'est pas une invention, mais un fait. Le mot *sottogoverno* couvre ce fait. Il veut dire à peu près « le gouvernement derrière le gouvernement », donc un gouvernement contre le peuple, un gouvernement invisible, une sorte de maffia légalisée, une macabre parodie de l'Etat qui n'est que l'organe d'exécution de gens qui se tiennent dans l'ombre. D'où l'hostilité à peine voilée qui existe entre le peuple et la puissance de l'Etat, le profond désarroi, la méfiance, voire la haine qui n'attend qu'une occasion pour prendre feu et flamme. C'était surtout en Ugo Montagna que l'Italie voyait s'incarner ce *sottogoverno* et, en fait, ce sinistre chevalier du Saint-Sépulcre, le Sicilien avec son sourire à la De Sica, l'homme auquel rien ne pouvait arriver, toujours en place, quelles que fussent les forces — fascistes, occupants, Américains, cléricaux — aux leviers de commande, ce représentant caractéristique de cette couche d'exploitants mi-aimables, mi-meurtriers à laquelle l'Italie est livrée depuis les temps les plus reculés. Ses instruments ne sont certes pas l'opium et le revolver, le poison et le vice, mais la spéculation immobilière, la fraude fiscale, le backchich et le népotisme. La Noyée n'était qu'une occasion — qu'une occasion attendue depuis longtemps — pour régler des comptes avec un ordre social dont les données fortuites se trouvaient être les accusés de ce procès. Coupables ? Innocents ? Dans l'esprit de l'accusation qui avait été portée contre eux, ils étaient certainement innocents. Ils n'étaient coupables que parce qu'ils appartenaient à ceux que désignait l'Italie quand elle appelait leur arrestation. Et on ne peut pas être acquitté de cette faute. En dépit de son injustice, malgré ses mensonges, ses farces et ses mélodrames, ses impasses et ses curiosités, le « procès du siècle » a mérité son nom. Par lui, l'Italie reconnaissait le visage de ses bourreaux et les condamna. On ne toucha à aucun cheveu des accusés. Ils quittèrent la salle du tribunal en souriant. Ils vivent, se sont retirés dans leurs propriétés à la campagne ou s'occupent de leurs affaires. La seule qui eût disparu sur la triste plage d'Ostie, c'est la fille du menuisier, Wilma Montesi, de Rome. Son assassin est le seul à savoir comment elle mourut.

Le déserteur sans malice

RECONSTITUTION D'UNE EXÉCUTION CAPITALE

Règlement militaire n° 54 de l'Armée américaine : instructions en prévision d'une exécution capitale infligée par le conseil de guerre.

« Mesures préliminaires : le lieu de l'exécution doit être choisi de manière que le délinquant soit debout contre un mur, qui pourra servir de pare-balles. On érigera devant ce mur un poteau où l'on attachera le délinquant de façon qu'il ne tombe pas en avant.

« On tiendra prête une cagoule d'épais tissu noir, assez large pour recouvrir la tête et le cou du délinquant. L'étoffe devra être tout à fait opaque...

« Une fois le délinquant prêt pour l'exécution et nanti de la cagoule, le peloton, commandé par un sous-officier, viendra se poster à un point indiqué d'avance. L'officier de service prendra aussitôt le commandement du peloton et ordonnera : 1° Peloton, garde à vous ! 2° Présentez, armes ! 3° En joue ! 4° Feu ! Au commandement de « Feu », tous les membres du peloton devront faire feu de leurs armes en prenant soin de viser le délinquant au cœur...

« Si les médecins militaires présents jugent que le délinquant n'est pas atteint d'une blessure mortelle, on rechargera les fusils. Le processus prévu dans ces instructions devra être répété autant de fois qu'il le faudra pour qu'il en résulte une blessure occasionnant une mort immédiate. »

On ignore le nombre des personnes exécutées pour désertion pendant la Seconde Guerre mondiale. Il doit dépasser la centaine de mille. En ce qui concerne la définition du fait lui-même, les codes militaires des différents pays belligérants varient énormément entre eux. En général, on établit une distinction entre la désertion proprement dite et des fautes mineures comme la prolongation indue de permission, une absence inautorisée ou le simple « tirage au flanc ». Il peut également exister des changements de qualification selon les circonstances : désertion en temps de guerre ou en temps de paix, devant l'ennemi ou passage à l'ennemi. Cependant, il est bien difficile de développer une casuistique précise, surtout au sujet de la désertion devant l'ennemi. L'attitude durant les combats produit habituellement un effet fâcheux sur les enquêtes. La liste noire est longue. Les procédures devant le conseil de guerre, dans la plupart des pays en guerre, sont extrêmement sommaires et ne s'arrêtent pas à des subtilités d'interprétation. Pendant la Seconde Guerre mondiale, on se bornait à exécuter le déserteur, sans enquête préalable et sans jugement, surtout du côté allemand et vers la fin des hostilités. On estime à plus de dix mille le nombre des déserteurs allemands exécutés.

Les seuls parmi les belligérants des grandes puissances à faire exception à ces usages étaient les Etats-Unis. En ce qui concerne la désertion, la justice militaire américaine s'est distinguée par sa correction et l'observation scrupuleuse des normes édictées par la Constitution. Les documents relatifs à chacun des cas, soigneusement conservés, en font foi.

Ce point de vue ne doit pas être attribué à la situation particulièrement favorisée des forces armées américaines. Au contraire, la désertion et d'autres délits analogues posèrent au commandement américain des problèmes considérables. Et cependant, sur tous les théâtres de guerre de la Seconde Guerre mondiale, on ne relève que l'exécution d'un seul déserteur américain : le soldat Edward Donald Slovik, qui a été passé par les armes le 31 janvier 1945, à Sainte-Marie-aux-Mines, dans les Vosges.

Une des circonstances essentielles de l'histoire du

soldat Slovik est qu'elle peut être narrée. Elle peut se raconter parce qu'elle est une exception. Là où, comme en Allemagne, la justice n'était pratiquée que comme un crime, les traces des tués se perdent dans la masse de leurs semblables. Il n'existe plus de « cas » isolé, mais uniquement la règle meurtrière. Les victimes sont innombrables, cela les rend invisibles. Nous en savons davantage sur le seul Américain qui mourut comme déserteur de la main de ses compatriotes que sur les nombreux milliers des nôtres. Le droit qui l'a fait passer de vie à trépas est aussi celui qui a conservé son souvenir, son visage, sa voix. Mais le soldat Slovik disait :

« Vous ne me passez pas par les armes parce que j'ai déserté. Des déserteurs, il y en a par milliers. Mais vous avez besoin de faire un exemple et c'est pourquoi vous m'avez choisi : parce qu'autrefois j'ai fait de la prison. Autrefois, quand j'étais petit garçon, j'ai parfois chipé des choses, et c'est pour cela que vous me tuez aujourd'hui. Vous me tuez parce qu'à douze ans j'ai volé de la gomme à mâcher et du pain. C'est pour cela que vous m'exécutez. »

En 1953, huit ans après la mort de Slovik, le ministère américain de la Défense autorisa la publication des pièces relatives à cette affaire. Le journaliste américain William Bradford Huie entreprit la tâche d'examiner et de compléter les documents officiels. C'est à lui que nous devons de savoir sur Edward tout ce que la postérité peut connaître d'un mort. Huie rechercha les traces de ses origines. Avec l'assistance d'une agence de détectives, il se mit en quête des amis et des relations du défunt. Il s'entretint avec vingt personnes impliquées dans l' « Affaire Slovik », du simple soldat au général de division. Il parla surtout avec la veuve d'Edward, Antoinette Slovik. C'est lors de leur première rencontre, dans un petit restaurant non loin de Wayne, dans le Michigan, qu'elle apprit que son mari avait été, durant toute la guerre, le seul déserteur à avoir été fusillé du côté américain. Cela ne la surprit point.

« N'importe qui aurait pu prédire que cela tomberait sur Eddie Slovik. Quand cela se saura, je serai sans doute obligée de m'en aller d'ici... En fait, je n'ai parlé de cette histoire à personne. J'ai tout gardé pour moi... Mais je vous viendrai en aide. Je vous donnerai ses lettres et sa photo, et je vous dirai tout ce que je sais. Puisque la nation américaine l'a exécuté, qu'elle sache au moins qui était l'homme qu'elle a condamné et tout ce que nous avons dû supporter. »

Un vieux monsieur à cheveux blancs d'une soixantaine d'années du nom d'Harry Dimmick, d'Ionia (Michigan), put faire une première esquisse de la personne et de l'histoire d'Edward Slovik. Dimmick, de son métier inspecteur des prisons, était à la retraite.

« C'était un brave gars. Il donnait l'impression d'être un peu solitaire... Il riait rarement, n'avait aucun goût pour la plaisanterie, mais tant qu'il a été chez nous, il n'a jamais pris part à une rixe. Il n'avait pas d'ennemi. Bien sûr, il n'était pas particulièrement courageux ; il était toujours hésitant. Une vraie lavette... Mais Eddie devant le peloton d'exécution, c'est à peine imaginable... Je l'ai eu pendant trois ans sous ma surveillance... Je lui ai appris à polir le bois dans l'atelier de menuiserie... Nous nous sommes souvent entretenus. Il avait confiance en moi et ne m'a jamais causé d'ennui... D'autre part... en général, on n'exécute que les criminels. Et d'après ce que vous me dites, Eddie a été fusillé parce qu'il ne supportait pas la violence, parce qu'il a fui la violence... Oui, vu sous cet angle, cela lui ressemble. J'aurais pu dire tout de suite aux généraux qu'il s'enfuirait... »

Cette esquisse peut être complétée par les pièces extraites des archives de la police et de son casier judiciaire des années trente : né le 18 février 1920 à Detroit, Michigan. Parents d'origine polonaise. Le père, Josef Slowikowski, à cette époque ouvrier spécialisé dans l'usine de carrosserie Briggs. Un frère, deux sœurs. Habitation : Edwin Street. Conditions de logement et d'environnement au-dessous de la moyenne. Education scolaire : huit ans à l'école communale. Connaissances en orthographe et en lecture satisfaisantes.

Première inscription dans les registres de la police en 1932 pour de menus vols de pain alors qu'il était employé dans une boulangerie. A douze ans, avec une bande de camarades de son âge, pénètre par effraction dans une fonderie et s'empare de vieux métaux. Placé pendant un an sous la surveillance de la police.

En 1937, employé au « drugstore » Cunningham de Detroit. Pendant une période de six mois, se livre à de menus détournements d'argent, de sucreries, de chewing-gum et de cigarettes pour un montant total de 59 dollars 60 cents. Condamné pour vol le 1er octobre 1937 après avoir fait des aveux ; récolte de six mois à dix ans de prison. Première incarcération le 27 décembre 1937. Transféré comme mineur de la prison d'Etat à la maison de correction d'Ionia.

14 jours d'isolement. Examen médical : taille : 1,66 m ; poids : 68 kilos ; yeux : bleu clair ; cheveux : blonds ; état de santé général : satisfaisant ; forte éruption cutanée du visage et du cou ; inflammation des ganglions ; vision : 22-30 à gauche ; dents nécessitant des soins ; Wassermann négatif ; état d'esprit normal ; pas de condition psychiatrique, bonne coordination, bonne intégration d'idées ; donne des réponses claires, bien que vagues, quant à son entourage et à sa famille. Pronostic général : favorable.

Employé à l'atelier d'électricité ; résultats du travail : insatisfaisants. Transféré à l'atelier d'automobiles. Passe en mars devant une commission des mises en liberté provisoire grâce à sa bonne conduite. Décision : libération refusée à cause des circonstances familiales défavorables. Septembre 1938 : libéré avec deux années de remise de peine.

Repris en janvier 1939 pour atteinte à la propriété privée. Se reconnaît coupable devant le tribunal de première instance. Condamnation : de deux ans et demi à sept ans et demi de maison de correction. Deuxième incarcération dans la maison de correction d'Ionia.

L'inspecteur des prisons en retraite fait observer à cela : « Si vous voulez vraiment comprendre Eddie Slovik, je veux dire ; si vous voulez savoir pourquoi il était ainsi, alors il faut d'abord que vous sachiez plusieurs choses sur les Etats-Unis.

« Nous, dans notre branche, celle de l'exécution des peines, nous savons parfaitement qu'ici, dans notre pays, les années de naissance des enfants ne sont pas sans importance. Il y a de bonnes et de mauvaises années, comme en France pour les vins. Et notamment, dans une ville comme Detroit, il y a de bonnes et mauvaises périodes. Si votre vieux était originaire de Pologne et travaillait dans l'atelier d'estampage d'une usine d'autos pour gagner sa vie, l'année 1920 aurait été pour vous aussi une très mauvaise année de naissance... Car avant que vous n'ayez atteint votre dixième, douzième ou quatorzième année, votre vieux n'aurait plus guère eu d'ailes de voitures à estamper. En 1932, Ford et Chrysler n'avaient tout à coup plus besoin de garde-boue parce qu'ils ne vendaient plus beaucoup d'autos. Soudain, les hommes avaient des loisirs, restaient chez eux, se mettaient à boire et à battre leurs femmes et leurs enfants. Le chômage payait la location du logis et, le 1er de chaque mois, la firme envoyait un petit bon pour que les gens pussent acheter des pommes de terre. Mais cela n'allait pas plus loin. En 1932, un garçon de douze ans ne connaissait pratiquement que des gars ayant faim, avec de fortes tendances à voler, boire et se battre entre eux. Ils avaient tous peur. Et qu'en sortait-il, quand il ne s'agissait pas d'un enfant prodige ou quelque chose comme cela ? Soit un faible, doté d'un colossal complexe d'infériorité, tremblant de lâcheté, soit un dur, le ventre plein de haine et rien dans la tête que des coups et le meurtre.

« Eddie Slovik appartenait à la première catégorie : peureux, faible et lâche. Un petit malfaiteur d'occasion... un jeune délinquant, un garçon ayant déjà fait de la prison.

« Que peut-on faire d'un garçon de cette espèce ? On lui parle, on essaie de lui instiller un peu de conscience et on s'efforce de veiller à ce qu'il n'entre plus en conflit avec la loi... On lui apprend un métier pour qu'il puisse gagner sa vie. C'est ce que nous avons tenté de faire avec Eddie Slovik... Quand il est sorti de chez nous, on lui avait procuré un job à cinquante cents de l'heure... Tout ce dont il avait besoin, c'était d'un nouvel entourage et d'une bonne épouse. On ne lui demandait que de travailler dur, de se présenter une fois par mois au Centre et de ne pas toucher à la bouteille. Un sur quatre y parvient d'habitude. Eddie avait de bonnes chances d'être l'un de ceux-là.

« L'armée ? Pour Eddie, ce n'était pas un problème. Sinon qu'elle ajoutait encore à son complexe d'infériorité. Car il s'inscrivit tout à fait automatiquement dans la catégorie 4 F : indigne de se battre. Possédant un casier judiciaire, n'est pas un bon matériel humain, se dirent à cette époque les Etats-Unis. Par ailleurs, au moment où il fut libéré en avril 1942, c'était plutôt un avantage : conjoncture de guerre, époque de plein emploi, la plupart des autres hommes étaient au front. Ce fut plus facile qu'autrefois de trouver une bonne épouse. Et une fois occupé et marié, Eddie pouvait arriver à quelque chose et, tant que durerait le boom, à mettre de l'argent de côté. A la fin de la guerre, il aurait pu être un homme... Je croyais qu'il y réussirait ! »

Edide trouva du travail à cinquante cents de l'heure chez un tôlier de Deaborn, dans la banlieue de Detroit. C'est chez son patron qu'il rencontra sa future femme, Antoinette. Il lui fit la cour pendant six mois. Antoinette ne lui tendit la main que lorsqu'elle fut bien sûre qu'il n'était pas un « raté », comme elle disait. Eddie Slovik soutint victorieusement l'épreuve : bientôt, il parvint à doubler son salaire horaire et toucha désormais un dollar de l'heure... Et, un beau soir, ils se rendirent tous deux à l'église Sainte-Barbara de Deaborn pour faire publier leurs bans. Mais il s'avéra qu'Eddie n'était pas baptisé catholique. Et le prêtre leur conseilla de renoncer à un mariage religieux.

« C'était par une soirée froide d'octobre. Nous sortîmes de l'église. Nous marchions, parce qu'à cette époque nous n'avions pas d'auto. Eddie était très abattu. Nous dûmes nous asseoir quelque part. Dans la Ford

Road, il y a une brasserie. Elle y est encore... Nous prîmes place dans un coin et bûmes une bière... Eddie dit : “ Peut-être vaudrait-il mieux que je retourne en prison et que j'oublie tout cela. Je n'ai pas de foyer, et pour ce qui est de mes parents, mieux vaut n'en pas parler. Je n'ai pas de religion et la seule chose que je demande à la vie, je ne peux pas l'avoir. Je vais te ramener chez toi, nous nous dirons adieu et fini ! ” Je le calmai et lui dis que cela m'était égal de renoncer à ma religion par amour pour lui afin que nous puissions nous marier. Il y avait là un appareil à musique automatique, cela nous faisait du bien. Il jouait le *Tangerine Tango* et *Donne-moi une douzaine de roses*. Il aimait bien ces airs. A la fin, il allait mieux... Il m'a ramenée à la maison et, en chemin, nous fîmes de nouveaux projets. »

Ils finirent pourtant par se marier à l'église catholique. Ce mariage fut un événement considérable. Il y avait deux cents invités, on loua un appareil à musique automatique, on prépara un repas magnifique et rien ne fut épargné. Ce fut une noce polonaise, le plus beau jour de leur vie, dit Antoinette Slovik. Une grande photo est tout ce qui reste de ce jour. Elle montre un petit couple dans de beaux vêtements, qui ouvrent de grands yeux pour fixer le flash.

Et Eddie occupa le premier « appartement » de son existence : deux pièces dans les sous-sols d'une maison de rapport. Ils étaient heureux. Ils s'achetèrent une vieille voiture. Ils s'installèrent et s'offrirent les petits plaisirs que pouvait leur procurer la vie quotidienne de Deaborn.

« Le Carmen Ciné était tout à côté et nous allions voir presque tous les programmes ; nous nous y rendions deux ou trois fois par semaine... Après le film, nous allions chez Nick, un petit café du voisinage. Il appartient à un Grec. Nous commandions un hamburger et une tasse de café ; c'était si bon marché que nous pouvions nous le payer. Puis nous rentrions chez nous. »

Après un an de dur labeur, Edward Slovik fit la plus grande acquisition de sa vie : il prit un logement dans une maison prévue pour deux familles et acheta, naturellement à crédit, un mobilier complet de salle de séjour et de cuisine. Le 7 novembre 1943 — le jour anniversaire de leur mariage, un an auparavant — ils entrèrent dans la maison de leurs rêves. Antoinette se souvient parfaitement des événements de ce jour :

« A neuf heures, la voiture de livraison de la maison Penn, meubles en tout genre, vint nous apporter les mobiliers de la salle de séjour et de la cuisine. La salle de séjour était notre grande fierté... tout était très moderne et chaque pièce du mobilier en acajou clair. C'était comme au ciné. Comme dans les photos publicitaires des " meilleurs illustrés ". Vers midi, tout était arrivé et nous nous mîmes à tout ranger. Nous étions fantastiquement heureux. Nous travaillions comme des fous... Bien sûr, ce n'était pas bon marché et les traites pesaient lourd : 70 dollars par mois pour les meubles et 16 dollars 75 pour la Pontiac ; et encore 38 dollars de location... Mais nous étions bien contents d'en être arrivés là.

« A sept heures, nous étions si fatigués que nous n'avons pas eu envie de sortir. J'ai fait cuire quelques œufs sur le plat dans notre belle cuisine neuve. Puis ma sœur Helen est venue faire un saut... Elle apportait une lettre pour Eddie, qui avait été encore envoyée à notre ancienne adresse. Il la prit et l'ouvrit. Quand il l'eut parcourue, il me la tendit. Il avait les larmes aux yeux. La lettre disait : " Le Gouvernement des Etats-Unis songe à faire transférer Edward Donald Slovik, astreint au service militaire, de la catégorie 4 F (indigne de porter les armes) dans la catégorie A 1 (bon pour le service armé). La recrue Slovik devra se présenter au Conseil de révision. " »

A l'instant même où Eddie Slovik tendait la main pour prendre enfin possession du bonheur tel qu'il le concevait, il reçut cette lettre. Il y lut sa condamnation à mort. Il y avait quelque chose de prémonitoire dans le désespoir qui l'envahit à la lecture d'un document aussi quelconque. Il en tira sans hésiter la conséquence finale. Il alla plus loin et fit ses adieux. Ses adieux à quoi ? Les sources disent : au Carmen Ciné tout proche. Elles disent : à une vieille Pontiac, à un mobilier de salon en acajou clair comme on en voit dans les publicités des « meilleurs illustrés » ; adieu au café Nick et au *Tangerine Tango.*

Il disait adieu à un rêve mesquin, un rêve auquel il était condamné (exactement comme au réveil qui suivit), qui n'était pas le sien, mais celui du milieu où vivait Slovik. Ce rêve, qu'il avait acheté et auquel il était vendu, il le respirait avec l'air même de Deaborn, dans le Michigan.

Trois cent soixante-seize lettres d'Edward Slovik ont été conservées. Le mot Hitler n'y paraît pas, non plus que le mot victoire, ou liberté, ou patrie, ou démocratie. Eddie Slovik ne savait pas ce qu'était la guerre, pourquoi on la faisait ; avant que la lettre fatidique ne parvînt entre ses mains, il paraissait n'avoir pas saisi que son pays était en guerre avec un autre. Il n'avait aucune idée de la guerre parce qu'il n'avait aucune idée de la paix ; il ne savait pas ce qu'était un ennemi parce qu'il ne savait pas ce qu'était un ami. Il ne savait pas ce qu'étaient les autres parce qu'il ne savait pas ce qu'il était lui-même. Eddie Slovik vivait comme un inconscient. Dès l'instant où sa condamnation (ou ce qu'il considérait comme sa condamnation) l'atteignit, il commença à se rendre compte de ce qu'il était. Il s'écoula encore un an et demi avant son exécution. Durant cette longue lutte contre la mort, Eddie Slovik revint péniblement à la réalité. Il apprit lentement à connaître le monde qui l'entourait ; lentement, il perçut le revers de son rêve de bonheur : le cauchemar qu'il avait toujours vécu resurgit dans son conscient.

Edward Slovik était-il une exception ? Un malchanceux, un « pauvre diable », « un cas unique » : il est curieux de constater que ceux qui le connaissaient et tous ceux qui ont été en contact avec son cas insistent généralement sur les anomalies de la vie de Slovik. On le représente comme une victime de circonstances adverses et lui-même fait usage des occasions qui lui sont offertes d'attirer l'attention sur son sort chaque fois qu'il espère en tirer quelque avantage. Son milieu et son éducation sont tantôt invoqués comme des circonstances atténuantes plaidant en sa faveur, tantôt, au contraire, deviennent des arguments qui jouent contre lui ; dans le premier cas, Slovik devient l'objet d'une sentimentalité pleine de sollicitude ; dans le second, il est un « élément asocial ». Mais, ici comme là, il demeure à tous les yeux une exception.

Cette manière de voir repose sur une erreur de perspective ; et cela du fait qu'elle considère le cas du soldat Slovik à partir de sa fin, c'est-à-dire de la forme que prit cette fin, de son exécution. Mais si l'on change de point de vue et entrevoit la vie de Slovik dans le sens où elle s'est écoulée, il ne peut guère y avoir d'existence plus typique. Edward Slovik se rapproche alors de très près, et jusque dans ses plus petites actions et réactions, de l' « Américain moyen » tel qu'une sociologie empirique l'a péniblement construit. Le rêve qu'il faisait est celui de l'*American Way of Life*. Si Slovik a été une exception, alors il a littéralement été celle qui confirme la règle. C'est cette règle qui, désormais, présidera à son destin, décrit par beaucoup de mains.

Le Président des Etats-Unis

à : Edward Donald Slovik
Convocation n° S-32-81-A

La Commission de réforme devant laquelle vous avez été appelé afin d'établir si vous étiez apte au service dans les armées de terre ou de mer des Etats-Unis a décidé que vous étiez bon pour le service armé. En conséquence, vous êtes prié de vous présenter le 3 janvier 1944, à dix heures du matin, au Centre de recrutement 3162 East Jefferson Street, d'où l'on vous enverra à votre unité.

Pour la Commission : signé F. W. Price.

Cette convocation parvint à Slovik deux jours avant Noël. Le jeune couple se mit à faire des calculs. Antoinette pouvait compter sur une solde de 55 dollars par mois. Le loyer, les traites, les factures. Elle annonça à Eddie qu'elle attendait un enfant. L'avenir s'était obscurci. Le 24 janvier, Antoinette accompagna son mari à la gare. Il partait faire ses classes au camp Wolters, dans le Texas. Slovik écrivait quotidiennement à sa femme, parfois jusqu'à trois ou quatre lettres par jour.

Il écrivait : « Je suis perdu sans toi... Je vais avoir des tas d'ennuis à l'armée, je le sens. Je n'arrive pas à m'y retrouver dans cette vie... Je t'en prie, ne pleure pas, je sais que tu as pleuré la nuit dernière... J'aimerais mieux fiche le camp tout de suite. Notre chambrée est pire qu'un trou à rats. »

Il écrivait : « Aujourd'hui, nous avons eu des exercices aux gaz. Nous avons été obligés de traverser une chambre à gaz avec un masque à gaz sur la figure. Une fois, nous avons même été forcés de retirer nos bagues. C'était la première fois depuis mon mariage que j'ôtais mon alliance. Je ne voulais pas, mais il était impossible de faire autrement... J'en étais malade... Ici, c'est comme en prison. Sauf qu'en prison c'est moins terrible... Ceci est interdit et cela est interdit, sans quoi on va au trou. »

Le courrier était pour Eddie Slovik la seule issue à ce monde en uniforme qui se refermait de plus en plus sur lui. Mais ses lettres ne sont pas seulement des tentatives d'évasion, pas plus que de simples éruptions de colère. Elles trahissent aussi le travail obstiné d'une âme fruste, devenue consciente de ses limitations et qui a commencé à se heurter à elles.

Slovik écrivait à sa femme : « Quand je pense combien nous étions heureux ensemble, chérie, je deviens fou de rage. Je ne peux pas arriver à comprendre pourquoi on nous fait cela... Je ne le comprends pas... Nous n'avons rien fait à personne, pourquoi faut-il nous séparer ?... Pourquoi ne peuvent-ils pas nous laisser en paix, chérie ? Je pourrais me mettre à hurler ! »

Il était assis sur son lit de camp et écrivait : « Et justement au moment où j'avais tout ce dont j'avais rêvé, ils sont venus et nous ont tout repris... Pourquoi nous torturent-ils constamment ainsi ? Pourquoi nous détestent-ils ? »

Slovik écrivait encore : « Ma Bien-aimée, je reviens à l'instant du stand de tir. J'ai sans cesse tiré à côté. Tout m'est égal. J'avais peur de ces coups de feu. J'ai essayé de leur expliquer que j'étais trop nerveux, mais ils m'ont dit qu'il fallait tirer quand même...

« Ils fabriquent des Japonais en carton sur lesquels nous devons tirer et qu'il nous faut embrocher. On nous fait mettre un couteau sur notre fusil et on nous fait nous précipiter sur ces mannequins pour les démolir. Cela ne me plaît pas du tout...

« J'en ai tellement assez ici que j'ai envie de m'en aller. Je regrette seulement de ne pas être retourné en prison. Au moins, tu aurais pu venir m'y rendre visite de temps en temps... »

Slovik songeait à son rêve, son rêve de bonheur. Il écrivait : « Te souviens-tu, nous nous donnions tant de peine que nous obtenions tout ce que nous voulions absolument avoir. Et, ma Bien-aimée, avec quarante dollars par semaine, c'est impossible d'y arriver. Je crois que tu le savais et je le savais aussi au fond. Je ne voulais simplement pas que tu continues à vivre dans ce trou de cave... Je ne voulais qu'une seule chose : déménager n'importe où. Puis nous avons déménagé et c'était comme au ciel. Et c'est à ce moment-là qu'ils sont venus pour me chercher... Pourquoi nous font-ils cela ? Nous aurions été si heureux ! Un foyer et une auto, nous ne voulions pas davantage... »

Slovik savait ce qui l'attendait. Il écrivait : « Ma Bien-aimée, je ne sais rien, je ne sais même pas bien écrire. Je suis un idiot de Polak... Je n'ai jamais rien appris... Mais il faut que je te dise que je n'en ai plus pour longtemps à vivre. Cette vie a été courte et, avec toi, elle a été belle. Il me semble, ma chérie, que j'ai toujours eu de la malchance depuis que je suis au monde. Je suis demeuré cinq ans en prison, j'en suis sorti à vingt-deux ans, je me suis marié à vingt-deux ans et j'ai passé quinze mois avec toi... Et puis ils m'ont fourré dans cet uniforme et maintenant ils veulent nous tuer tous les deux et tout nous prendre. Ah, ma Bien-aimée, pourquoi ne nous laissent-ils pas en paix ? Nous n'avons fait de mal à personne... Chaque fois qu'ils veulent que nous fassions quelque chose, nous sommes obligés de bondir. Mais quand c'est nous qui voulons quelque chose, ils nous traitent comme des chiens... Comme si ce n'était pas de notre vie qu'il s'agissait... »

Péniblement, Slovik tâtait ainsi le terrain et posait ses questions. A qui s'adressaient-elles ? Il ne donnait pas de nom. Chacune de ces questions traite d'un destin. Le soldat nommait ce destin, son destin : « ils ». « Pourquoi nous font-*ils* cela ? » « Pourquoi nous détestent-*ils* ? » « *Ils* me fusillent parce qu'à douze ans j'ai volé du chewing-gum et du pain. »

Ils poursuivront Slovik jusqu'à sa mort. Mais qui sont-*ils*, ceux qui le détestent, qui le fusilleront ? C'est peut-être la question centrale de l'affaire Slovik. Les pièces du procès ne le savent pas et Slovik, dont les idées tournaient autour de cette question dans une agonie sans fin, n'y trouvait pas de réponse. *Ils* étaient cachés, comme Dieu, mais *ils* habitaient sur la terre. *Ils* étaient les maîtres de sa vie et de sa mort. *Ils* avaient des tampons de caoutchouc et des lunettes, mais pas de visage. Résidaient-*ils* à Washington ? Vivaient-*ils* à Berlin ? Etaient-*ils* omniprésents ? Slovik ne le savait pas. Les publicités des « meilleurs illustrés » ne le lui avaient pas appris. Eddie n'avait jamais voté, il était trop jeune pour cela. Mais même si on lui avait demandé qui il voulait avoir pour président, il n'aurait su que répondre. Dans son univers, il n'y avait pas d'autre choix que celui entre deux refrains à la mode, et même ceux-là, il les choisissait d'après la publicité. La politique, c'était ce qu'*ils* faisaient. On ne demandait pas à Eddie Slovik, doté d'un casier judiciaire, pas d'état psychiatrique, catégorie A 1, s'il voulait un boom ou une crise, la paix ou la guerre. *Ils* étaient toujours les quelques rares, et lui était un parmi beaucoup d'autres. Slovik, « le Polak stupide », avait reconnu qu'il n'était pas l'exception. Mais qui établissait les règles ? *Ils* établissaient les règles, et *ils* étaient les quelques rares. C'était jusque-là qu'allaient les connaissances politiques d'Eddie Slovik, et pas plus loin.

Lorsque, à l'âge de vingt-trois ans, dans un camp du Texas, on voulut lui enseigner la politique, ou tout au moins davantage de politique que lui en avait offert le Carmen Ciné de son quartier, lorsqu'on lui expliqua subitement que la politique était une affaire, il était trop tard. Il parcourut l'habituel « programme d'orientation » : films et conférences, allocutions et marches. Tout cela glissa sur lui, et il n'y consacra pas un mot dans ses trois cent soixante-seize lettres. Pourquoi nous battons-nous ? Notre démocratie est en danger ! Hitler — l'ennemi mondial n° 1 ! Tout pour la victoire finale ! Le soldat Slovik laissa passer tout cela sans y prêter d'attention. Ses connaissances en politique se bornaient à deux mots, qui réglaient la vie en commun des hommes : « Ils » (ou eux) et « nous ». C'était le seul front que connût le soldat Slovik. Il ne savait pas où il se trouvait, mais il savait qu'il y perdrait la vie.

Le 7 août 1944, le soldat Edward Slovik s'embarqua avec 7 000 autres hommes de troupe sur l'*Aquitania*. Le transport de troupes appareilla du quai de New Jersey, dans le port de New York. Son lieu de destination était un havre inconnu d'Ecosse. De ce jour et pendant les deux mois qui suivirent, un certain John Tankey devint son compagnon constant. Slovik fit sa connaissance par hasard. Pour l'embarquement, les hommes avaient été désignés par ordre alphabétique. *S* pour Slovik, *T* pour Tankey. D'où es-tu ? De Detroit. Moi aussi. Tous deux étaient d'origine polonaise, tous deux travaillaient dans l'industrie automobile. Ils lièrent amitié. Tankey se remémore :

« Sa couchette était juste en face de la mienne. Il restait assis toute la journée sur son lit et écrivait à sa femme... C'était un très gentil gars. Aimable et sérieux. Oui, je me souviens, il paraissait toujours si sérieux... Il parlait beaucoup de sa femme... Il était fier d'elle... montrait sa photo à tout le monde... Si vous me demandez mon avis, je ne sais vraiment pas pourquoi on devrait fusiller un gars comme Slovik. Je crois que ce ne serait pas juste. Il n'a jamais parlé de déserter... Une fois, pourtant, nous étions en mer, il fourbissait justement son fusil et il me dit : " Sais-tu, Johnny, je me demande pourquoi je nettoie ce sacré fusil. Je n'ai pas l'intention de m'en servir. "

« Je lui ai dit : " Eddie, tu ne sais pas ce qui t'attend. Je t'en prie, sois prudent. Tu pourrais avoir des ennuis en parlant comme ça... " Nous avons débarqué à Edimbourg... Quelques jours plus tard, nous étions déjà en Normandie ; c'était le 20 août. Nous débarquâmes à Omaha Beach. Le 25, nous nous mîmes en marche. Après avoir parcouru cinq miles, on nous remit des munitions et on nous expliqua que nous étions détachés à la compagnie G du 109ᵉ d'infanterie. »

Le 109ᵉ régiment d'infanterie appartenait à une division d'élite, la 28ᵉ, que les Allemands, à cause de l'insigne que ses hommes portaient à la manche et en raison de ses faits d'armes, avaient baptisée « Le sceau sanglant ». La devise du régiment où furent affectés Slovik et Tankey est : « Tout citoyen doit porter les armes. »

Tankey fait un récit du premier et dernier combat de Slovik. « Un sous-officier vint nous chercher avec un camion... Nous étions douze en tout... Nous nous dirigeâmes vers Elbeuf... Partout, nous vîmes des maisons bombardées et des cadavres dans les fossés de la route... Au bout de quatre ou cinq heures, nous entendîmes tirer... Nous descendîmes. Quand la nuit fut tombée, nous nous efforçâmes d'entrer à Elbeuf, où nous devions nous présenter à notre unité. Nous arrivâmes sous un gros feu d'artillerie... Un peu avant minuit, le sous-officier nous dit : " Creusez des tranchées individuelles. " Nous nous retranchâmes... Au bout d'un moment, le feu ralentit ; nous vîmes tout à coup des blindés. Nous crûmes que c'étaient des Allemands. Puis Eddie s'écria : " Dieu merci, ce sont des Canadiens. " Nous ne savions pas où se trouvait notre unité ; impossible de l'apprendre. Nous étions seuls tous les deux. Les Canadiens nous conseillèrent de venir avec eux. C'est ce que nous avons fait. Nous écrivîmes une lettre à notre régiment expliquant que nous avions été ensevelis. Eddie était au courant de la lettre ; il m'a même recommandé d'écrire convenablement son nom. Il n'était pas question de déserter. Aucun de nous n'y songeait. Eddie n'en a pas soufflé mot ; il se bornait à dire sans cesse qu'il voulait rentrer chez lui...

« Pendant que nous étions avec les Canadiens, il jeta toutes ses munitions et les remplaça par du papier à lettres qu'il mit dans ses cartouchières... Il ne cessait d'écrire à sa femme. Depuis, il n'a plus jamais eu de munitions sur lui...

« Eddie n'avait de haine pour personne, même pas pour les Allemands. Une fois... nous vîmes beaucoup de paysans qui avaient capturé un pilote allemand. Ils étaient très excités, lui arrachaient ses vêtements et le battaient. Nous prîmes l'Allemand sous notre protection et l'emmenâmes en jeep. Eddie se montra gentil avec lui et lui donna des cigarettes... Toute la soirée, il lui donna des cigarettes. Je n'aurais jamais fait cela, donner des cigarettes à un nazi. En tout cas, nous nous entendîmes pour monter la garde à tour de rôle toute la nuit, afin que le prisonnier ne s'enfuie pas. Pour finir, nous nous endormîmes tous les deux,... et qui nous réveilla le lendemain matin ? le nazi. Nous lui offrîmes un petit déjeuner et Eddie lui redonna des cigarettes. Beaucoup de gens remarquèrent les gentillesses qu'Eddie prodiguait au gars et ne voyaient pas cela d'un bon œil. Mais Eddie ne l'entendait pas de cette oreille : il n'en voulait simplement à personne. »

C'est le seul passage de l'histoire de Slovik où l'on voit apparaître l'ennemi. Et au seul Allemand auquel il avait eu affaire, Slovik avait donné des cigarettes. S'associait-il aux adversaires ? Eprouvait-il quelque sympathie pour les nazis ? Questions absurdes. Slovik a été fusillé comme déserteur, mais il n'était pas un transfuge. L'idée de changer de côté ne lui était jamais venue. Slovik n'était pas un traître. Il ne savait rien qu'il aurait pu trahir.

« Eddie et moi sommes restés environ six semaines avec les Canadiens. Il y eut enfin une réponse radiophonique à notre lettre et nous sommes repartis. Eddie était tout à fait d'avis de retourner avec les nôtres. Il n'a jamais parlé de déserter. Il disait seulement qu'il n'avait pas eu de chance jusqu'à son mariage et que c'est à ce moment qu'*ils* étaient venus le chercher. Cela ne lui plaisait pas. Mais déserter ? Non. »

Le 3 octobre, Slovik et Tankey se présentèrent à l'état-major du régiment. L'unité se trouvait à ce moment dans la région de Rocherath, en Belgique. Tankey raconte :

« Nous nous présentâmes à l'officier de service. J'ai oublié son nom. Je suis entré le premier et, quand je sortis de son bureau, Eddie y entra à son tour. Au bout d'un instant, il reparut sans son fusil et s'éloigna rapidement. L'officier ouvrit la porte et me dit : " Soldat Tankey, courez donc après votre camarade et ramenez-le ; autrement, il va se mettre dans de jolis draps. " Eddie ne m'avait même pas regardé, il était passé devant moi sans avoir l'air de me voir. Je lui courus après pendant une centaine de mètres, le rattrapai et me saisis de lui. " Eddie, dis-je, ne fais pas de bêtise, reviens ! " Il se borna à me fixer avec un sérieux de mort. " Johnny, répondit-il, je sais ce que je fais. " Il se dégagea et s'en alla ; je me disais qu'il allait revenir. Je ne l'ai jamais revu. J'ai cru qu'il avait été envoyé dans une autre unité... Peu après, je fus envoyé au front... Je fus blessé à la jambe dans la forêt de Hürtgen. Un shrapnel. Je suis resté jusqu'en mars 1945 à l'hôpital... Je n'ai plus jamais entendu parler de Slovik. »

Il est impossible de découvrir où Slovik passa la nuit du 8 au 9 octobre ; il dormit probablement dans une grange. Cependant, il reparut le 9 octobre vers huit heures et demie du matin dans les bureaux du gouvernement militaire de Rocherath. Le cuistot de ce service, un soldat nommé William C. Schmidt, fit devant le conseil de guerre la déposition suivante :

« Cet homme arriva vers huit heures et demie à la porte de la maison et me remit une feuille de papier vert avec quelque chose d'écrit dessus et me dit qu'il était venu remettre une confession. Je lui dis d'entrer ;

il obéit et je retournai à mon travail. Il me suivit dans la cuisine et me demanda s'il pouvait avoir quelque chose à manger ; je le fis déjeuner. Puis il m'aida à essuyer la vaisselle. Je prévins le commandant de la présence de cet homme et l'homme alla chez le commandant, auquel il remit le papier vert. »

Ce papier vert était une formule de commande du service d'achat de fleurs de la cantine. Il était couvert des deux côtés de l'écriture de Slovik. Le texte disait :

« Moi, le soldat Eddie D. Slovik, n° 36896415, reconnais avoir déserté. Nous étions à Albuff, en France, quand j'ai déserté. J'étais venu en renfort à Albuff. (Le nom d'Elbeuf est épelé deux fois dans le document *Albuff.*) Ils tiraient sur la ville et nous avons reçu l'ordre de nous retrancher. Dans la matinée, ils nous ont encore tiré dessus. J'avais tellement peur que je tremblais et, quand les autres sont sortis de leurs trous pour s'en aller, je n'ai pas pu y arriver. Je suis resté dans mon trou jusqu'à ce que tout soit redevenu tranquille et, quand j'ai pu recommencer à remuer, je suis allé en ville... Le lendemain matin, je suis parti avec une unité canadienne. Je suis resté six semaines avec les Canadiens. Puis j'ai été remis à la police militaire américaine. Ils m'ont laissé échapper. J'avais expliqué au commandant ce qui se passait en moi. Je lui ai dit que je recommencerais à m'enfuir s'il fallait que je retourne au feu. Il m'a dit qu'il ne pouvait rien pour moi, alors je me suis de nouveau échappé et *je recommencerai à m'échapper si on m'envoie au front.* »

Signé : « Soldat Eddie D. Slovik. »

Le document porte l'adjonction suivante :

« Cette confession a été faite en présence du lieutenant-colonel Ross C. Henbest... L'on m'a fait remarquer qu'elle pourrait être utilisée contre moi et que je l'ai signée librement et de ma propre volonté. » Signé : « Eddie D. Slovik. »

A ce point de l'histoire, une question se pose. Qu'est-ce qui a poussé Eddie Slovik à rédiger de son propre mouvement une telle déclaration ? Savait-il ce qu'il faisait ? Savait-il que, ce faisant, il signait son arrêt de mort ? Qu'il se livrait à *eux,* donc à une machine contre laquelle il ne pouvait pas se défendre ? A cette question, il y a deux réponses. D'une part, Slovik savait parfaitement ce qu'il faisait. Dans ce cas, sa confession reposait sur un calcul ; il avait l'intention de *les* — dans ce cas l'appareil militaire — battre avec *leurs* propres armes. Pour comprendre son calcul et pouvoir juger du cours subséquent des événements, il nous faut nous familiariser avec quelques-uns des faits fondamentaux du Code de justice militaire américain. Il est légalement soumis à ce qu'on appelle les « articles of war », qui contiennent aussi bien le Code militaire proprement dit que les processus à suivre. Nous n'avons rien, dans le droit allemand, qui y corresponde. On pourrait traduire l'expression américaine par « constitution de la justice militaire ». La désertion devant l'ennemi était, selon l'article 85 (à cette époque, en 1944, article 58) de ce Code de justice militaire, punie de mort et on était passé par les armes.

Pour cela, la procédure devait suivre plusieurs instances : le déserteur est d'abord traduit devant une cour martiale qui rend un verdict et un arrêt. Cette cour martiale est constituée par un général de division. C'est à lui que va le verdict pour être examiné. Il ne devient exécutoire que lorsqu'il l'a ratifié. S'il ratifie le jugement, on le soumet, en quelque sorte en troisième instance, au général en chef du théâtre des opérations de guerre qui apprécie en dernier ressort, en qualité de juge suprême. Le juge suprême doit confirmer la sentence ou l'infirmer par un acte de clémence. Enfin, le département juridique de l'état-major du juge suprême doit vérifier la validité de la procédure avant que la condamnation puisse être exécutée.

Ce processus compliqué montre clairement que l'armée américaine ne connaissait pas le jugement définitif des déserteurs par la seule cour martiale. Slovik le savait. Mais il savait encore autre chose : il savait qu'il n'était, de loin, pas le seul déserteur qu'il y eût dans cette armée. Il savait à quel point la vie humaine pesait lourd pour les responsables. Il savait que l'on condamnait à mort les déserteurs à la première instance, mais que ces jugements n'étaient pas ratifiés ou encore qu'ils étaient suspendus par un acte de grâce. Voici les chiffres qui le prouvent :

Pendant la Seconde Guerre mondiale, on dénombre dans les forces armées des Etats-Unis 11 624 603 hommes astreints au service militaire. Appelés : 10 110 103. Passés au service armé : 2 670 000. A partir d'ici, les statistiques sont imprécises et l'on est réduit aux estimations. De 2 600 000 soldats ayant fait leurs classes, on en compte environ 1 million qui se sont soustraits aux combats par des mutilations volontaires, en se réclamant de névroses, en contrevenant volontairement aux règlements militaires et en « s'embusquant ».

On estime que 40 000 d'entre eux environ se sont rendus coupables de désertion devant l'ennemi au sens littéral de la loi. La plupart ont été condamnés à des mesures disciplinaires ou renvoyés de l'armée pour conduite déshonorante. Seuls 2 864 déserteurs, et ici les statistiques redeviennent inattaquables, passèrent en conseil de guerre. De plus, de 1 000 condamnations, 49 seulement ont été maintenues. Des 49 condamnations maintenues, une seule a été exécutée. Quand Slovik signa sa confession, il ne savait pas que ce jugement, le seul qui devait être poussé jusqu'au bout, s'appliquerait à lui. Les juges qui le prononcèrent ne savaient pas davantage qu'il en serait ainsi.

Le 26 octobre, Slovik fut écroué à la prison militaire de la division. L'un des sergents de garde était un certain Edward Needles. Needles raconte :

« Slovik était un de ces gars qui se sont fait envoyer devant le conseil de guerre pour ne pas aller au front. Nous en avions toute une série du même genre. C'était un brave type, ce Slovik, il faisait tout ce que je voulais : balayer le sol, vider la boîte à ordures, charger le ravitaillement... Un gentil garçon, il ne se plaignait jamais... il est resté quelques semaines chez nous.

« Je me souviens encore parfaitement d'un certain jour. Quelques gars venaient de passer en conseil de guerre et Slovik les attendait. Ils revinrent en prison. Slovik leur cria : “ Alors, de combien avez-vous écopé ? — Vingt ans ”, lui répondit-on. Ils étaient de bonne humeur. “ Vingt ans, ça m'irait, reprit Slovik. Combien de temps croyez-vous rester enfermés quand la guerre sera finie ? — Tout au plus six mois, dit l'un deux, après cela, ils nous relâcheront... ” Naturellement, il ne vint pas à l'idée de Slovik ou de qui que ce fût qu'on le fusillerait vraiment. »

Voilà donc le calcul qu'avait fait Slovik ; mais cela explique-t-il sa confession ? N'aurait-il pas pu agir autrement, se planquer et se taire. Qu'avait-il donc écrit ?

« ... alors je me suis de nouveau échappé et *je recommencerai à m'échapper si on m'envoie au front* ». Cette phrase parle-t-elle vraiment le langage du calcul ? Le contraire est vrai. Slovik savait-il ce qu'il faisait quand il l'écrivit ? On pourrait presque dire : en cet instant et pour la première fois de sa vie, il savait ce qu'il faisait. Autrefois, tout au long de sa vie, il avait toujours fait, dit, pensé ce que les autres faisaient, disaient, pensaient. Il était à tout moment ce qu'*ils* exigeaient de lui. Dans cette phrase, et pour la première fois, Edward Slovik se définit en *les* provoquant, en *les* affrontant. Pour la première et unique fois, il disait oui à lui en *leur* disant non à *eux* : un oui à peine articulé, brisé, infiniment douloureux, mais un oui qu'il ne pouvait pas annuler. Toute sa vie, il a calculé, d'abord les versements pour le salon en acajou, plus tard son recours en grâce où il devait pour la première fois employer les mots de « victoire finale », afin de s'attirer la faveur du général : de petits calculs, mesquins, inoffensifs, émouvants. Mais à la minute où il a dit : je l'ai fait et je le referai, à cette minute, Eddie Slovik a découvert qui il était. Et il savait sans doute qu'il paierait cette découverte de sa vie.

Le 29 octobre, le soldat Slovik comparut devant le lieutenant-colonel Henry Sommer, conseiller à la Cour martiale de la 28ᵉ division. Sommer ajoute :

« “ Slovik, lui dis-je, vous vous êtes mis dans de bien mauvais draps et je voudrais vous venir en aide. Nous n'aimons guère faire passer des hommes en conseil de guerre. On ne le fait que quand il est impossible d'agir autrement. Retournez à votre unité, faites votre devoir et je prierai le général d'arrêter la procédure entamée contre vous... " Il hocha la tête. " Je ne retournerai pas au front, dit-il. Je ne peux pas tirer. — Pourquoi n'essayez-vous pas, au moins ? insistai-je. Vous n'y êtes pas demeuré assez longtemps pour savoir comment c'est... — Non, répondit-il, je suis décidé, je veux passer en conseil de guerre. — Okay, emmenez-le ", ai-je dit. Je n'étais pas autrement surpris de son attitude. J'avais déjà entendu trop de gens me dire : je préfère passer en conseil de guerre. »

Le conseil de guerre se réunit le 11 novembre 1944 à l'hôtel de ville de Roetgen, dans la forêt de Hürtgen, à trente kilomètres d'Aix-la-Chapelle. Les débats durèrent une heure et demie. Le tribunal se composait du président, le colonel Guy W. Williams, et de huit assesseurs, tous officiers. Formulation de l'accusation, audition des preuves, pas de question de la part de la défense, pas de contre-interrogatoire. Verdict : l'accusé a été reconnu coupable sur tous les points. La sentence disait :

« Par vote écrit et secret et en présence de tous les membres de la cour, l'accusé est condamné à être expulsé de l'armée, avec perte de sa solde présente et à venir et de tous les avantages d'un soldat, et à être passé par les armes. »

Signé : « Edward P. Woods, John I. Green, Guy W. Williams. »

Le président du conseil de guerre dit :

« Je voudrais d'abord établir une chose : le passé civil de Slovik, j'entends par là son casier judiciaire, était ignoré par tous les membres de la cour et c'est la raison pour laquelle cette circonstance n'a pas pu nous influencer. Nous n'avons tenu compte que de ce que nous voyions et entendions, et c'était un soldat d'aspect sympathique, bien portant, qui provoquait ouvertement l'autorité des Etats-Unis... J'avais la conviction que l'on ne pouvait pas laisser passer cela. Les autres étaient visiblement du même avis. Je me souviens encore que j'ai insisté pour un triple vote... Le résultat fut le même les trois fois : la peine de mort à l'unanimité.

« C'était tout. Sans doute, chacun de nous pensait que Slovik méritait d'être fusillé... Mais pour être franc..., il faut que je dise ceci : je suis sûr qu'aucun d'entre nous ne croyait que Slovik serait véritablement exécuté. Moi personnellement en tout cas pas... Je n'avais aucune raison d'imaginer quelque chose de semblable... Je savais comment ces cas étaient généralement traités... Je pensais que la plus haute instance diminuerait la peine, sinon le général Cota, tout au moins le haut commandement... Après la guerre, Slovik, au bout de deux ou trois ans, serait redevenu un homme libre. J'en étais persuadé. Lorsque j'appris en janvier que... Slovik avait été fusillé, je dois vous avouer franchement que j'en suis demeuré stupéfait. Il me semblait que j'avais reçu un coup sur la tête. »

Le verdict prononcé contre Slovik fut transmis à l'instance suivante, à la division. Le général commandant la division, Norman D. Cota, chargea le conseiller à la Cour martiale Sommer, qui faisait partie de son état-major, d'élaborer un rapport de cette affaire. Le bureau criminel fédéral de Washington, le F.B.I., fournit à Sommer les pièces du passé civil de Slovik. Sur quoi, le conseiller juridique Sommer recommanda à son général de ratifier la condamnation de Slovik. Sommer dit :

« Je n'ai pas songé un instant que Slovik serait véritablement fusillé en fin de compte. Je connaissais trop bien le point de vue du haut commandement à ce sujet. Aucun de nous n'a jamais pensé que le général en chef ferait exécuter un déserteur. Cependant, je dois vous dire que si jamais il avait fallu instituer un terrible exemple, alors, ce cas me semblait tout indiqué. C'est là ma manière de voir. A en juger par le passé de Slovik, il n'était pas une perte pour l'humanité. »

A ce point de l'histoire, un commentaire s'impose. Il

concerne la traduction. Dans le texte original, le conseiller à la haute cour, Sommer, ne parle pas de *passé* (*past*) mais de *record*, du *record* de Slovik. Cette expression se traduit mal par « passé ». Le *record* est la partie d'une existence qui est vérifiable et a été vérifiée, en un mot les antécédents de quelqu'un ; donc, pour parler comme Slovik, ce qu'*ils* savent de la vie d'un être. Cela comporte les rumeurs, la réputation, des fiches, des papiers, des certificats de bonne vie et mœurs, des extraits de casier judiciaire, des extraits de dossiers de prison et des certificats de bonne conduite à l'école, des fiches d'impôts sur le salaire et des expertises, mais aussi beaucoup de choses que la personne dont il s'agit ne saura jamais : des jugements, des murmures, des bavardages, pour autant que tout cela puisse être consigné dans des rôles et des registres. Le *record* est la mémoire de la société, dont ne disposent que ceux qui siègent dans les centres : en un mot, *eux* ou *ils*. L'individu, l'objet du *record*, n'a aucun influence sur ledit *record*. Invisible, telle une seconde ombre, reconnaissable uniquement à leurs yeux, son *record* le poursuit ; c'est en quelque sorte le destin qui distingue l'individu. Jamais il ne peut laisser ce *record* complètement à l'écart : comme une trace sanglante, son *record* le désigne et le rattrape sans répit. Dans le cas de Slovik, cette poursuite est facile à détecter. Sommer est le premier expert à mentionner le *record* de Slovik. Désormais, il en sera constamment question et, en fin de compte, il sera dans une certaine mesure le sceau qui mettra son empreinte sur toute la procédure. Cette procédure va maintenant suivre son cours :

« Quartier général de la 28e division.

« Le jugement prononcé par le conseil de guerre contre le soldat Eddie D. Slovik est ratifié par les présentes pour tout ce qui concerne — et seulement pour ce qui concerne — l'exécution de l'accusé par des fusiliers. Le procès-verbal est transmis aux services indiqués par l'article 48 du Code militaire. »

Signé : « Norman D. Cota, général de brigade. »

A propos de cette décision, le général Cota déclare :

« Pour ma part, je ne puis pas dire que l'issue de l'affaire m'ait surpris. J'ai ratifié le jugement et, en conséquence, je pensais que l'accusé serait finalement fusillé. J'avoue que tout d'abord... j'ai éprouvé une certaine irritation quand j'ai appris que le général en chef nous renvoyait l'homme pour l'exécution. J'étais d'avis que cette exécution devait avoir lieu dans la prison de l'armée, où sont généralement passés par les armes les criminels ayant des meurtres ou des viols sur la conscience. »

Entre-temps, dans sa cellule, Slovik écrivait sa dernière lettre. Elle était adressée à son juge suprême. Ce juge suprême était le général commandant en chef des théâtres de guerre européens, le général Dwight D. Eisenhower. Slovik lui écrivait :

Cher général Eisenhowser [la faute d'orthographe existe dans l'original], *moi, le soldat Eddie D. Slovik..., j'ai été condamné le 11 novembre 1944 à être fusillé pour avoir déserté.*

Mais je n'avais pas du tout l'intention de déserter, du moins pas au moment où j'ai été condamné, et avant non plus. Car, autrement, je ne me serais pas présenté ou constitué prisonnier. Je n'ai rien contre l'armée américaine, seulement, je ne voulais pas aller au front. Quand je suis revenu, j'ai demandé à mon commandant si l'on pouvait me retirer du front parce que j'avais peur et aussi à cause de mes nerfs... Mais on n'a pas voulu me faire permuter.

Il faut que je vous dise quelque chose à propos de mon record. *Vous savez sûrement, par mon dossier, que j'ai un casier judiciaire. Quand j'ai été libéré, on m'avait accordé deux ans de remise de peine après cinq ans de prison. Durant ces deux ans, je me suis procuré une bonne place parce que j'étais dispensé du service militaire à cause de mon casier judiciaire et qu'à ce moment l'armée ne voulait pas de moi. Alors, cinq mois après ma libération, je me suis marié. J'ai maintenant une femme merveilleuse et un foyer agréable... Puis j'ai été appelé. Au moment où* ils *sont venus me cher-*

cher, je n'aurais pas eu besoin de me rendre à l'armée. J'aurais pu retourner en prison. Mais j'en avais assez de rester enfermé toute ma vie, et c'est pour cela que j'ai été à l'armée... Pendant ces deux ans, j'ai eu un bon record. *Comme soldat, j'ai eu aussi un bon* record *jusqu'à ce que je me sois fourvoyé dans cette histoire. Je me suis toujours efforcé de faire tout ce qu'*ils *me disaient de faire, tant que j'ai été dans l'armée... Je dois vous dire que mes péchés, ceux que j'ai commis, me font beaucoup de peine. Je ne savais pas alors ce que je faisais ni ce qu'était en somme la désertion. Je vous supplie instamment et sincèrement de bien vouloir me faire grâce, à cause de ma chère femme chez nous. Depuis mon mariage et comme soldat, j'ai un très bon* record. *Je ne savais pas ce que c'était que d'être condamné à mort. J'attends votre réponse avec une grande angoisse et j'espère et prie Dieu qu'elle me soit favorable. Que Dieu vous bénisse, vous et votre travail pour la victoire. Je demeure jusqu'à la victoire finale votre*

Soldat Eddie D. Slovik.

Le général Eisenhower n'a jamais lu cette lettre. La prochaine inscription au dossier Slovik porte :

« Le commandant en chef du théâtre de guerre européen.

« Du quartier général, le 23 décembre 1944.

« La sentence prononcée contre le soldat Eddie D. Slovik est maintenue à la suite de la ratification du 27 novembre 1944. Conformément à l'article 50 1/2 du Code militaire, l'ordre d'exécution est suspendu.

Signé : « Dwight D. Eisenhower. »

Ledit article 50 1/2 précise que le département juridique de l'Etat-major général doit examiner la validité de la procédure avant de faire procéder à une exécution capitale. Après examen, le département juridique doit conseiller au général en chef s'il peut et doit faire usage de son droit de grâce. Le rapport sur cette question a été établi par le conseiller juridique militaire Frederick J. Bertolet. A ce propos, Bertolet déclare :

« L'affaire Slovik m'a été régulièrement transmise pour examen par mon chef de section. Quand je dis régulièrement, il faut que vous ne perdiez pas de vue que, dans toutes les affaires qui nous étaient soumises, il s'agissait de peines de mort déjà ratifiées. C'était en fait un travail désagréable et pénible, mais, avec le temps, nous nous y étions habitués... A cette époque, le Quartier général était déjà à Paris. Notre bureau se trouvait au dernier étage de l'hôtel Majestic, tout à côté de l'Arc de Triomphe.

« Je n'ai personnellement jamais vu Slovik... Nous autres les officiers chargés des affaires juridiques, nous ne travaillions que sur le *record*... Pour ce qui concerne la question de la grâce, je voudrais bien préciser que ma part de responsabilité dans ce sens était d'autant plus minime que la routine prévoyait trois officiers de grades supérieurs au mien chargés de leur côté d'examiner ma recommandation. »

Voici quelques extraits du rapport très détaillé du major Bertolet. « Comme l'indique le casier judiciaire de l'accusé, il a fait dans la vie civile, et de 1932 à 1938, l'objet de plusieurs condamnations de la part du tribunal des mineurs de Detroit pour vols avec effraction et attaques avec voies de fait... En 1937, il a été condamné à une peine de prison pour détournements et, deux ans plus tard, il a été de nouveau arrêté pour avoir causé des dégâts matériels... Ces diverses condamnations ne pèsent pas assez lourd pour avoir quelque influence sur mes recommandations dans la présente affaire. Par ailleurs, elles indiquent que l'accusé n'était pas non plus disposé dans la vie civile à s'adapter aux règles de la vie en commun. Il s'est visiblement montré insensible au processus de correction de sa punition et n'a pas su se montrer digne de la bienveillance de ses juges. C'est cet état d'esprit que l'accusé a apporté dans sa vie militaire. Il était fermement décidé à éviter tout contact avec l'ennemi et, par deux fois — la seconde fois, après avoir été clairement averti des suites auxquelles il s'exposait —, a cherché à déserter... Il a confessé ses actes criminels avec une franchise cynique et a terminé ses aveux par la phrase suivante : ... *et je m'échapperai encore si l'on m'envoie au front.* Il a défié l'autorité du gouvernement ; le maintien de la discipline dans l'armée dépendra de la sévérité avec laquelle cette provocation sera reçue. Une mesure de clémence ne paraît pas devoir être retenue. »

Voilà pour le rapport du conseiller juridique militaire Bertolet. Il le remit à son supérieur, le chef de la section juridique de l'état-major des théâtres de guerre européens. L'officier supérieur, le général de brigade E. C. McNeill, écrivit au-dessous :

« Cette condamnation à mort pour désertion est la première qui soit soumise à mon examen. Dans ce cas, le quantum de peine le plus élevé me paraît justifié... Le *record* peu favorable de Slovik dans la vie civile semble indiquer qu'il ne mérite pas de grâce. »

Le 24 janvier 1945, un ordre du haut commandement parvint à l'état-major de la 28ᵉ division :

« Le verdict du conseil de guerre contre le soldat Edward Slovik ayant été ratifié et confirmé par les autorités compétentes, et les prescriptions de l'article 50 1/2 du Code de justice militaire ayant été suivies, cette sentence sera exécutoire le 31 janvier 1945 et ressortira du 109ᵉ régiment d'infanterie... Le chef de la police militaire de la 28ᵉ divison devra donner les ordres nécessaires à la constitution d'un peloton d'exécution. Sur l'ordre du général Eisenhower. » Signé : « R. B. Lord, général de brigade et chef d'état-major par intérim. »

Quand l'ordre de l'exécution parvint à la division, l'état-major était cantonné à Sainte-Marie-aux-Mines, dans le département du Haut-Rhin. Cette petite ville minière est située en Alsace, à quelques kilomètres de Schlettstadt. Le général remit l'ordre au chef de la police militaire de la 28ᵉ division, le major William Fellmann. Fellmann devait désigner un peloton d'exécution et faire procéder à l'exécution. L'un des soldats qu'il avait choisis, le soldat A. Morrison, déclare : « Je me souviens très bien de toute cette affaire. Je sais même encore ce qu'en dirent les uns ou les autres. Lorsque nous apprîmes que nous étions désignés pour le peloton d'exécution, mon ami Lambert dit : " Mon vieux, pourquoi tant d'histoires ?... Douze hommes, c'est vraiment gâcher des munitions... " Plus tard, dans la soirée, nous nous sommes de nouveau réunis et avons parlé de la chose. Pour nous, il ne faisait pas de doute que Slovik passerait à la casserole... On n'aime pas beaucoup les déserteurs, chez nous... Non, je ne connaissais pas Slovik et ne l'avais jamais vu jusqu'au moment où nous sommes entrés dans la cour. Et il était déjà attaché au poteau, la cagoule noire sur la tête... Je ne l'avais encore jamais entendu parler... Plus tard, à l'appel, après l'exécution, on lut un rapport devant les hommes réunis. Ce rapport a eu un excellent effet. Quelques-uns d'entre nous commencèrent à se rendre compte de ce que cela signifiait que d'être américain. Je ne regrette qu'une chose, c'est que le général n'ait pas continué dans cette voie. Il aurait dû faire fusiller tous les déserteurs au lieu de les lâcher plus tard par tout le pays. Voilà mon opinion : Slovik ne valait rien... Ce qu'il a fait là, ce n'était pas mieux que d'avoir commis un meurtre. Je n'étais pas très content de faire partie du peloton d'exécution, mais je savais exactement ce que je ferais : je ne tirerais pas au hasard... et, à cette distance, j'aurais troué une pièce d'un cent. Après tout, on avait choisi les douze meilleurs tireurs pour cette affaire. D'autres ont prétendu qu'on nous avait choisis parce que nous étions toujours au premier rang et que nous prenions un certain plaisir à tirer. »

Plus tard, ce fut le tour du ministre du culte du régiment, le Père Cummings :

« Je fis pour les garçons ce que je pouvais. Je leur affirmai que la responsabilité morale de la mort de Slovik revenait aux autorités... Ce n'était pas leur affaire de discuter les décisions du commandement, disais-je... Ils devaient se borner à faire leur devoir... »

La veille de l'exécution, le major Fellmann découvrit une propriété située à l'écart, 86, rue du Général-Dourgeois, qui lui sembla convenir à ses desseins. Le jardin était entouré d'une haute muraille. Un portail de fer forgé fermait l'entrée de la propriété. Le bâtiment comportait trois étages et était gris, avec des volets orange.

Le soldat Morrison rappelle ses souvenirs : « Ce soir-là, nous nous couchâmes de bonne heure. Je crois bien que la plupart d'entre nous ne fermèrent pas l'œil de la nuit. Pour ma part, je n'ai pas plus mal dormi que d'habitude. »

Les événements de la matinée du 31 janvier 1945 peuvent être reconstitués avec exactitude d'après les déclarations de sept des témoins de l'exécution. Ces témoins sont :

Le soldat A. Morrison, du peloton d'exécution ;

Le sergent Frank McKendrick, de la police militaire ;

Le chapelain Carl Patrick Cummings, prêtre du régiment ;

Le ministre du culte de la division, Edward Elson, ayant rang de colonel ;

Le commandant Robert Hummel, de la police militaire ;

Le médecin-major docteur Robert Rougelot, ayant rang de major ;

Et l'officier commandant le peloton d'exécution, le major William Fellmann.

Le major Fellmann rend compte de l'arrivée de Slovik à Sainte-Marie : « A sept heures trente, un détachement de M.P. de Paris amena le soldat Slovik dans mon bureau du centre de la ville de Sainte-Marie... Je lus au prisonnier le verdict du conseil de guerre et tous les documents afférents, et lui annonçai qu'il serait fusillé ce même matin à dix heures par un peloton d'exécution. Je lui demandai s'il avait quelque souhait à formuler. Il répondit par la négative. Je lui demandai ensuite s'il désirait avoir un entretien avec le chapelain Cummings. Il acquiesça à cette question. Pendant que je lui parlais, Slovik semblait très calme et très maître de lui. »

Le chapelain Cummings :

« Eddie se tourna vers moi et me demanda : " Etes-vous le prêtre ? Puis-je me confesser à vous et communier ? " Je lui dis que j'étais en mesure de lui apporter toutes les consolations de l'Eglise catholique... Nous nous rendîmes alors dans un camion jusqu'au terrain où devait avoir lieu l'exécution, et les M.P. nous emmenèrent, Eddie et moi, dans une chambre située au premier étage de la maison. Ils... nous y laissèrent seuls. »

Le colonel Elson :

« J'atteignis le numéro 86 de la rue du Général-Dourgeois vers neuf heures du matin... Quinze à vingt officiers étaient rassemblés dans une grande salle du deuxième étage... Je me souviens avoir fait là la connaissance du colonel Sommer : il avait la cagoule noire par-devers soi... Nous attendîmes environ trois quarts d'heure... Puis nous nous rendîmes au jardin. »

Le soldat Morrison :

« Notre peloton arriva vers neuf heures quinze. Nous avions emporté nos propres mousquetons... Le lieutenant Koziak nous échauffa quelque peu par une petite allocution. Il nous expliqua ce que nous avions à faire et nous dit qu'il n'y avait aucune raison pour que nous nous fassions des idées... Puis le général Cota en personne est entré. Il nous dit de bien viser afin d'en finir avec l'affaire par une seule salve et de ne pas cochonner le travail. Il nous informa également du passé criminel de Slovik... Immédiatement après, nous remîmes nos armes. »

Le major Fellmann :

« Nous emportâmes les armes dans la pièce d'à côté pour les charger... On posa les douze mousquetons sur une table longue... Lorsque nous eûmes terminé, les membres du peloton entrèrent et reprirent leurs armes. »

Le colonel Elson :

« Au jardin, nous nous mîmes librement sur deux rangs, à peu près à deux pas derrière la ligne prévue pour le peloton... Les médecins se placèrent sur notre droite... Je ne connaissais pas le docteur Rougelot, mais avec sa taille et sa moustache, le stéthoscope qu'il avait autour du cou, on ne pouvait pas ne pas le reconnaître. »

Le sergent McKendrick :

« Avant de nous mettre en marche pour nous rendre au jardin, nous liâmes les mains de Slovik avec une de ces cordelettes de nylon employées pour les parachutes... Pendant que je le garrottais, je lui dis : “ *Take it easy,* Eddie. Ne nous complique pas inutilement les choses... autant pour toi que pour nous. ” Il répondit : “ Ce n'est pas parce que je suis déserteur qu'ils me fusillent. Des déserteurs, il y en a des milliers. Ils ont besoin d'un exemple et ils m'ont choisi. Parce qu'autrefois j'ai fait de la prison. Autrefois, quand j'étais petit garçon, j'ai parfois chipé des choses et c'est pour cela qu'ils me fusillent aujourd'hui. Ils me fusillent parce qu'à douze ans j'ai volé du chewing-gum et du pain. C'est pour ça qu'ils me fusillent ”. »

A neuf heures cinquante-six, le général Cota cria : « Garde à vous ! » La petite colonne se mit en marche, précédée par le major Fellmann et le Père Cummings. Slovik venait ensuite, tête nue, mains liées et, derrière lui, tenant le bout de la corde, les sergents Hess et McKendrick.

Le capitaine Hummel :

« Je me trouvais derrière le général Cota. Je n'oublierai jamais ce silence. On n'entendait aucun bruit, sauf le craquement des souliers dans la neige. Je voyais les lèvres de Slovik remuer. »

Le chapelain Cummings :

« Slovik récitait les prières que connaît tout catholique. “ Sainte Marie, Mère de Dieu, priez pour nous pauvres pécheurs... Que le fruit de tes entrailles soit béni... Maintenant et à l'heure de notre mort. *Amen* ”. »

Major Fellmann :

« Soldat Slovik, avez-vous encore quelque chose à dire avant que ne s'accomplisse la sentence de mort ? » Slovik répondit : « Non. »

Major Fellmann :

« Préparez le prisonnier pour l'exécution. »

Sergent McKendrick :

« Nous lui liâmes les pieds avec de la corde de nylon et l'attachâmes au poteau avec des sangles. Les sangles provenaient du sac de couchage d'un officier... Puis je pris la cagoule et la lui passai. »

Il était dix heures une. Les tireurs vinrent se ranger devant Slovik.

Le soldat Morrison :

« Quand nous sommes sortis en rang, je vis Slovik, coiffé de la cagoule, attaché au poteau. Je l'observai de près pour voir s'il manifestait une émotion quelconque ; mais je dois dire qu'il était tout à fait tranquille... J'avais froid et j'avais envie que la chose se fît vite pour pouvoir rentrer au chaud. »

Major Fellmann :

« Peloton, garde à vous ! Présentez, armes ! En joue ! Feu !

« Le premier mouvement qui vint rompre le silence paralysant à l'issue de la salve fut dû au docteur Rougelot. Il marcha lentement vers Slovik et posa le stéthoscope sur sa poitrine... J'avais le sentiment qu'il faisait un kilomètre... »

Sergent McKendrick :

« Slovik s'était écroulé en avant. Il avait peut-être perdu connaissance, mais il n'était pas mort. Tous ceux qui étaient présents le virent se raidir au moins par deux fois. »

Le docteur Rougelot :

« Les tireurs avaient fait du mauvais travail, ce qui était sans doute un signe de leur nervosité. Aucune balle n'avait atteint le cœur... J'appliquai mon stéthoscope. Le corps de l'homme présentait un léger frémissement. La respiration était oppressée et très faible. Le pouls rapide, faible et irrégulier. Il était facile de voir que l'homme serait mort dans un délai très rapproché... Je continuai à l'ausculter, attendant d'entendre son cœur s'arrêter. »

Major Fellmann :

« Le lieutenant Koziak commença à recharger les mousquetons... Comme il avait presque fini, j'ordonnai au docteur Rougelot de déclarer l'homme pour mort ou de s'écarter devant la seconde salve, comme le prévoyaient les prescriptions. »

Le docteur Rougelot :

« Une seconde salve ne sera pas nécessaire, major. Le soldat Slovik est mort. »

A dix heures trente, le télégramme suivant arriva à Paris :

« Urgent et secret. Au général en chef du théâtre de guerre européen, de l'état-major de la 28e division.

« Conformément au verdict du 27e quartier général européen en date du 23 janvier 1945, le soldat Eddie D. Slovik, matricule 36896415, autrefois compagnie G 109e d'infanterie, a été passé par les armes à Sainte-Marie-aux-Mines, en France. » Signé : « Cota. »

Le dossier Slovik était clos.

Les rêveurs de l'absolu

PREMIÈRE PARTIE : TRACTS ET BOMBES

Il y a une centaine d'années, par un matin d'avril de 1862, les habitants de Saint-Pétersbourg purent lire sur les murs des édifices publics des petites affiches portant le texte suivant :

A la jeune Russie !

Par la faute de ceux qui nous dirigent, notre pays est réduit à une situation épouvantable. Il ne lui reste qu'une issue : une révolution sanglante, impitoyable, qui détruise radicalement tous les fondements de l'ordre social d'aujourd'hui, quels qu'ils soient, et anéantisse tous les partisans du système actuellement en vigueur. Nous n'en avons pas peur, bien que nous sachions qu'il en coûtera des flots de sang...

Premièrement, nous réglerons nos comptes avec la famille impériale. Les Romanov paieront de leur sang les souffrances du peuple, le despotisme de tant de longues années, leur manque d'égards pour les droits et les nécessités les plus élémentaires de leurs sujets. La lignée des Romanov perdra sa tête. Envahissons le Palais d'Hiver et exterminons ceux qui l'occupent.

Il est possible que l'anéantissement de la famille du tsar marque l'achèvement de notre besogne. Mais il est plus probable que le parti impérial se lèvera comme un seul homme pour défendre le tsar. Dans ce cas, mettons toute notre foi en nous-mêmes, en nos forces, en l'amour du peuple, en l'avenir glorieux de la Russie qui sera le premier pays du monde à accomplir la grande tâche du socialisme et crions : A vos haches ! Abattez sans pitié le parti des tsars comme il s'est sans pitié dressé contre nous. Abattez-les sur les places, si cette bande de chiens ose vous chasser à coups de pied ! Abattez-les dans les rues des villes de province et sur les boulevards de la métropole ! Abattez-les dans les villages et les hameaux !

Si nous venions à échouer, si nous devons payer de notre vie notre tentative d'aider les êtres humains à conquérir leurs droits, nous monterons sans peur sur l'échafaud et poserons sans crainte la tête sur le billot.

Le Comité central de la Révolution [1].

Dans les quelques très rares bibliothèques et instituts d'Occident qui possèdent un exemplaire de ce document, la pauvre feuille de papier est maniée avec les plus grandes précautions ; telle une relique elle repose, jaunie et fragile, sous verre. Et comme toutes les reliques, elle éveille non seulement l'enthousiasme mais aussi les doutes de la postérité ; ou plutôt : surtout les doutes. Ceci exige un examen approfondi. Ce document pâli est une déclaration de guerre. On y annonce la dernière guerre sainte contre l'ancien ordre européen et, en même temps, la première grande action de la résistance moderne. Ce double sens est facile à déceler dans le texte de la proclamation. Son langage exalté retentit encore des échos de la Révolution française, sa réthorique est de seconde main, ses images sont des réminiscences du XVIIIe siècle : pour les conjurés de Saint-Pétersbourg, la hache demeure l'*ultima ratio* ; la hache, l'arme des Jacobins, et non la mitrailleuse de la Commune de Paris ou la dynamite, la substance symbolique des dernières années du XIXe siècle, que venait de découvrir Alfred Nobel dans son laboratoire de Stockholm, à l'époque même où les hauts fonctionnaires de la cour du tsar Alexandre II se virent obligés de déposer devant lui la feuille grossièrement imprimée qui les vouait, lui et son régime, à la mort.

Pour l'homme du Palais d'Hiver, l'autocrate de toutes les Russies, ce ne dut pas être chose facile que de prendre au sérieux la menace et la déclaration de guerre.

Qui les avait exprimées et à qui étaient-elles adressées ? Le « Comité central de la Révolution » de 1862 se composait d'une poignée de tout jeunes étudiants et officiers. Ils n'avaient derrière eux aucune organisation ; ils ne disposaient d'aucun moyen et n'avaient aucune expérience. Ils s'attaquaient, les mains vides, à une grande puissance et à son souverain absolu. Ils avaient contre eux : une puissante armée, une bureaucratie fantastique, trois systèmes de police indépendants les uns des autres, dont l'un, la police secrète de l'Etat, placée directement sous les ordres du tsar, jouissait de pouvoirs illimités. Ils n'avaient pour eux aucune base de masse, aucun parti, pas de source d'argent. Ils n'avaient rien que les termes de leur déclaration de guerre.

Et pourtant, ces termes n'étaient pas vides de sens. La guerre qu'ils déclaraient était un fait. Il y avait des éternités qu'elle était en marche. La première conjuration jacobine de la Russie, qui voulait détruire l'empereur et sa famille, avait été la conspiration des hommes de Décembre. Elle se composait d'officiers et prit la forme d'un putsch militaire. Dans la matinée du 14 décembre 1825, deux mille soldats de la garde, mutinés, avaient défilé devant le Palais du Sénat de Saint-Pétersbourg. Il suffit d'une salve de mitraille pour mettre fin à ce putsch.

Le tsar Nicolas Ier fit exécuter les cinq chefs de la conjuration décembriste le jour de son anniversaire et, le même jour, institua une organisation qui devait, pendant quatre-vingt-dix ans, combattre opiniâtrement et attiser sans cesse la guerre civile froide en Russie : la « troisième section de la chancellerie hautement privée de Sa Majesté ». Cette police secrète du tsarisme n'avait qu'une tâche : étouffer sans pitié tout mouvement d'opposition. Durant les quarante premières années de son existence, pas une balle n'a été tirée contre le tsar. Mais ces quarante années représentaient le temps d'incubation de la terreur révolutionnaire. Voici comment la décrit l'historien libéral Karl Oldenberg :

« Le troisième département de la chancellerie impériale devint en fait un des services les plus puissants et les plus importants du pays ; les ministres eux-mêmes étaient obligés de s'y soumettre. L'intolérance de la censure atteignit à l'invraisemblable. Presque toutes les plus remarquables productions de la littérature allemande, française et anglaise et 90 % des organes de la presse périodique étaient mis à l'index. Les journaux de l'intérieur étaient censurés avec une rigueur semblable. Pour un voyage à l'étranger, et outre une permission du gouvernement, on exigeait le paiement d'une somme de cinq cents roubles... Le ministère de l'Education nationale fut confié à un homme qui supprima les chaires académiques de philosophie, de droit public européen sous toutes ses formes et réduisit le chiffre des étudiants à trois cents par université ; il est prouvé que l'empereur avait songé à la suppression complète des universités. L'obsession de l'infaillibilité et le despotisme du tsar vieillissant augmentèrent durant les dernières années de son règne... dans une telle mesure que les conseillers les plus dévoués et les plus fidèles qui l'entouraient commençaient à se poser des questions sur l'état mental du monarque » [2].

Il faut cette pré-histoire — à laquelle ces informations ne font que de vagues allusions — pour donner à cette franche déclaration de guerre de 1862 tout son poids. Bien entendu, ce n'était rien de plus qu'un chiffon de papier couvert d'une prose politique de seconde qualité. Saint-Just se serait mieux exprimé que cette poignée d'anonymes. Toutefois, la presse à imprimer d'où sortait ce tract se trouvait dans les bâtiments de l'état-major général russe et ses auteurs risquaient leurs têtes. Quatre ans plus tard, dans le Jardin d'Eté de Saint-Pétersbourg, un homme obscur de petite noblesse nommé Dimitri Karakosov, tira pour la première fois sur le tsar. Il le manqua. Mais la guerre dans l'ombre devenait une vérité sanglante.

Décrire cette guerre est une tâche difficile : car elle n'exprime pas uniquement les souhaits et les idées de ses protagonistes, mais aussi les contradictions de la Société russe du XIXe siècle : les intérêts des grands propriétaires fonciers et de la bourgeoisie citadine, du capital commercial et industriel, de la noblesse qui servait, et l'éveil de l'*intelligentsia*. Des alliances dynastiques et les complications de la politique étrangère, les fluctuations du prix des grains sur le marché mondial et les combats dans la coulisse à propos de la construction de chemins de fer et de l'industrialisation ont eu une influence, voire un effet déterminant. Pour la comprendre jusque dans ses dernières ramifications, il faut étudier dans son entier l'histoire politique, sociale et économique de la Russie au XIXe siècle.

Il ne peut en être question ici qu'en marge. Ici, c'est une autre histoire que l'on raconte : l'histoire d'une minorité désespérée, composée de quelques douzaines, de quelques centaines, de quelques milliers d'hommes qui ont littéralement posé leurs têtes sur le billot. Ce n'est pas avec des classements sociologiques et des analyses marxistes que l'on épuisera le sens de cette histoire. Elle ne parle pas de luttes de classes et des conditions de productions, mais de rêveurs et de fanatiques, de fous et de beaux esprits, d'aventuriers et de brouillons, de missionnaires et de suicidés, de saints sanglants tels que le monde n'en a jamais vu de semblables.

C'est une histoire obscure et inextricable. Elle se déroule dans les sous-bois de l'Histoire, dans la jungle de la clandestinité. Les théâtres où elle se situe sont des galetas dans des caves et des forteresses, des pénitenciers et des salons, de pauvres mansardes de Zurich et de Genève, de misérables auberges de villages ukrainiens, des salles d'assises, des halls d'usines et des palais. Ses personnages principaux demeurent vagues, déformés par des trous de mémoire et entourés comme d'un essaim de mouches bourdonnantes d'espions et d'agents provocateurs. Ses sources sont incertaines et contradictoires. D'importants témoignages sont perdus à jamais ou moisissent dans des archives secrètes. Quiconque veut raconter cette histoire est réduit à s'en rapporter aux travaux de recherche de quelques compilateurs de l'Allemagne des années quatre-vingt et aux maigres renseignements et mémoires des rares survivants de la conspiration.

Le déroulement de l'action est extrêmement compliqué et enchevêtré, impénétrable et chaotique. Sa logique est dialectique et non linéaire. Elle suit la courbe de fièvre de la société russe à travers le XIXe siècle. De décennie en décennie, la tactique de la révolte se modifie selon le climat du régime. Le jeu des intérêts matériels, des caprices des tsars et de leurs conseillers, l'ambiance des dix salons qui dirigent Saint-Pétersbourg : tout cela est instable, change d'un jour à l'autre et passe de l'oppression sauvage à des demi-concessions, de demi-réformes à une réaction brutale. Tantôt, la presse d'opposition est autorisée, tantôt interdite du jour au lendemain ; les prisonniers politiques sont subitement libérés ou graciés ; un an plus tard, on les fouette à mort ou on les bannit par milliers sans jugement.

Et comme si cette confusion ne suffisait pas, nous voyons les héros de notre histoire discuter ensemble pendant des nuits entières en buvant des multitudes de verres de punch et de thé. Ils ne sont jamais d'accord. Ils tirent tous cent ficelles. Ils se scindent en groupes et cercles innombrables. Ils se considèrent mutuellement avec hostilité, voire avec haine. Constamment menacés d'être trahis et débusqués, ils s'accablent les uns les autres de soupçons. A Pétersbourg, à Moscou, à Odessa, à Londres, Genève et Zurich, ces fractions poursuivent d'âpres querelles. Bavards et traîtres, escrocs et fous empoisonnent la conspiration. Cette minuscule puissance guerrière, devant laquelle tremblait le tsar, ce souverain absolu qu'elle finit par abattre, semblait misérable et réduite à elle-même.

Aucun fil d'Ariane, et moins que tout le fil chronologique, ne nous guide dans le labyrinthe de cette conjuration. Quiconque veut comprendre quelque chose à son déroulement doit la suivre sur ses principaux théâtres. Le premier de ces théâtres est le champ de bataille de la Théorie.

Quand on jette un coup d'œil en arrière, rien ne paraît plus inoffensif que le début d'une révolution. Ce début est toujours peu apparent, paisible, parfois touchant.

C'est ce qu'ont été quelques-unes des premières actions des conjurés russes : ils fondèrent des écoles du dimanche. Ils disséquaient des grenouilles. Ils lisaient des livres français. Ils ouvrirent des cabinets de lecture. Ils mettaient la *Logik* d'Hegel en vers. Ils s'échauffaient à propos d'un roman nouveau. Ils écrivaient des critiques. Ils ouvrirent une caisse de maladie pour les étudiants. Ils se venaient en aide mutuellement et prenaient leurs repas ensemble. Ils jouaient aux échecs.

L'un d'eux, Fédor Dostoïevski, a décrit leur époque, leur sociologie et leur mentalité par ces mots : « Nous étions un prolétariat de bacheliers. » Pendant des décennies, ce prolétariat s'est perdu et renouvelé. Sans discernement, avec impatience et avidité, il s'abreuvait des idées de l'Europe occidentale. A l'ordre du jour de cette réception enivrée, il y avait :

Vers 1830, les utopistes français, et tout particulièrement Henri de Saint-Simon et Charles Fourier ;

Dans les années quarante, les premiers socialistes Owen et Proudhon ;

Durant les années soixante, l' « idéologie allemande », Feuerbach et Karl Büchner, ainsi que les sciences naturelles matérialistes, notamment le darwinisme ;

Et dans les années soixante-dix, le positivisme de Comte et les doctrines socialistes de Marx, Engels et Lassalle.

C'était le pensum de l'*intelligentsia* bourgeoise progressiste dans toute l'Europe. C'est ce pensum que les étudiants russes s'efforcèrent de rattraper, la plupart du temps avec dix à vingt ans de retard. C'est cela et rien d'autre qui leur rapporta le titre du nihilisme. Le mot était à cette époque aussi vide de sens qu'aujourd'hui : un épouvantail à bourgeois, un attrape-nigaud dont l'idée donnait la chair de poule aux pauvres d'esprit. Certes, les nihilistes d'alors récitaient leur leçon avec une ardeur particulière. L'athéisme, le matérialisme, les sciences naturelles, le socialisme — tout cela ne leur servait pas seulement d'arme idéologique contre l'évangile de l'ancien régime ; c'était un évangile en soi et il était absorbé sans critique, cru avec passion et annoncé avec extase. Le messianisme qui transfigurait et déformait à la fois les pensées importées était spécifiquement russe. Les nihilistes étaient les apôtres de la raison, mais ils prêchaient leur credo rationaliste avec un prosélytisme fanatique qui jurait avec la froideur de leurs thèses. Un de ces étudiants a, dit-on, été jusqu'à professer la foi suivante : « Chacun d'entre nous est prêt à aller à la potence et à donner sa tête pour Moleschott et Darwin » [3].

Une profession de foi ridicule, mais le régime tsariste l'a prise au mot. Des condamnations à mort témoignent du sérieux avec lequel il le fit.

Le chef de la « troisième section » à Saint-Pétersbourg reçut en mars 1848 une dénonciation : un certain Petrachevski, fonctionnaire au ministère des Affaires étrangères, donnait tous les vendredis une soirée à laquelle se rendaient des jeunes gens suspects : étudiants, fonctionnaires et officiers. A la suite de cette dénonciation, un espion de la police secrète assista pendant un an à toutes les discussions de ces soi-disant conspirateurs.

Le 23 avril 1849, la police frappa. Trente-trois participants, d'un âge moyen de vingt-cinq ans, furent arrêtés et, parmi eux, un étudiant du nom de Dostoïevski. Vingt et un d'entre eux furent condamnés à mort et ne furent graciés qu'au pied de l'échafaud... mais envoyés pour de longues années de pénitencier en Sibérie. Les autres furent bannis.

Ces « menées dangereuses pour l'Etat » étaient plutôt de nature théorique : les « conspirateurs » lisaient des livres et s'entretenaient des idées qu'ils découvraient dans les livres. Ce n'était pas leurs actes que l'on punissait, mais leurs opinions. Les *Petrachevskistes* étaient des représentants typiques de l'intelligentsia révolutionnaire de ces années. Ils ne disposaient d'aucune organisation ; on ne pouvait leur reprocher la moindre action politique, aucun plan, aucun attentat, aucune démonstration. Leur champ de bataille était la théorie. Ce fut un champ de bataille sanglant. Une vétille se payait de dix ans de réclusion ; un rien d'utopie, de l'échafaud.

Dans ces conditions, une insurrection pacifique était

une fiction. L'opposition n'avait pas les moyens d'être pacifique. Le plus inoffensif de ses mouvements était puni comme un crime. Dans un certain sens, le régime des tsars a élevé et formé ses adversaires. La première société secrète effective de la Russie était la « troisième section » de la chancellerie impériale. Ce fut l'impitoyable professeur de la jeune Russie ; elle était, elle devint le modèle de la technique de la conspiration, l'exemple de la méthode clandestine. Sa théorie, la jeune Russie l'avait importée ; sa pratique, elle l'acquit dans son propre pays, de son propre corps : la pratique du travail de sape. Ce qui se fondait, ce n'était plus des petits clubs où l'on discutait ou des écoles du dimanche ; ce furent la « Société du Tribunal du Peuple ou de la Hache », « L'Enfer », « l'Union centrale des Travailleurs », les « Buntari », le « Syndicat ouvrier de la Russie méridionale », la « Lawristi », la « Société pour le pays et la liberté », « La Volonté du Peuple », et avec ces groupes la conspiration, de fantôme, devint réalité. Les prémisses étaient claires ; ce qui n'était pas clair, c'étaient les buts et les méthodes ; ce qui n'était pas clair, c'était le choix des armes.

Au « Comité central révolutionnaire » qui, au printemps de 1862, appelait aux haches, Alexander Herzen, la tête, le guide de la vieille génération, répondit de son exil londonien :

« Je n'appellerai pas à la hache, à cet *ultima ratio* des opprimés, tant que nous restera encore le plus petit espoir d'une solution sans hache. La Russie a besoin de balais, pas de haches... Suivons la voie évolutionniste de l'Amérique et de l'Angleterre. Les artistes de la révolution n'aiment guère cette voie, mais cela ne nous regarde pas. Résolument, nous donnons à cette voie le pas sur la voie sanglante » [4].

Et, sept années plus tard, il suppliait encore le sauvage Bakounine : « Ce que des gens raisonnables excuseront chez Attila, chez le Comité de Salut public, voire chez Pierre le Grand, — ils ne nous le pardonneraient pas. Nous n'avons pas entendu de voix d'en haut nous ordonnant de remplir un destin, nous n'avons pas perçu d'appel des profondeurs nous communiquant des instructions. Pour nous, il ne peut y avoir qu'une voix et qu'un guide : la raison et la compréhension. Si nous les rejetons, nous deviendrons les renégats de la civilisation » [5].

Ce n'était pas un choix entre la légalité et la révolte, c'était un choix entre deux armes : entre les tracts et les bombes. Tous deux paraissaient également dangereux au régime des tsars — avec raison. *La Cloche,* de Herzen, imprimée à Londres, était interdite en Russie. On employait toutes sortes de moyens pour l'introduire en fraude dans le pays : à la Foire de Novgorod, la police secrète confisqua cent mille exemplaires d'un seul numéro. *La Cloche* n'était pas le seul organe des révolutionnaires. A Berlin et à Genève, à Londres et à Zurich, les presses à imprimer des émigrants travaillaient ; et, dispersées dans tout l'empire russe, il y avait des presses à main desquelles sortaient un flot de bulletins et de brochures : *La Libre Parole, Le Travailleur, En avant, La Semence, Le Tocsin, La Parole souterraine, La Liberté, La Commune, Le Pays et la Liberté, La Volonté du Peuple, Le Commencement, Le Messager de la Vérité, Le Partage noir, La Cause du Peuple...*

Ces cahiers bon marché et grossièrement réalisés, qui, sous ces titres, passaient de main en main, nous donnent le premier exemple de l'énorme action de la propagande politique clandestine. Ils paraissaient en tirages ridiculement réduits : le plus souvent de 300 à 3 000 numéros ; mais chaque exemplaire atteignait beaucoup de lecteurs et, avant d'avoir été complètement usé, avait souvent été recopié à la main et retransmis. Ce processus est instructif : il démontre pour la première fois à quel point la littérature politique agit en tant qu'élément ouvrant la voie et peut déterminer d'immenses conséquences avec un minimum de frais.

L'abondance des publications qui surgissaient spontanément et au hasard dans la clandestinité ne témoigne pas uniquement de l'étendue de l'agitation révolutionnaire dans la bourgeoisie et les milieux de l'*intelligentsia.* Elle exprime aussi la perplexité et la division des forces révolutionnaires. Sur le champ de bataille de la Théorie, elles ne s'opposaient pas seulement au tsarisme, mais encore elles s'entre-dévoraient.

La base de l'agitation était mince. Elle reposait sur la thèse qu'en Russie tout devait changer. Chaque déclaration qui traitait de cette exigence devenait l'objet de violentes querelles, d'aigres hostilités, d'interminables discussions et de spéculations oiseuses. Les feuilles et les pamphlets de cette époque, tous imprimés au prix d'invraisemblables sacrifices et diffusés au péril de la vie, s'accusaient les uns les autres, ouvertement ou subtilement, de prévarication, de lâcheté, d'incompréhension et de trahison. Plus cette presse clandestine était petite et impuissante, plus elle se faisait stridente et dogmatique. Les historiens de l'*intelligentsia* classeront quelque jour avec précision en un gros ouvrage de cinq volumes ses tendances, ses nuances, ses contradictions ; à moins qu'ils n'en fassent rien.

Qu'on en vînt à ce charabia n'avait rien d'étonnant. Ce que la jeune Russie avait, fiévreusement et sans l'avoir vu, importé d'Occident, c'était un matériel idéologique fantastiquement hétérogène. Cela allait d'un libéralisme modeste aux doctrines anarchiques les plus extrêmes. En Europe, et pendant toute la durée du siècle, la fermentation de ce matériel avait donné lieu à d'âpres discussions ; en Russie, ce processus de « bouillaison » avait lieu en un espace limité et sous une constante menace.

Ajoutons que ces doctrines européennes absorbées sans discernement n'étaient, pour la plupart, pas adaptables à la réalité russe. Pour une révolution bourgeoise — sans même parler d'une révolution prolétaire — il manquait dans cet empire insuffisamment développé des tsars tous les postulats préalables. Ces doctrines n'en étaient répétées qu'avec plus d'obstination, et leurs partisans n'y adhéraient que plus implacablement.

L'apport personnel russe à la théorie révolutionnaire demeure proportionnellement petit. Outre ses tentatives pour résoudre la question paysanne, l'*intelligentsia* russe s'est surtout occupée de la technique de la révolution elle-même. Ce faisant, elle est parvenue à des thèses radicalement nouvelles, parfois effrayantes. Ces thèses sont l'œuvre de trois hommes.

« L'esprit, cette vieille taupe, en a déjà terminé de son œuvre souterraine et, bientôt, on le verra reparaître pour se poser en juge... Tous les hommes sont emplis d'un certain pressentiment et quiconque n'ayant pas les organes vitaux paralysés voit en frémissant s'approcher l'avenir qui prononcera la parole libératrice. En Russie même, peut-être appelée à un grand avenir, s'amassent de sombres nuages annonciateurs d'orage. Et c'est pourquoi nous crions à nos frères aveuglés : Faites pénitence ! Faites pénitence ! Le règne du Seigneur est proche ! Fions-nous donc à l'Esprit éternel, qui ne détruit et n'anéantit que parce qu'Il est la source insondable et éternellement créatrice de toute vie. Détruire, c'est encore créer » [6].

Ces phrases se lisaient dans les *Annales allemandes de la Science et des Arts* de 1842. Leur auteur était un Russe d'une stature léonine, descendant d'une famille de la haute noblesse, élevé à la distinguée Ecole d'artillerie de Saint-Pétersbourg, un homme à l'esprit pénétrant et violent, avec les traits d'un Danton slave. « Le géant Bakounine », ainsi l'appelaient ses amis. Il avait suivi les cours d'Hegel et s'est mêlé à toutes les révolutions européennes de son époque. En 1849, il fut condamné à mort en Saxe et en Autriche, puis gracié, livré à la police russe et envoyé en Sibérie. En 1861, il réussit à s'enfuir, après une évasion spectaculaire par Sakhaline, le Japon, l'Amérique, jusqu'à Londres, où il accula au mur son maître, le doux Herzen. Michael Bakounine était un risque-tout, un aventurier, un vandale ; le démon de la destruction lui avait donné des ailes. Par sa furieuse éloquence, il réussit à forcer son entrée dans l'Internationale marxiste. En 1872, il l'avait fait sauter. Son credo était aussi ardent que primitif : c'était un anarchiste de la plus belle eau. Il écrivait : « L'Etat le plus petit et le plus inoffensif est encore criminel dans ses rêves. » Il enseignait : « L'Ordre est un crime. La révolte est le bien. » Et il tira les conséquences de cette doctrine dans son œuvre maîtresse, *Le Catéchisme révolutionnaire* :

« Dur pour lui-même, le révolutionnaire doit l'être aussi pour les autres. Il doit étouffer tout sentiment de sympathie, d'amitié, d'amour, de reconnaissance, toute émotion envers ses parents au profit d'une passion unique, froide : celle du travail révolutionnaire. Pour lui ne doit exister qu'une joie, qu'une consolation, qu'une récompense, qu'une satisfaction : le succès de la révolution. Nuit et jour, il ne doit avoir qu'une idée, qu'un but : l'impitoyable destruction. En poursuivant froidement et constamment ce but, il faut qu'il soit prêt à mourir lui-même et prêt aussi à tuer de ses propres mains tous ceux qui l'empêcheraient d'atteindre ce but » [8].

Bakounine n'a pas été seul à écrire cela. Un esprit encore plus ténébreux que le sien se manifeste, celui de son mystérieux élève Netchaïev. On sait peu de chose de la vie de ce Sergheï Netchaïev et ce peu de chose sent son roman-feuilleton d'une lieue. Il parut d'abord à Saint-Pétersbourg en 1866. Trois ans après, il disparaissait. Il a prétendu plus tard que la police du tsar l'avait appréhendé et jeté à la forteresse Pierre-et-Paul. A ses intimes, il narra une histoire fantastique : il soutint avoir provoqué une mutinerie dans la forteresse et s'être échappé à la faveur du tumulte. Ce fut la première mystification de Netchaïev. En vérité, il s'était rendu à l'étranger et avait été retrouver Bakounine à Genève. A celui-ci, il avait fait d'autres contes : en Russie, tout était prêt pour un soulèvement. Lui, Netchaïev, disposait d'une organisation armée qui préparait la révolution. Bakounine lui procura de l'argent, le nomma chef de la section russe de l'Internationale. Netchaïev reparut à Saint-Pétersbourg avec un papier qui lui conférait une auréole magique. On y lisait : « Alliance Révolutionnaire Européenne. Comité général. Le 12 mai 1869. N° 2771. » Signé : « Bakounine. »

Armé de ce papier, il ensorcela tout le monde. Il parla d'un mystérieux comité central dont il était l'inventeur et le seul représentant et au nom duquel il réclamait une obéissance inconditionnelle. Il simula la création de tout un réseau de sociétés secrètes. Un de ses adhérents, un étudiant du nom d'Ivanov, commença à douter de l'existence de cette conspiration fantomatique.

Le 21 novembre 1869, Netchaïev ouvrit un procès contre le « traître » dans le cercle de son Union de la Hache. Le même jour, Ivanov fut mis à mort dans une grotte de l'Académie d'agriculture de Moscou. Netchaïev, l'homme-médecine de la révolution, était devenu son premier bourreau.

Sa contribution idéologique à la théorie de la révolution était la loi suivante : tout est permis au nom de la révolution. Le révolutionnaire est en droit ou, plus exactement, il est de son devoir de mentir à ses compagnons. Il doit faire tout ce qui peut augmenter les souffrances des opprimés, l'amertume et la misère des persécutés.

Le troisième idéologue du crime révolutionnaire, également un disciple de Bakounine, était Peter Tkatchev. Il était le plus obscur et en même temps le terroriste le plus conséquent avec lui-même du champ de bataille de la Théorie. Il proposait d'exterminer tous les Russes au-dessus de vingt-cinq ans parce qu'ils étaient incapables de réaliser les idées de la révolution. Il proclamait la terreur permanente comme un but en soi ; selon lui, la terreur et la révolution ne devaient plus être considérées comme un moyen en vue d'une fin, elles concordaient. Les meneurs d'une révolution jouissent d'un pouvoir illimité. Leurs sous-ordres sont des instruments vis-à-vis desquels tous les procédés sont permis. Quand le tsar meurt, la révolution relève la tête : la tête d'un nouveau tsar, qui régnera plus terriblement et plus absolument que l'ancien.

De ces trois logiciens de la révolution, Bakounine fut le seul dont les doctrines eurent une influence directe sur les événements qui se déroulèrent à cette époque en Russie ; Tkatchev et Netchaïev étaient des « outsiders ». Tous trois eurent une fin misérable. Bakounine est mort solitaire et oublié dans son exil suisse. Netchaïev termina son existence en prison après douze ans de réclusion. Tkatchev disparut dans un asile psychiatrique. Ce qu'ils avaient semé ne leva que quarante, soixante, soixante-dix ans plus tard. Ils n'eurent pas beaucoup de lecteurs, mais parmi les quelques rares militants qui étudièrent leurs traités jaunis, on compte Lénine, Trotsky et Staline. Lénine a qualifié ces doctrines de « majestueuses » et Staline les a érigées en un système quotidiennement pratiqué.

La jeunesse russe était autrement disposée. Au début des années soixante-dix, elle reconnut les maigres résultats obtenus après plusieurs décennies d'un travail de propagande dangereux et infatigable. Les innombrables pamphlets, brochures, démonstrations et appels n'avaient jamais atteint qu'une minorité. 90 % des Russes étaient des analphabètes. Il s'agissait de leur sort, de leur délivrance. Toutes les conspirations passées ressemblaient à un soliloque de l'*intelligentsia* bourgeoise. Les articles passionnés en provenance de Londres ou de Zurich, les romans les plus émouvants ne parvenaient pas aux oreilles des cinquante millions de paysans qui étaient la véritable Russie. Ce fut l'époque où la révolution changea de théâtre d'action, de champ de bataille de la Théorie. Elle se livra à une croisade : elle alla « dans le peuple ».

« Quittez les universités, les académies et les écoles ! Détournez-vous de la science, laquelle, sous sa forme actuelle, ne sert qu'à vous lier et vous paralyser ! Pénétrez dans le peuple et délivrez vos frères d'un esclavage criminel ! » [9].

C'était la voix de Bakounine. Elle donna le signal d'un mouvement sans exemple dans l'histoire moderne. Des filles d'excellentes familles et des collégiens, de jeunes nobles et des fils de bourgeois pleins d'avenir furent pris par milliers d'une sorte de vertige et se livrèrent à une pérégrination romanesque « dans le peuple ». « Dans le peuple » — selon ce mot d'ordre, les jeunes pèlerins du socialisme primitif russe se firent appeler les Narodniki.

Leur socialisme avait subi une singulière coloration russe. De très bonne heure, les théoriciens révolutionnaires avaient reconnu que les doctrines d'Europe occidentale ne valaient rien pour la réalité russe. Il n'y existait aucune bourgeoisie forte et sûre d'elle et encore moins un prolétariat industriel en puissance tels que les présupposent les doctrines de Saint-Simon à Marx. La base économique de la Société russe était encore et toujours la paysannerie. Mais comment éveiller à la révolution cette classe silencieuse, gigantesque, léthargique, ignorante, sans droit et retardataire ? Comment prêcher le socialisme à un peuple fermement convaincu que la terre reposait sur quatre baleines ?

Dès le premier tiers du siècle, les têtes de l'*intelligentsia* révolutionnaire avaient découvert une solution ahurissante à ce dilemme. Au lieu de l'apporter dans les villages, ils s'avisèrent que le socialisme y était déjà chez lui et cela depuis des temps immémoriaux. Il ne s'agissait plus que de le remettre en valeur.

C'était une interprétation assez audacieuse des conditions économiques des villages. Elle se fondait sur une organisation, effectivement fort ancienne et répandue dans toute la Russie : la propriété communautaire du sol et des terres. Les paysans de chaque village possédaient autrefois en commun la forêt, les pâturages et l'eau ; les terres cultivées étaient distribuées tous les neuf ans parmi les membres de la communauté. La servitude n'avait pas modifié grand-chose à ce système : le seigneur abandonnait une partie de ses domaines à la communauté. « Nous appartenons au seigneur, mais la terre est à nous », disaient les paysans. « La terre vient de Dieu et il a institué le tsar afin qu'il veille à ce que chacun reçoive sa part de la terre du Bon Dieu. »

De ces prémisses précaires, Bakounine tira cette conclusion hardie : « Rien n'est plus simple que de soulever un village quelconque. Le peuple est constamment capable et prêt à se révolter et, après la révolution, à s'organiser dans l'indépendance. Il ne lui manque pour cela que la conscience de sa force, la haine contre ses oppresseurs et la pratique de la révolte. En conséquence, les révolutionnaires n'ont pas besoin d'enseigner le peuple, qui n'a rien à apprendre. Le peuple connaît ses propres souffrances et leur origine. Les révolutionnaires n'ont qu'à attiser la haine contre les classes privilégiées, éveiller chez le peuple la conscience de sa force et exercer cette force par des tentatives de putsch » [10].

Pénétré de ces paroles et de ces assurances, le « socialiste russe, selon l'expression d'un historien bourgeois, rompit tous les liens qui l'attachaient à sa famille, renonça à sa carrière, laissa son visage se hâler, se durcit les mains, revêtit la défroque du paysan, enfouit son faux passeport dans la tige de sa botte, mit sa besace pleine de livres à son épaule, prit le bâton en main, secoua de ses pieds la poussière du monde pourri et se mit en route *sans chemin* » [11].

Le pèlerinage dans le peuple n'était pas un mouvement de masse de grand style ; mais il comprenait, à son apogée, vers 1874, quand même une dizaine de milliers de participants. Une action révolutionnaire d'une telle envergure n'était pas possible sans la tolérance muette d'une grande partie de la classe bourgeoise. Elle exigeait de considérables sommes d'argent et un minimum d'organisation. Les Narodniki se déguisèrent en cordonniers, en colporteurs, en instituteurs et en écrivains publics. Ils aménagèrent des forges, des boutiques de bric-à-brac et des pharmacies. Les filles — il y avait en effet parmi eux un nombre étonnant de filles, dont beaucoup étaient riches et belles — travaillaient en qualité de sages-femmes et de médecins. Tous, ils n'avaient rien à gagner et tout à perdre ; le moindre entretien, le plus petit voyage, la rencontre la plus insignifiante était un crime contre l'Etat et la police les poursuivait jusque dans les auberges les plus isolées. Mais les révolutionnaires se mirent à profiter des enseignements de la police. Ils choisirent des « logis de conspirateurs » et préparèrent un code télégraphique. Ils disposaient en propre de messagers et d'imprimeries clandestines. A la place des articles de tête et des analyses, on vit apparaître des titres qui s'appliquaient aux paysans : *Croquis des steppes. Le petit Demetrius, La force brise la paille, Ils ont pris le dénonciateur, Le conte de Govoroucha, Le conte des quatre frères, La vie, Vie et mort du voleur Stenka Razine, Le mécanicien rusé, Le discours du Vendredi saint, La charte d'or, Comment notre pays n'est plus le nôtre, Le petit Père Igor.*

Distribuer ces brochures présentait un certain danger. Car les paysans, qui ne savaient pas lire, les portaient souvent aux popes pour savoir ce que l'on y disait : et le pope les transmettait aussitôt à la police. C'est pourquoi on remettait aux agitateurs des notes écrites où on leur indiquait les arguments à employer dans leurs conversations avec les paysans. En voici deux exemples :

« Autrefois, Dieu avait fait tous les hommes semblables et leur avait donné la terre, mais survinrent les aristocrates et les fonctionnaires qui prirent pour eux les meilleures terres ; et, vois-tu, petit frère, maintenant, les paysans sont obligés de payer de lourdes redevances parce qu'ils ne doivent pas trop engraisser. Mais les paysans oublient qu'ils sont cent fois plus forts que leurs oppresseurs. Il faut qu'ils prennent maintenant leur revanche... et érigent un grand empire paysan dans lequel ne régnera que la fraternité » [12].

Une autre argumentation typique :

« Tu payes maintenant cette mesure d'eau-de-vie cinq kopecks ; mais quatre de ces cinq kopecks sont chaque fois empochés par les aristocrates et les usuriers ; et si tu tuais tous les aristocrates et tous les usuriers, nous pourrions tous, toi comme les autres, petit frère, pour nos cinq kopecks, boire cinq mesures d'eau-de-vie » [13].

La bonne volonté, le zèle le plus ardent, le dévouement le plus passionné, rien ne pouvait venir à bout du gouffre qui se creusait entre le programme des révolutionnaires et la réalité du village. Le pèlerinage dans le peuple reposait sur une grande illusion. Et ce furent les caractères les plus remarquables des Narodniki qui, les premiers se rendirent compte de cette illusion dès l'instant qu'ils pénétrèrent dans une hutte de paysan. C'est ce que démontre, par exemple, le récit d'une jeune fille du nom de Véra Figner, une figure exemplaire de l'*intelligentsia* révolutionnaire : elle était issue d'une grande famille bourgeoise, elle fut une des premières femmes qui se frayèrent une voie jusqu'à l'université ; par amour pour la conspiration, elle abandonna son mari et sa carrière, vécut parmi les émigrants, retourna en Russie pour se « mêler au peuple » ; elle s'affilia plus tard au comité exécutif terroriste de la Volonté du Peuple et passa vingt ans de sa vie en prison dans la forteresse de Schlüsselburg.

« Pour la première fois de ma vie, je me trouvai confrontée avec la vie au village... Je dois avouer que je me sentais isolée, faible et sans énergie dans cette mer de paysans... Jusque-là, je n'avais envore jamais vu de près la misérable existence de nos paysans ; je ne connaissais pas la pauvreté mendiante du peuple que surtout en théorie, par les livres, les revues, les statistiques. Pour sortir de la voie étroite des intérêts familiaux, de la cuisine, des cartes, de la chasse aux bénéfices, je m'étais adressée à la science comme à un moyen d'atteindre le peuple... Mais où était le véritable peuple ? A présent, à vingt-cinq ans, je me trouvais devant lui comme un enfant à qui l'on a remis en main quelque chose de fantastique, de jamais vu.

« Je me préparai à l'accomplissement de ma tâche. Pendant dix-huit jours par mois, je voyageais dans des villages et des hameaux. Je descendais généralement dans des auberges... En un rien de temps, quarante patients emplissaient la pièce... Il était impossible de rester indifférent à la vue de ces malades. Une populace sale, hâve, toutes les maladies traînées en longueur ; chez les adultes, surtout des rhumatismes, des maux de tête, souvent depuis quinze ans, chez presque tous des maladies de peau, des catarrhes d'estomac et d'intestin inguérissables, des râles de poitrine, à des degrés divers et faciles à discerner, des syphilis chez des gens de tous âges, des ulcères et des abcès sans fin. On se prenait la tête entre les mains : est-ce là une vie d'être humain ou d'animal ? Où est la fin de cette misère ? Quelle hypocrisie que la médecine devant cette abominable situation ! Est-ce que, dans ces circonstances, on peut encore songer à protester ? N'est-ce pas une ironie de parler à ce peuple, écrasé par sa misère physique, de résistance et de lutte ? Est-ce que le seul désespoir ne devrait pas suffire à faire éclater sa patience infinie et sa passivité ? Durant trois mois, je vis quotidiennement ce seul et même tableau. Ces trois mois furent pour moi une dure épreuve. Cette vision de la vie matérielle du peuple était émouvante. Je ne trouvais aucun moyen de pénétrer jusqu'à son âme. Je n'ai jamais ouvert la bouche pour faire de la propagande » [14].

Ceci se passait au début de 1877. En octobre de la même année s'ouvrit à Saint-Pétersbourg le procès monstre des 193. Il répondait à l'idée d'un règlement de comptes en ce qui concernait l'activité des Narodniki. 3 800 personnes y furent impliquées. 770 seulement furent incriminées, mais on sépara les causes mineures des principales, en sorte qu'il ne resta plus que les 193 accusés, chiffre qui valut son nom à ce procès spectaculaire. Il fit sensation. Les accusés parlaient comme s'ils eussent été les juges, comme si c'étaient eux qui étaient chargés de rendre un verdict — un verdict contre le régime du tsar. Ils se servirent de la salle d'audience comme d'une plate-forme mise à la disposition de leur agitation et le public leur donna raison, silencieusement ou à haute voix. Jamais auparavant n'avaient été prononcées publiquement en Russie des paroles comme les suivantes :

« Ceci n'est pas un tribunal ; c'est une comédie ridicule, probablement quelque chose de plus infâme qu'un bordel. Là, les filles se vendent, mais c'est par nécessité, et elles ne font commerce que de leur propre corps ; tandis qu'ici, des sénateurs, agissant par bassesse ou par servilité, à moins que ce ne soit pour obtenir de l'avancement ou une récompense, disposent de la vie d'autrui, trafiquent sordidement de la vérité et de la justice » [15].

Ces paroles de l'accusé Mychkine provoquèrent un tumulte. On en arriva à un corps à corps entre la gendarmerie et le public. La salle dut être évacuée par la force. Après cette entrée en scène, les accusés ne prononcèrent plus un mot. Muets, ils écoutèrent la sentence : 94 acquittements, 36 Narodniki déportés en Sibérie (parmi lesquels Mychkine) et condamnés aux travaux forcés.

Toutefois, dans ce procès, le perdant politique fut le gouvernement. L'opinion publique du pays prit résolument parti pour les 193. Du point de vue de la propagande, les Narodniki avaient, du banc des accusés, fait plus pour la cause que pendant leur long pèlerinage parmi le peuple. Dans les villages, tout était demeuré dans l'ancien état. L'agitation avait échoué devant la misère et l'ignorance des paysans. A tête reposée, Solovov, un des esprits les plus lucides du mouvement, établit le bilan de l'entreprise généreuse, certes, mais sans espoir, et donna en même temps le mot d'ordre de la nouvelle et sanglante tournure qu'allait prendre le combat des conspirateurs :

« Etant donné les conditions politiques régnant actuellement, l'action d'un révolutionnaire dans les campagnes n'a absolument aucune raison d'être. Il faut à tout prix amener un bouleversement de ces conditions et, par conséquent, briser avant toute chose la réaction dans la personne d'Alexandre II » [16]. Une fois encore, le mouvement révolutionnaire changea de terrain de combat ; une fois encore, il entreprit un nouveau chapitre. Celui-ci aurait pu porter le titre de : Une exécution de longue haleine. Le chapitre commence le 24 janvier 1878, le lendemain du jour où fut rendu le verdict du procès des 193, par un coup de théâtre fantastique.

Ce jour-là, le préfet de police de Saint-Pétersbourg, le général Trepov, donnait son audience hebdomadaire, où se pressaient, comme toujours, des solliciteurs en foule. Une dame vêtue avec un soin extrême, portant le nom de Véra Sassoulitch, se fit annoncer chez lui. La visiteuse, âgée de vingt-cinq ans, remit au préfet une pétition écrite. Le général, à son bureau, se mit à la lire. La visiteuse ouvrit avec calme son sac à main, en tira un revolver et le braqua sur le général. Trepov fut grièvement, mais pas mortellement blessé. Véra Sassoulitch jeta l'arme et se laissa arrêter sans opposer la moindre résistance. Elle expliqua son geste par une seule phrase : « C'est pour venger les sévices infligés à l'étudiant Bogolioubov. »

Chacun, à Saint-Pétersbourg, savait ce qu'elle voulait dire. Les méthodes du préfet de police Trepov étaient bien connues. On racontait qu'il jetait ses prisonniers dans des trous brûlants et sans air, desquels on ne retirait jamais les excréments. Plusieurs reclus avaient été battus à mort. Il avait devant tout le monde fait sauter à coups de fouet les yeux de l'étudiant Bogolioubov. Cet incident avait été su par une indiscrétion et avait même paru dans la presse russe. La faute en revenait à la querelle de compétence qui existait entre le ministère de la Justice et les services de la police. Les fonctionnaires du ministère de la Justice étaient d'esprit libéral et se défendaient contre les incursions de l'exécutif. Leur bête noire était Trepov. Le ministre de la Justice obtint du tsar que Véra Sassoulitch passât en cour d'assises.

Le procès s'ouvrit le 1er avril 1878. Pour la première fois, la pression de l'opinion publique fut si forte en Russie qu'il y eut des démonstrations devant le Palais de Justice. L'émotion du public était encore plus grande que lors du procès des 193. Très vite, l'on apprit que la Sassoulitch ne connaissait même pas l'étudiant maltraité. Elle était seule accusée et prétendit n'avoir aucun complice. L'accusateur public commença son plaidoyer d'une manière que l'on n'avait encore jamais entendue, à savoir en se justifiant de ce qu'il eût à accuser Véra Sassoulitch et non le préfet de police ; il était convaincu de la véracité des motifs qui avaient poussé la coupable à agir. Il présentait l'attentat tout à fait ouvertement comme une « louable protestation de la dignité humaine blessée ». N'était punissable que le moment de l'action personnelle. Le verdict des jurés ne fut pas moins sensationnel que le plaidoyer. Ils avaient à répondre à la question suivante : Véra Sassoulitch était-elle coupable d'avoir tiré sur le général Trepov avec l'intention de lui donner la mort ?

La décision des jurés fut unanime ; elle disait : non coupable. Dans la salle d'audience, le public poussait des acclamations. De hauts fonctionnaires du ministère de la Justice applaudissaient à tout rompre. La Sassoulitch fut portée jusqu'à sa voiture sur les épaules de la foule. La police provoqua un tumulte. De la foule partirent trois coups de feu. L'acquittée fuit la justice administrative de la police secrète, qui la menaçait de déportation, et se rendit en Suisse. La Société pétersbourgeoise la sacra d'une seule voix *grande citoyenne.* La presse exprima son acquiescement à ce verdict. Pour finir, la censure interdit toute allusion à cette affaire. Et pendant que la famille impériale rendait visite à Trepov, le ministre de la Justice dut donner sa démission.

Le coup de revolver de Véra Sassoulitch fut un signal. La nouvelle phase de la lutte, la phase de la terreur, commença. Une courte chronique des événements des prochaines années donne le tableau suivant :

1er février 1878. — Le mouchard Nikonov est abattu d'un coup de feu à Rostov par des conspirateurs.

22 février 1878. — L'avocat général Kotlierevski est blessé à Kiev, en pleine rue, d'un coup de pistolet. Il avait maltraité des prisonniers.

25 février 1878. — Le colonel de la police, le baron Heyking, est poignardé en plein jour dans une des rues les plus animées de Kiev.

3 mars 1878. — Fetisov, un agent provocateur de la police secrète, tombe à Odessa sous les balles des révolutionnaires.

24 mars 1878. — Un nouvel attentat perpétré sur un espion à Kiev rate. L'attaqué portait une cotte de mailles. L'auteur de l'attentat se tue.

14 juin 1878. — Les policiers secrets Rosenzweig et Reinstein, qui s'étaient introduits en qualité d'espions dans l'organisation des conspirateurs, sont découverts et abattus.

4 août 1878. — Après une grève de la faim dans la

forteresse Pierre-et-Paul, le chef de la police secrète, le général Mesentzev, est « exécuté » dans la rue, à Saint-Pétersbourg. Les coupables parviennent à s'échapper. Le jour suivant, ils publièrent une brochure sous le titre *Mort pour mort*, contenant la sentence et ses motifs, exposés en détail.

9 février 1879. — Le gouverneur de Kharkov, le prince Kropotkine, est tué à coups de revolver dans sa voiture en revenant d'un bal. On trouve sur son cadavre une note motivant cette sentence de mort.

12 mars 1879. — Le successeur de Mesentzev, le nouveau chef de la police secrète russe, le général Drenteln, est attaqué à Saint-Pétersbourg et abattu. On ne trouve aucune trace des meurtriers. Il devient difficile de pourvoir de nouveau le poste du général. Sa profession passe pour mortellement dangereuse.

Cette liste n'est pas complète. La chronique des années 1878 et 1879 signale dans toutes les grandes villes de Russie des démonstrations, des émeutes, des révoltes d'étudiants ; là où la police découvre une imprimerie clandestine ou une salle de réunion, les conspirateurs résistent à main armée. Des prisonniers sont libérés par la violence. Des transports d'argent effectués par l'Etat sont « confisqués » par les révolutionnaires. Dans les manufactures de coton de Saint-Pétersbourg, on voit apparaître les premières grèves organisées.

La logique intérieure des événements était évidente. Déçus de l'échec de leur pèlerinage parmi le peuple, les agitateurs étaient retournés dans les grandes villes et y avaient formé de nouvelles cellules de la conspiration. Une légitime défense contre les espions, les dénonciateurs et les traîtres, voilà ce que représentait le premier acte terroriste. Le second motif était le désir de se venger de leurs persécuteurs, les fonctionnaires du tsar. Mais plus le rang occupé par la victime dans la hiérarchie de l'appareil de l'Etat était haut, plus les auteurs des attentats se rapprochaient de leur ennemi véritable, plus se rapprochait aussi le jour de son supplice, décidé depuis des décennies.

« C'est ainsi qu'il nous semble extraordinaire de tuer les serviteurs qui ne faisaient qu'accomplir la volonté de leur maître et de laisser ce maître intact » [17], écrivit Véra Figner, la femme-docteur de l'époque du grand pèlerinage, et son frère d'armes Alexandre Soloviov finit par conclure aux alentours des fêtes de Pâques de 1879 : « Il faut que je le fasse. C'est mon affaire. Alexandre II est à moi et je ne le cède à personne » [18].

Une semaine plus tard, le 2 avril 1879, Soloviov tira par cinq fois sur le tsar, qui était allé se promener devant le Palais d'Hiver. Le tsar ne fut point tué. La tentative de suicide de l'auteur de l'attentat échoua aussi : la dose de la capsule de poison que Soloviov portait dans sa bouche était insuffisante. Il fut pendu après un jugement sommaire. Il mourut sans prononcer une parole.

Le tsar avait enfin compris qu'on en voulait à sa vie. La réaction de son gouvernement fut immédiate et draconienne : état d'exception dans la plus grande partie de la Russie d'Europe ; surveillance de toutes les maisons de la capitale par un service d'espionnage régulier, réparti avec précision ; censure rigoureuse des nouvelles ; sévérité accrue et radicale du service des passeports ; contrôle soigneux du trafic des poisons et des armes ; suppression de toutes les libertés académiques de l'université de Saint-Pétersbourg ; suspension des tribunaux ordinaires ; innombrables perquisitions dans les maisons ; emprisonnements administratifs et déportations, dont furent victimes pendant les seuls mois d'avril et de mai plus de vingt mille personnes.

Plus la police devenait féroce, plus on voyait apparaître en masse sur les murs des maisons de Saint-Pétersbourg de nouvelles affiches ou inscriptions contenant des menaces contre le tsar. Les imprimeries clandestines travaillaient fébrilement. Le duel approchait de son point culminant.

Le 15 août 1879 se constitua dans la capitale russe le Comité exécutif de la Volonté du Peuple. Des fondations du même nom avaient déjà fait leur apparition sur le papier ou avaient eu une existence éphémère.

Cette fois, c'était sérieux. Le temps de l'amateurisme était passé. Après des décennies de petits travaux de dilettante, d'actions isolées sans plan préalable et de naïves tentatives nées de la colère, le mouvement révolutionnaire s'était donné un organisme central, qui fonctionnait méthodiquement et avec la précision d'un état-major. Ce collectif des révolutionnaires de métier était issu de l'aile gauche de l'ancien mouvement narodniki. Le Comité exécutif, qui devait en même temps devenir un comité d'exécution, avait tiré les conséquences des erreurs des années soixante et soixante-dix. Il avait vérifié les doctrines de Netchaïev et les avait en partie adoptées ; la commission avait également beaucoup appris en observant son adversaire, la police secrète. Voici quels étaient ses principes :

Structure fortement centralisée ; dépendance des cellules extérieures du Comité central ; discipline stricte ; direction collective ; organisation selon le principe de la pelure d'oignon ; développement des moyens techniques les plus modernes ; division du travail et spécialisation ; systématique dispersion des risques ; planification à long terme.

Ce schéma de travail permit au Comité exécutif de prendre une bonne avance sur la police secrète. Il garantissait la continuité du travail, même si quelques-unes des têtes de l'entreprise devaient être arrêtées ; il assurait un maximum de sécurité et de secret, également à l'intérieur de l'organisation ; il augmentait le degré d'efficacité de tous les ordres partis de la centrale. Un des chefs du Comité, Mikhaïlov, a dit de lui-même : « Si l'organisation me commandait de rincer des tasses, je le ferais avec autant d'ardeur que s'il s'agissait du plus intéressant des travaux de planification » [19].

Le Comité finit par reconnaître que l'agitation et la terreur, les tracts et les bombes n'étaient que deux aspects d'une seule et même chose ; dans un certain sens, cela agissait officiellement ; chaque acte de terrorisme précédait une déclaration officielle ; chaque attentat était en même temps un moyen de propagande dont l'effet s'étendait très loin.

C'est pourquoi, parmi les groupes spécialisés, les imprimeurs jouissaient d'une situation particulière. Ils travaillaient en collectifs itinérants. « Les outils de l'imprimerie, dit un récit du temps, étaient les plus simples du monde : quelques caissettes de caractères, un petit cylindre avec une substance collante, gluante, un gros cylindre recouvert de tissu, qui servait de rouleau d'imprimerie, deux flacons de noir d'imprimerie et quelques brosses et des éponges. C'était si bien organisé qu'en un quart d'heure tout pouvait disparaître dans un grand placard » [20].

Quelques bureaux de passeports fournissaient aux conspirateurs de faux papiers. Ils avaient toujours sous la main des tampons et des cachets falsifiés.

La place de la hache fut définitivement prise par la dynamite. L'organisation disposait de ses propres chimistes, qui savaient manier la pyroxyline et fabriquer la nitroglycérine, de mécaniciens qui connaissaient bien les procédés d'amorçages et les câbles électriques, et de sapeurs pour creuser les galeries.

C'en était fait de la vieille insouciance des années du nihilisme. On développa un système de signaux de sécurité. Les logis des conspirateurs furent choisis du point de vue stratégique et armés. La vieille défroque du révolutionnaire, devenue un objet de moquerie, disparut : à la place du plaid obligatoire, des bottines montantes et des lunettes bleues, on vit apparaître un certain luxe. Les conjurés avaient reconnu que la richesse protège.

Il n'est pas superflu de jeter un regard sur leur origine et leur façon de vivre. La plupart des conspirateurs étaient des transfuges de leurs propres classes, fils et filles de la haute noblesse, de la grande bourgeoisie et du corps des officiers. Leurs pères étaient des généraux, des conseillers d'Etat, des juges, des propriétaires fonciers. Un nombre surprenant de gens plus âgés appartenant à ces milieux ont tacitement approuvé le mouvement ou l'ont soutenu : par des dons, en offrant des asiles clandestins ou en transmettant des nouvelles. Ce n'est que vers les années soixante-dix que l'on rencontre dans les rangs de la conspiration des petits bourgeois, des paysans et des ouvriers. La participation des femmes a été dès le début extraordinairement grande : les archives de la police prouvent qu'un militant sur quatre était une femme. Les légendes qui couraient en Europe occidentale sur la vie privée de ceux que l'on nommait des nihilistes en donnent une idée ridicule. Les feuilletonistes de la presse soutenant l'Etat parlaient d'orgies, d'amours libres, de concubinage et de toutes sortes d'autres histoires propres à émoustiller et à scandaliser les bourgeois bornés. La vérité était très éloignée de ces rêves déréglés : le révolutionnaire typique était plus un puritain qu'un épicurien, menant une vie austère, consciencieux, scrupuleux et d'une modestie admirable. Aucun membre du Comité exécutif n'avait plus de trente ans. La commission s'était donné les statuts suivants :

« Chacun des membres du Comité s'engage à :

1° Se consacrer de toutes les forces de son esprit et de son âme à la chose révolutionnaire, et à renoncer pour elle à tout lien de famille, de sympathie, d'amour et d'amitié ;

2° Si nécessaire, donner sa vie, sans égard pour soi ou d'autres ;

3° Ne rien posséder qui n'appartienne en même temps à l'organisation ;

4° Renoncer à toute volonté individuelle et à la soumettre aux décisions de l'organisation prises à la majorité des voix » [21].

Le 25 août 1879, le Comité se réunit en cour de justice et décréta la mort du tsar. On publia le jugement le lendemain. En même temps, on procéda aux préparatifs systématiques de l'exécution du verdict.

A cette époque, le tsar se trouvait dans son domaine de Livadia, en Crimée. Il devait rentrer à Saint-Pétersbourg en novembre. Pour ce voyage, trois lignes de chemin de fer entraient en ligne de compte. Trois attentats à la mine furent préparés au cours de travaux qui durèrent plusieurs semaines. Un des conjurés se procura une place de garde-barrière ; sur une autre ligne, on acheta une maison ; sur la ligne de Koursk-Moscou, on réussit à louer une masure aux alentours d'une gare de banlieue. Les trois maisons furent aussitôt occupées par un commando de travail. Seuls, les locataires pouvaient se montrer à l'extérieur. Les aliments, les bêches, les pics, les forets, les câbles et les matériaux nécessaires à l'explosif devaient être introduits pendant la nuit, de manière à éliminer toute surveillance. Dans chaque lieu, huit sapeurs creusèrent jusqu'aux genoux dans une eau glacée une galerie menant aux rails. La direction leur était donnée par une petite boussole. Sur la table de la salle de séjour, il y avait une bouteille de nitroglycérine. La maîtresse de la maison montait la garde, un revolver à la main, afin, en cas d'extrême nécessité, de tirer sur la bouteille et de faire sauter la maison. Au bout de deux mois, les trois mines étaient préparées et l'une d'elles sur le trajet choisi.

« Le 19 novembre, exactement à l'heure prévue, deux trains illuminés passèrent. Au premier signal donné par la Perovskaïa, Stepan Chiraïev ne réunit pas les électrodes, et l'un des trains passa sans dommage ; au deuxième signal, le deuxième train sauta » [22]. C'était le train des bagages impériaux. Le tsar avait encore une fois échappé à la mort.

Le Comité avait prévu la possibilité d'un échec et avait d'ores et déjà préparé un nouvel attentat. Dès l'automne, sur son ordre, l'ébéniste et laqueur Stepan Chaltourine s'était procuré une place dans la résidence d'hiver du tsar. Il se faisait passer pour une brave ganache inoffensive et joua si bien ce rôle qu'un des gendarmes préposés à la garde du palais voulut lui donner sa fille en mariage. Il habitait à la cave, où vivaient les autres ouvriers. La salle à manger impériale se trouvait exactement à deux étages au-dessus de lui. Il passait l'explosif en fraude, jour après jour, par quantités réduites, dans sa petite valise. Quand il en eut réuni cinquante kilos, les spécialistes déclarèrent que cela suffisait.

Le 5 février 1880, Chaltourine mit la boîte dans le coin du mur de refend et posa la mèche. Le soir tombait. Il eut le temps de sortir du palais. L'explosion s'entendit dans toute la ville. Au Palais d'Hiver, toutes les lumières s'éteignirent. La place de l'Amirauté était dans l'obscurité. Dix soldats de la garde étaient morts. Dans la salle à manger, on avait servi. Le parquet trembla. Du plâtre tomba du plafond, le couvert fut réduit en miettes. Le tsar ne fut pas blessé : il devait sa vie au retard de son invité, le prince Alexandre de Serbie. Chaltourine parvint à s'échapper et put continuer à travailler à la révolution. Il fut arrêté plus tard pour d'autres raisons et mourut le 22 mars 1882, sur l'échafaud. Ce n'est qu'à son cadavre que la police reconnut le laqueur du Palais d'Hiver disparu.

Véra Figner, qui joua un rôle important au Comité exécutif de la Volonté du Peuple, raconte :

« Les attentats créèrent une telle ambiance que — aurions-nous en cet instant subitement interrompu notre activité terroriste — tout de suite des volontaires ou même une nouvelle organisation se seraient présentés en se donnant pour tâche la mort du tsar. De nouveaux attentats étaient tout à fait inévitables et la commission d'exécution les entreprit » [23].

En décembre 1880, deux terroristes vinrent habiter une maison de la rue du Petit-Jardin, où passait de temps en temps la voiture du tsar, et y ouvrirent une boutique sous la raison sociale « Epoux Kobosev, marchands de fromages ». Ils achetèrent pour trois cents roubles de fromage, mais les barriques de leur magasin contenaient de la terre ; de la cave on creusa un tunnel qui passait sous la rue. Une charge de dynamite fut préparée. En même temps, on creusa une mine dans les fondements du pont de pierre.

Enfin, le Comité choisit parmi de nombreux volontaires six personnes particulièrement adroites. Aux alentours de Moscou, on chercha et trouva un terrain d'entraînement situé très à l'écart. Pendant des semaines d'essais, les six terroristes apprirent l'utilisation de la bombe de jet, une sorte de grenade à main primitive et lourde, mais très brisante.

Le 1er mars 1881, le tsar quitte son palais. Des douzaines d'observateurs sont répartis dans tout Pétersbourg.

On a pensé à tous les itinéraires possibles. Six lanceurs de bombes sont prêts, plus deux mines amorcées. La voiture impériale ne passe pas par la rue du Petit-Jardin. Au Comité exécutif, une information prétend qu'elle prendra le chemin qui passe par le canal de Catherine. C'est un dimanche. Les rues sont très calmes. Deux terroristes femmes signalent aux lanceurs de bombes l'arrivée de la voiture. Elles agitent leurs voilettes (ce geste donne l'impression d'un adieu, au XIXe siècle). Le premier homme, Ryssakov, jette son engin et fracasse la voiture sans blesser ses occupants. Le tsar sort de la voiture et se fait amener l'auteur de l'attentat. Au même instant, Grinevitzki jette la deuxième bombe. Elle tue Alexandre II sur place. Grinevitzki meurt de ses blessures une heure plus tard à l'hôpital. Quand on lui demande son nom, il répond : « Je ne sais pas... » Ce furent ses dernières paroles.

Enfin l'exécution était un fait accompli. Ceux qui l'avaient menée à bien ne se sentaient plus des sujets. Dix jours après la mort d'Alexandre II, ils écrivirent une lettre ouverte au fils de la victime. Cette lettre, diffusée à des milliers d'exemplaires, s'adresse au nouveau tsar sur un pied d'égalité. C'est un document singulier, tout à la fois aveugle et prophétique, le grand témoignage d'une victoire morale et d'une défaite politique.

« Le Comité exécutif au Tsar Alexandre III.

« Tout en comprenant parfaitement l'état d'esprit actuel de Votre Majesté, le Comité exécutif ne se croit pas autorisé à céder à des sentiments de délicatesse naturelle, qui eussent sans doute exigé une remise de la déclaration qui va suivre...

« La tragédie sanglante qui s'est déroulée au canal de Catherine n'a pas plus été un coup du sort qu'elle n'a surpris quiconque ; après les événements des années écoulées, elle apparaissait plutôt comme une nécessité inévitable et celui que le Destin a placé à la tête de l'Etat doit prendre conscience de sa signification profonde. Seul, quelqu'un d'absolument incapable d'analyser la vie des peuples présentera ce genre d'événements comme le crime de personnalités isolées, voire même d'une " bande "...

« Certes, le gouvernement peut à sa convenance continuer à emprisonner et à pendre ; comme il peut aussi anéantir quelques-unes des organisations révolutionnaires. Nous admettons même qu'il détruira les plus importantes d'entre elles. Mais... l'idée de la révolution ne cessera de s'étendre. Une terrible éruption, une lutte sanglante, un ébranlement révolutionnaire désespéré de toute la Russie accomplira la destruction de l'ordre ancien.

« Où trouvons-nous l'explication de l'affreuse perspective qui s'offre ainsi à nous ? Oui, Sire, *c'est* une affreuse et navrante perspective. N'allez pas croire que tout ceci ne soit qu'une phrase. Nous ressentons plus fort que quiconque la désolante perte de tant de talent et de tant d'énergie... Mais pourquoi cette nécessité d'une lutte sanglante ?

« Du fait que chez nous, Sire, un véritable gouvernement au sens réel du mot n'existe pas actuellement. Un gouvernement doit être, selon le principe de sa nature, l'expression de ce que désire le peuple... Chez nous, toutefois — excusez l'expression —, le gouvernement a dégénéré en une complète camarilla et mérite bien plus que nous d'être qualifié de bande d'usurpateurs... Pour sortir d'une telle situation, il n'y a que deux issues : soit une révolution, ou encore un appel volontaire de la plus haute autorité au peuple. Dans l'intérêt de la patrie... le Comité exécutif s'adresse à Votre Majesté pour lui conseiller de prendre la seconde voie. Soyez assuré qu'aussitôt que le pouvoir aura cessé d'être arbitraire, sitôt qu'il aura montré la ferme volonté de prêter l'oreille aux exigences de la conscience populaire et de sa conscience morale, et que Vous aurez en conséquence donné congé aux espions qui compromettent le gouvernement, envoyé leur convoi dans les casernes. Vous pourrez alors brûler les gibets qui démoralisent le peuple. Dans ce cas, le Comité exécutif cessera de lui-même son activité... Nous voulons espérer que le sentiment de Votre amertume personnelle n'étouffera en Vous ni le sentiment du devoir ni la volonté de prêter l'oreille à la vérité. Nous aussi, nous avons des raisons d'éprouver de l'amertume. Vous avez perdu Votre père — et nous avons non seulement perdu nos pères, mais nos frères, nos femmes, nos enfants et nos meilleurs amis. Mais nous sommes prêts à imposer le silence à nos sentiments personnels dès que le bien de la Russie l'exige et nous en attendons autant de Vous.

« Nous ne Vous posons aucune condition ; nous Vous rappelons simplement les possibilités actuelles qui, à notre avis, sont au nombre de deux : 1° l'amnistie générale pour tous les criminels politiques des derniers temps, car ils n'ont pas perpétré de crimes et se sont uniquement bornés à remplir leurs devoirs de citoyens ; 2° convocation des représentants du peuple pour une refonte des structures actuelles de la vie publique et sociale et sa modification selon les désirs du peuple. Nous considérons néanmoins comme nécessaire de Vous faire remarquer qu'une légalisation du pouvoir par une représentation populaire ne pourra être obtenue que si les élections ont lieu dans la plus parfaite liberté...

« C'est le seul moyen de ramener la Russie dans la voie d'un développement pacifique et conforme aux règles. Nous déclarons solennellement et devant le monde entier que notre Parti se soumettra de son côté sans restriction à une assemblée nationale élue sur la base des conditions susmentionnées et ne se permettra plus, à l'avenir, d'exercer une activité violente de quelque ordre que ce soit contre le gouvernement sanctionné par l'Assemblée nationale. Et maintenant, Sire, prenez une détermination ! Deux voies vous sont offertes. C'est à Vous qu'appartient la décision ! » [24].

Le tsar répondit à celle lettre comme les despotes de tous les temps ont répondu à ceux qui les jugent :

« Dans Notre grande détresse, la voix de Dieu Nous ordonne de tenir les rênes de l'Etat d'une main ferme tout en mettant Notre confiance dans la Providence divine et dans la croyance à la force et à la vérité du pouvoir souverain que Nous sommes appelé à fortifier et à défendre contre toute contestation » [25].

Le tsar eut raison pendant vingt ans, et la lettre ouverte des terroristes s'aviva également :

« Certes, le gouvernement peut à sa convenance continuer à emprisonner et à pendre ; comme il peut aussi anéantir quelques-unes des organisations révolutionnaires. Nous admettons même qu'il détruira les plus importantes d'entre elles. »

Le Comité exécutif de la Volonté du Peuple fut décimé en deux ans, et ses partisans exterminés. L'exécution tant attendue d'Alexandre II resta sans suites visibles : aucun soulèvement ne se déchaîna, la Russie demeura paisible ; il y eut même des régions où les paysans prirent le deuil. Mais les prisons s'emplissaient et, une fois de plus, l'ironique équité de l'Histoire rétablit cette symétrie particulière aux grands combats singuliers : par crainte de nouveaux attentats, le couronnement d'Alexandre III fut remis d'un an et, durant toute sa vie, le tsar demeura dans son palais sous une étroite surveillance. Comme ses adversaires, les terroristes survivants, dans la forteresse de Schlüsselburg, il n'était pas libre d'aller et de venir. L'autocrate de toutes les Russies étaient devenu le prisonnier de ses prisonniers.

Les terroristes devaient leur triomphe et leur échec à une seule et même circonstance : ils étaient des isolés et ils avaient agi uniquement pour leur propre compte. Ils ne représentaient ni intérêt ni idéologie, mais simplement leur affaire, qui était en même temps l'affaire de tous. Cela tenait à leur dignité et à leur aveuglement, l'attribut des prophètes. Etrangers à leur propre classe, ils n'en trouvèrent pas d'autre qui les comprît. Ils ne pouvaient pas compter sur une « masse de base », mais seulement sur eux et sur un avenir sanglant.

Tant que régna Alexandre III, il n'y eut qu'un seul attentat contre le tsar. La tentative se termina par un fiasco complet. Les cinq étudiants qui s'étaient juré de mener l'attentat à bien furent tués ; l'un d'eux s'appelait Alexandre Ilitch Oulianov. Son frère préparait à cette époque son baccalauréat dans sa ville natale, Simbirsk, un petit trou de province situé sur la Volga. Il s'appelait Vladimir Ilitch. Ce candidat au baccalauréat devait, comme le disait la lettre ouverte, « accomplir la destruction de l'ordre ancien ». Il le fit sous un nom qui avait été inventé pour le cacher et qui appartient aujourd'hui à l'Histoire : le nom de Lénine.

Les rêveurs de l'absolu

DEUXIÈME PARTIE : LES BELLES AMES DE LA TERREUR

La bombe qui, le 1er mars 1881, lacéra l'autocrate de toutes les Russies, le tsar Alexandre II, agit dans toute l'Europe comme un signal. Dès la seconde moitié des années soixante-dix, l'exemple des terroristes russes avait fait école en Occident. Trois ans avant sa mort, le tsar avait créé la trop fameuse Okhrana, un service de police secrète hautement spécialisé dont la G.P.U. et la N.K.V.D., de nos jours, peuvent se targuer d'employer les méthodes ; comme beaucoup d'institutions du stalinisme, le terrorisme policier de ce régime remonte aux traditions tsaristes. Les tendances paranoïdes du dictateur se concentrent sous une forme institutionnelle dans sa police secrète, motivée par la peur mortelle des hommes au pouvoir et élevée en fait au rang de raison d'Etat. A cette logique répond la logique de l'attentat : quand l'existence de l'Etat ne repose que sur la vie d'un homme, il suffit de tuer cet homme pour modifier de manière révolutionnaire l'ordre de la société. L'*idée fixe*[1] du dictateur, qui consiste à se croire irremplaçable, comme s'il n'était pas possible de le faire d'un instant à l'autre, gagne ses adversaires. Ils prennent pour argent comptant ce qui n'a jamais été qu'une illusion. La terreur individuelle se base sur la conviction que l'Histoire est faite par les empereurs, les rois et les présidents, opinion qui n'est partagée que par lesdits empereurs, rois et présidents. Aucun lanceur de bombes ne peut apporter de changement dans les

1. En français dans le texte.

grandes forces sociales anonymes : le potentiel technique et industriel, la forme et les rapports des classes, les conditions de possession, l'appareil administratif. C'est pour ces motifs qu'aucun auteur d'attentat des temps modernes n'a laissé sa marque sur ces fondements ; les deux meurtriers de Sarajevo eux-mêmes n'étaient que des pions dans une partie plus importante. L'action des lanceurs de bombes est demeurée du domaine de l'anecdote.

Mais une anecdote bien placée peut exprimer davantage que tout un manuel. Dans les actions désespérées des conspirateurs que l'on vit surgir au tournant du siècle, l'attentat devint une allégorie historique. On déchiffre dans les fioritures de leurs préparatifs, dans les détails artistiques de leurs machinations, des desseins sociaux qui n'ont pas encore été réalisés ; on devine, dans le côté un peu théâtral de leur attitude, la présence latente d'une utopie qu'aucun insuccès n'a pu détruire.

Quelque irréel que fût l'effet politique immédiat, l'impression qu'ils causaient aux spectateurs et à leurs victimes n'en était que plus inimaginable. « Protection » — en russe le sinistre mot « Okhrana » ne signifie rien d'autre. Alexandre II rechercha cette protection par tous les moyens et ne la trouva pas. L'année où fut fondée cette police de protection personnelle, ce contre quoi elle devait le défendre se propageait déjà sur tout le continent. En 1878, des attentats furent commis contre plusieurs de ses cousins couronnés : l'empereur d'Allemagne, Alphonse XII d'Espagne et Umberto Ier d'Italie. Après qu'Alexandre fut lui-même abattu par ses adversaires, la terreur qui sévissait contre les chefs d'Etat prit une forme pour ainsi dire épidémique :

1883 : attentat contre l'empereur d'Allemagne ;

1894 : assassinat du président de la République française ;

1898 : assassinat de l'impératrice Elisabeth d'Autriche ;

1900 : attentat contre le successeur au trône d'Angleterre, le prince de Galles, et contre l'empereur d'Allemagne. Assassinat du roi Umberto d'Italie ;

1901 : attentat contre l'empereur d'Allemagne. Assassinat du président américain McKinley ;

1903 : assassinat du roi Alexandre Ier de Serbie ;

1905 : attentat contre le couple royal d'Espagne à Paris.

Durant cette décennie, ces personnages tant redoutés connurent eux-mêmes la peur et les frissons. Etre chef d'Etat devint, pendant la *Belle Epoque*, si paisible, si stable, des grands bourgeois, une profession extrêmement dangereuse. Il est vrai que derrière la plupart de ces attentats ne se cachait aucune société secrète, aucune organisation, aucun parti, aucun programme idéologique. Les motifs des meurtriers étaient et demeurèrent souvent obscurs. Vers la fin des années quatre-vingt, l'Internationale des anarchistes avait proclamé la Terreur noire et provoqué des troubles en France, en Espagne et aux Etats-Unis, c'est vrai ; mais les rares attaques contre les têtes couronnées d'Europe pouvaient avec quelque certitude être situées. C'étaient pour la plupart l'œuvre d'amateurs, d' « Hérostrates », de fanatiques isolés ; il y avait aussi parmi eux quelques malades mentaux.

Mais la vague de crimes politiques qui, à cette époque, balaya l'Europe ne peut pas se réduire à des névroses individuelles. On voit apparaître à travers elle le sanglant courant de fond du bon vieux temps. La haine contre la classe bourgeoise régnante était telle qu'il n'était besoin que d'un exemple, d'un prétexte, pour qu'elle se déchaînât avec violence en détonations dont rois et ministres n'étaient pas les seules victimes : les bombes de ces terroristes anonymes qui choisirent de s'attaquer de leur propre chef aux puissants de leur temps explosaient dans les théâtres, les restaurants de luxe, les salles de Bourse, les clubs, voire dans les Parlements. Durant la seule année 1892, on enregistra en Amérique cinq cents et en Europe plus de mille attentats à l'explosif.

Et précisément pendant ces années où le nouveau spectre de l'anarchie se manifestait dans les pays d'Occident et hantait les cauchemars de la bourgeoisie, en Russie, la paix régnait. A dire le vrai, le prolétariat industriel, qui augmentait tous les jours, se rassemblait en partis nouveaux ; les grèves et les troubles étaient à l'ordre du jour ; mais le terrorisme individuel semblait éteint. Depuis que l'Okhrana avait anéanti la conjuration de la « Volonté du Peuple », il n'existait plus en Russie de groupe révolutionnaire véritablement fort, déterminé à une action directe. Pendant vingt ans, les dirigeants du régime purent se croire en sécurité. Puis, en 1901, on vit naître une seconde génération de terroristes. Ce cercle de conspirateurs se nommait l' « Organisation de Combat des Révolutionnaires sociaux ». Nous sommes infiniment mieux renseignés sur ses travaux, sa composition, ses méthodes, ses processus de pensée et son histoire que sur ceux des Narodniki d'autrefois.

Nous devons cette connaissance exacte, voire intime, à une source particulière : aux *Mémoires d'un terroriste* du nom de Boris Savinkov. C'était une des têtes de cette Organisation de Combat, un révolutionnaire professionnel type, ayant le métier de conspirateur dans le sang. Il changeait d'identité aussi facilement que de chemise ; il reconnaissait un mouchard à cent pas ; il tint tête à l'Okhrana avec la facilité et l'aisance d'un lutteur de premier plan. La mobilité de cet homme, qui était inscrit sur toutes les listes de police de l'empire russe, tenait presque du miracle. Les voyages de ce clandestin comportent, pendant les trois années séparant 1903 de 1906, les stations suivantes : Arkhangelsk, Vardö, Oslo, Anvers, Genève, Cracovie, Berlin, Pétersbourg, Genève, Nice, Berlin, Moscou, Riga, Varsovie, Genève, Paris, Pétersbourg, Genève, Kharkov, Wilna, Helsinski, Stockholm, Genève, Varsovie, Moscou, Sébastopol, Bucarest, Paris.

Savinkov n'était nulle part et partout chez lui. C'était un *dépaysé* ; il était ce que cinquante ans plus tard on devait appeler *a displaced person*. C'est justement cette condition de non-appartenance qui semblait le rendre invulnérable : paisiblement, sans passeport, il s'échappa de l'exil et traversa la frontière russo-norvégienne au fjord de Varanger, sur un vapeur de Mourmansk ; il se rendit de Pologne en Allemagne mêlé à une troupe d'émigrants juifs dans le traîneau d'un passeur et atteignit la Roumanie par la Crimée sur un cutter de pêche après une croisière périlleuse sur la mer Noire.

Cet activiste, cet acrobate surentraîné de la conspiration se révèle dans ses souvenirs comme un rêveur introverti, cherchant presque désespérément à y voir clair dans les raisons qui motivaient ses agissements. En cela, il ressemble à ses collègues conspirateurs : tous, quels qu'ils fussent, étaient jusqu'à un certain point des métaphysiciens de la terreur. Ils envisageaient leur propre œuvre comme un problème et ce problème les obsédait. En cela, ils se distinguent des terroristes de l'ancien modèle, qui ignoraient le doute et étaient incapables d'éprouver le moindre intérêt pour leur propre âme. Les hommes et les femmes de 1905, au contraire, n'étaient pas seulement des caractères extraordinaires au sens littéral du mot : ils en étaient conscients. Ils étaient déterminés non seulement à découvrir les secrets de leurs adversaires, mais aussi les leurs.

Durant l'été de 1903, Savinkov rencontra pour la première fois les deux figures principales de l'Organisation de Combat.

« Je fis à Genève la connaissance de Mikhaïl Rafaïlovitch Gotz. De petite taille, maigre et sec, la barbe noire frisée, le visage pâle, il captivait par ses yeux chaleureux, vivants et jeunes. Il me demanda : " Vous voulez participer à la Terreur ? — Oui. — Seulement à la Terreur ? — Oui. — Pourquoi pas au travail général du Parti ? — J'attache une importance capitale à la Terreur. Mais je suis entièrement à la disposition du Comité central et prêt à entreprendre n'importe quelle besogne. — Bien. Je ne puis pas encore vous donner de réponse. Attendez. Restez encore quelque temps à Genève. "

« Un jour d'août, un homme vint me trouver dans ma chambre ; âgé d'environ trente ans, il était très massif, avec un visage large, empreint de bonté, comme empli de pierres, et avait de grands yeux marron. C'était Yevgheï Filipovitch Asev.

« Il me tendit la main, s'assit et, d'une voix paresseuse, en avalant la moitié de ses paroles, il commença : " On m'a dit que vous désiriez collaborer à la Terreur... " Je lui répétai ce que j'avais auparavant expliqué à Gotz. Je lui dis aussi que je considérais le meurtre du ministre de l'Intérieur Plehve comme la tâche la plus urgente du moment. Mon vis-à-vis écouta, toujours avec le même air nonchalant, et ne répondit pas. Enfin, il demanda : " Avez-vous des camarades ? " Je nommai Kaliaïev et deux autres encore et lui donnai un aperçu de leurs vies. Asev écouta tout cela sans broncher et prit congé.

« Il revint plusieurs fois chez nous ; il parlait peu et écoutait avec attention. Enfin, il dit : " Il est temps de partir pour la Russie. Allez-vous-en n'importe où avec vos camarades de Genève, installez-vous dans une petite ville en faisant bien attention à n'être ni suivis ni observés. »

Gotz était le chef idéologique de la Terreur, Asev en était le chef pratique. L'Organisation de Combat était formellement l'organe exécutif du Parti des Révolutionnaires sociaux, fondé en 1900. Leur programme n'était pas marxiste ; ils croyaient à la possibilité d'un passage direct de l'absolutisme au socialisme ; la masse paysanne devait, sur le modèle de la traditionnelle communauté villageoise russe, socialiser directement les terres. On ne trouve pas trace de ce programme dans les souvenirs de Savinkov ; d'ailleurs, l'Organisation de Combat refusait strictement tout contrôle du Parti. Elle était pratiquement un parti dans le Parti, comme l'Okhrana était un Etat dans l'Etat. Cette indépendance apparaît très clairement dans le document qui réglait ses rapports avec les révolutionnaires sociaux :

« Conformément à la décision du Parti, il a été créé une organisation de combat spéciale, laquelle, en se basant sur la stricte observance de la conspiration et de la division du travail, se charge exclusivement de l'activité désorganisatrice et terroriste. Cette organisation de combat recevra du Comité central les instructions générales concernant le commencement et la fin des hostilités et le cercle de personnes contre lesquelles elles seront dirigées. A tous les autres points de vue, elle est revêtue des pouvoirs les plus étendus et demeure complètement indépendante. Elle n'est liée au Parti que par son Comité central et travaille complètement en dehors des cellules locales. Elle possède en propre son organisation, son personnel, sa caisse et ses sources d'argent.

Pratiquement, cela signifiait que l'Organisation de Combat n'était responsable que vis-à-vis d'elle-même. Ses membres ne portaient aucun intérêt aux questions idéologiques, ils ne se livraient à aucune agitation, ils ne lisaient pas de brochures, ils vivaient dans un isolement singulier que venait rompre violemment la détonation de leurs bombes. Assez paradoxalement, ils ne s'occupaient guère des problèmes politiques : ce qui, dans les journaux, s'appelait politique leur était profondément indifférent. Alors, qu'est-ce qui les préoccupait ? Que voulaient-ils ? A quoi croyaient-ils ?

« Pokotilov marchait d'un air agité, des gouttes de sang sur le front, les pupilles dilatées par la fièvre. Il disait : " Je crois à la Terreur. Pour moi, la révolution tout entière se compose de terreur. Pour le moment, nous sommes peu. Vous verrez, nous serons nombreux. Demain je ne serai peut-être plus là. J'en suis heureux. J'en suis fier. Demain, Plehve sera mort ! "

« La silencieuse, modeste et timide Dora Brillant ne vivait que pour une seule chose : sa croyance en la Terreur. Elle aimait la révolution. Elle se tourmentait des plus petits échecs. Elle reconnaissait qu'il était nécessaire de tuer Plehve, mais elle redoutait ce meurtre. Elle ne pouvait pas se réconcilier avec le sang versé. Il lui aurait été plus facile de mourir que de tuer. Et malgré cela elle ne cessait de nous supplier de lui confier une machine infernale et de l'autoriser à participer à l'attentat comme lanceuse de bombe. Elle ne voulait pas laisser aux autres ce qu'elle considérait comme la tâche la plus difficile : cela eût signifié qu'elle se séparait de ses camarades. Elle considérait comme un devoir de franchir tous les seuils qui la mèneraient à une participation directe à l'acte : la terreur se colorait surtout pour elle de l'auréole du sacrifice personnellement accompli par le terroriste.

« Kaliaïev plaçait la Terreur au centre de la révolution. A Kharkov, il me dit : " Sais-tu, je voudrais vivre assez longtemps pour voir l'avenir ; ici, vois-tu, c'est la Macédoine. Il y a là-bas une terreur de masse ; là, chaque révolutionnaire est un terroriste. Et chez nous ? Cinq à six hommes — et c'est tout... Les autres font un travail tranquille. Un révolutionnaire social peut-il se livrer à un travail tranquille ? Un révolutionnaire sans bombe n'est plus un révolutionnaire. Peut-on parler d'action terroriste sans y prendre part ?... Je sais : un grand feu dévorera la Russie. La Macédoine est partout, même ici, chez nous ". »

Pour les terroristes de 1905, l'assaut contre les puissants de ce monde n'était pas seulement un moyen tactique d'imposer tel ou tel programme : ils le considéraient uniquement et d'une manière absolue comme un acte de libération. Ils ne nient pas leur culpabilité, mais cette culpabilité est aussitôt expiée ; leur meurtre est en même temps un suicide. Tout conspirateur s'attend à sa propre mort. « Donnez-moi une bombe, disait Dora Brillant, il faut que je meure ! » Et Kaliaïev, pendant une délibération, proposait à Asev, qui établissait le plan de l'attentat :

« Il existe une méthode pour ne pas frapper à côté. » Asev le regarda attentivement. « Comment imaginez-vous cela ? — La voiture arrive. Je me jette avec la bombe entre les pieds des chevaux. Ou bien la bombe éclate, et la voiture ne peut pas continuer, ou elle n'éclate pas, mais les chevaux se cabrent. Dans tous les cas, il y aura un arrêt. C'est l'instant pour le deuxième lanceur de bombe d'entrer en action. — Mais, dans ce cas, vous êtes sûr de sauter vous-même ? — Naturellement ! »

Qu'est-ce qui insufflait au jeune Kaliaïev, âgé de vingt-sept ans, la force d'âme que révèle une telle attitude ? Nous ne pouvons pas le savoir : mais presque tout semble indiquer que c'est à la solidarité inconditionnelle unissant les uns aux autres ces déchirés — lesquels s'étaient arrachés à tout lien extérieur à leur cercle et avaient renoncé à leur milieu, leur famille, leurs amitiés, leur appartenance de classe et leurs intérêts — qu'ils devaient la dureté véritablement infernale qui les caractérisait. Dans la fraternité de la conspiration, ils vivaient par anticipation ce qu'ils espéraient voir s'épanouir dans la Société future et en faisaient une réalité. Les membres de l'Organisation de Combat préparaient leurs attentats avec le plus grand soin. Techniquement, ils étaient très supérieurs à leurs prédécesseurs du temps des Narodniki. Ils ont été les artistes de la Terreur. Asev, surtout, imaginait des méthodes d'une grande élégance. Les conjurés se rencontraient au bal masqué, à l'établissement de bains, au théâtre. Certains de leurs procédés témoignent même d'un humour noir ; c'est ainsi qu'ils avaient coutume de déposer leurs bombes dans une écurie qu'ils avaient louée non loin d'une grande banque. La maison du ministre Plehve, la victime désignée de leur premier grand coup, fut pendant des semaines l'objet d'une surveillance des plus minutieuses. L'un des conjurés se déguisa dans ce but en colporteur. Un récit conservé par Savinkov montre avec quelle ingéniosité il parvenait à détourner de lui l'attention de la police :

« Je m'étais posté auprès du pont suspendu et j'attendais, quand je m'aperçus que le policier louchait sur moi. J'ôte ma casquette, je fais une belle courbette et je dis : " Excellence, que je dis, puis-je me permettre de vous demander qui c'est qui habite ce beau palais ? Ce serait-y pas le tsar en personne ? Qu'il y a tant de monde devant la porte... " L'agent me regarde de tout son haut et sourit. " Crétin, me dit-il, cul-terreux... c'est un ministre qui habite là. — Un minisse ? dis-je. Ça veut dire un qui est général des généraux ? — Imbécile ! Un ministre, ça veut dire un ministre... Compris ? — A vos ordres, ai-je repris, j'ai compris. Mais il doit avoir plein de sous, ce minisse ? Y doit gagner des mille et des cents, hein ? " Le policier se prit à sourire et dit : " Idiot !... Des mille et des cents... Va plus haut, dis des millions... " A ce moment, je vois les mouchards s'agiter, la voiture s'avancer devant la porte cochère. Plehve s'apprête à sortir. Le policier me dit : " Du balai, fils de chien. Tu n'as rien à faire ici... " Je suis allé me mettre derrière le pont, j'ai fait semblant d'arranger mon éventaire et j'ai vu partir Plehve...

« Une autre fois, je m'étais fait remarquer, Dieu sait comment, par un policier monté. " Que fais-tu là, fils de chien ? me dit-il. Veux-tu bien t'en aller ? — Pardon, 'xcuse, Votre Excellence, c'est qu'ici la vente marche pas mal... " Alors, il s'est mis à vociférer : " Quoi ? Tu oses répondre ?... Garde, qu'on le mène au poste. " Aussitôt, un garde surgit de la maison. " Allez, viens ! " me dit-il. Nous tournâmes le coin de la rue, et je tirai un rouble de ma poche en disant : " Prenez, voulez-vous, monsieur le garde, en signe de mon respect, et laissez-moi aller, pour l'amour du Christ. Je ne suis qu'un petit personnage, sans importance. Est-ce si difficile de faire cela pour moi ? " Le garde jette un regard sur le rouble, puis sur moi. Il prend le rouble et dit : " Va-t'en, fils de chien. Mais fais bien attention, ou tu finiras quand même au poste ! " »

Kaliaïev, surnommé « le poète », réussissait particulièrement dans ces travaux d'observation qui précédaient chaque attentat.

« Il habitait un quartier lointain, aux limites de la ville, dans une chambre qu'il partageait avec cinq autres hommes, et menait une existence qui ressemblait jusque dans ses plus petits détails à celle d'un véritable colporteur. Il ne se permettait pas le moindre écart ; il se levait à six heures du matin, descendait dans la rue à huit heures et y demeurait jusque tard dans la nuit. Chez ses hôtes, il conquit bientôt la réputation d'un homme pieux, sobre et travailleur. Il ne leur venait naturellement pas à l'esprit de soupçonner en lui un révolutionnaire... Il avait sa propre théorie pour ce qui concernait les sorties de Plehve. Des plus petits indices relevés dans les rues — nombre des agents de l'Okhrana, aspect de la police, des lieutenants et des gardiens —

Kaliaïev concluait sans se tromper que Plehve était déjà passé par là, ou qu'on l'attendait encore. Il ne connaissait pas seulement la hauteur et la largeur de la voiture, sa couleur, celle des roues, mais il décrivait aussi le trot des chevaux, la poignée des portières, les harnais, les lanternes, le siège, les axes, les vitres... Il connaissait tous les mouchards du ministère et les distinguait sans erreur dans la foule. »

Pour y installer son quartier général, Asev avait choisi un milieu tout différent : Savinkov avait assumé le personnage d'un importateur : il se faisait passer pour le représentant d'une firme anglaise de bicyclettes et loua une belle demeure de maître dans le quartier résidentiel de Pétersbourg. Dora Brillant était son « épouse » ; Sasonov, qui devait en fin de compte lancer la bombe sur Plehve, était son laquais.

L'avant-veille de l'attentat, Savinkov et Sasonov s'entretinrent dans un parc : « Vous allez bientôt partir et ne reviendrez sans doute plus... Dites-moi, que croyez-vous que nous ressentirons après... après le meurtre ? — De la fierté et de la joie ! — Rien que de la fierté et de la joie ? — Naturellement ! »

Après sa condamnation, Sasonov écrivit de la prison à son ami :

« La conscience du péché ne me quitte pas un instant ! »

Et Savinkov ajoute à ce sujet :

« A la fierté et à la joie se mêlait un autre sentiment qui nous était inconnu à ce moment !

« Le 15 juillet, entre huit heures et neuf heures du matin, je retrouvai Sasonov à la gare Nicolaï et Kaliaïev à la gare de Varsovie. Sasonov portait un uniforme de cheminot et Kaliaïev était déguisé en portier. Le prochain train amena, également à la gare de Varsovie, Borichanski et Sikorski, qui venaient de Dünabourg. Le camarade qui travaillait comme cocher de fiacre attela et se rendit au Nord Hôtel, où habitait Schweizer (le technicien chargé des explosifs). Schweizer prit place dans le fiacre et, vers dix heures, répartit les bombes en divers points fixés à l'avance. La plus grande, un engin de douze livres, était destinée à Sasonov. Elle était de forme cylindrique, enveloppée de papier et nouée d'une ficelle. Kaliaïev et Sasonov ne cachèrent pas leurs bombes. Ils les portèrent ouvertement à la main. Borichanski et Sikorski dissimulèrent les leurs sous leurs pèlerines.

« La répartition se fit avec une précision exemplaire. Les lanceurs devaient partir de l'église Pokrov dans un ordre prévu et venir à la rencontre de la voiture de Plehve en longeant le canal. Ils se suivaient à une distance de quarante pas. Sasonov devait jeter la première bombe. C'était une belle journée ensoleillée. Je vis Kaliaïev devant le portail de l'église. Il avait ôté sa casquette et se signait devant les images saintes.

« Je l'interpellai : " Yanek ? " Il se retourna en continuant ses signes de croix. " Il est déjà temps ? — Naturellement ! Neuf heures dix ! Va... "

« Il m'embrassa et s'éloigna de son pas léger derrière Sasonov. Les boutons de l'uniforme de Sasonov luisaient au soleil. Il tenait la bombe sous son bras droit. On devinait qu'elle était lourde à porter.

« Je me rendis sur la Perspective Ismaïlov. Le seul aspect de la rue me fit deviner que Plehve allait passer d'un instant à l'autre. Les lieutenants de police et les gardes avaient des visages tendus, crispés. Au coin, il y avait les mouchards du ministère. Au même instant, j'aperçus Sasonov sur le pont. Et derrière moi j'entendis le trot et le roulement de l'équipage. La voiture du ministre, attelée de chevaux noirs, allait très vite. Quelques secondes s'écoulèrent. Sasonov disparut dans la foule. Ces quelques secondes me parurent interminables. Soudain, dans le brouhaha monotone de la rue éclata un bruit plus profond, plus pesant, étrange. Comme si quelqu'un avait frappé une plaque de bronze avec un lourd marteau. En même temps des vitres se brisèrent. Je vis surgir du sol, semblable à un mince tourbillon, une colonne d'un gris jaune, cernée d'une fumée noirâtre. Cette colonne s'épanouit de plus en plus et dépassa en hauteur le cinquième étage des maisons.

« Du pont, Kaliaïev assista à l'explosion et vit la

voiture éclater. Il ne savait pas très bien si le ministre était mort ou non et s'il fallait lancer une seconde bombe. Pendant qu'il restait planté sur le pont, indécis, les chevaux, couverts de sang, passèrent au triple galop, traînant derrière eux ce qui restait de la voiture, c'est-à-dire les roues. Quand Kaliaïev constata qu'il n'y avait plus que les roues, il comprit que Plehve avait cessé de vivre. »

Sasonov fut grièvement blessé, appréhendé et transporté à l'hôpital. Il y fut opéré en présence du ministre de la Justice. Il refusa de donner son nom et de dire quoi que ce fût. De la prison, il envoya à ses amis un message :

« Chers frères ! Mon drame est terminé. Je ne sais pas si j'ai joué mon rôle convenablement jusqu'au bout. De tout mon cœur, je vous remercie de votre confiance. Vous m'avez donné la possibilité de connaître une satisfaction morale qui ne peut se comparer à rien au monde. Cette satisfaction a adouci les souffrances que j'ai endurées après l'explosion. A peine étais-je revenu à moi à l'issue de l'opération que je respirais déjà plus facilement. Enfin, c'était fini ! Pour un peu, j'aurais chanté et crié de joie. »

Plehve, le ministre de la Police qui avait sur la conscience les pogroms juifs de Kichinev, était éliminé. Cet attentat ne fit pas seulement une profonde impression sur l'opinion publique, mais frappa aussi le gouvernement russe : la politique quasi libérale du successeur de Plehve, Witte, même si elle n'était qu'une tactique — c'est-à-dire en fin de compte trompeuse —, donna à l'opposition une certaine liberté de mouvement. Bien entendu, l'Organisation de Combat des terroristes ne songea pas un instant à se contenter de ce succès. Au reste, des dons lui parvinrent de tous les coins de la Russie, des dizaines de milliers de roubles. Le groupe se réunit à Paris et prépara aussitôt le prochain attentat. Le grand-duc Serge, fils du tsar Alexandre assassiné, en était la victime désignée. Il était un des conseillers les plus écoutés — et les plus réactionnaires — du nouveau souverain.

La mise au point de cette opération, à laquelle Asev prit une part prépondérante, dura plusieurs mois. En février 1905, tout fut prêt. Cette fois, Kaliaïev, le « poète », devait jeter la première bombe. Savinkov raconte :

« Kaliaïev fut à Moscou ce qu'il avait été à Pétersbourg (lors de l'attentat de Plehve). Mais il sentait sa mort toute proche. Je le vis pour la dernière fois en fin janvier, lorsque l'attentat avait déjà été décidé. Il était amaigri, portait une grande barbe et ses yeux brillants étaient profondément enfoncés dans leur orbite. Il était vêtu du carrick bleu de cocher de fiacre et avait un mouchoir de cotonnade rouge autour du cou. Il dit .

« " Sais-tu, je suis terriblement las... Les nerfs. Je crois que je n'en puis plus... Mais quel bonheur quand nous aurons réussi !... Je ne serai tranquille que quand Serge sera mort. Si seulement Sasonov était avec nous ! Crois-tu qu'ils soient renseignés, en prison ? Si nous parvenons à nos fins, ce sera la révolution. Cela me fait de la peine de ne pas voir cela. Mais si nous échouons... Sais-tu ce que je pense ? Dans ce cas, il faudrait faire comme les Japonais... — Comme les Japonais ? — Oui, pendant la guerre, les Japonais ne se sont jamais rendus... — Ah ? — Ils se faisaient hara-kiri. "

« Tel était l'état d'esprit de Kaliaïev avant le meurtre du grand-duc Serge.

« Le 2 février 1905 au soir, il gelait à pierre fendre à Moscou. Kaliaïev se dissimulait dans l'ombre du perron de l'hôtel de ville, sur la place solitaire et sombre. Vers neuf heures, venant de la Porte Nikolski, on vit apparaître la voiture du grand-duc. Dans l'obscurité, il sembla à Kaliaïev qu'il reconnaissait le cocher Roudikine, qui avait coutume de conduire le prince. Kaliaïev s'avançait vers la voiture en brandissant la bombe quand il vit à côté du grand-duc la grande-duchesse Elisabeth, sa femme, et les deux enfants du grand-duc Paul, Maria et Dmitri. Il abaissa le bras et s'en fut.

« Il me retrouva au Jardin d'Alexandre et dit : " Je crois avoir bien agi. A-t-on le droit de tuer des enfants ? " Il était si ému qu'il ne put en dire davantage.

Il comprenait ce qu'il avait hasardé en laissant échapper une occasion aussi extraordinaire : non seulement sa propre vie, mais l'Organisation tout entière. S'il avait été arrêté, bombe en main, l'attentat aurait été remis à beaucoup plus tard. Je lui dis : " Je trouve ta décision juste. Et je ne t'en estime que davantage ! — Mais la question de savoir si l'Organisation a le droit de tuer, outre le grand-duc, sa femme et ses neveux, — cette question doit être élucidée tout de suite. J'insiste sur ce point. Si vous décidez d'anéantir toute la famille, j'irai au théâtre et je jetterai la bombe sans me soucier des personnes présentes dans la voiture. " Je lui dis que je considérais un tel meurtre comme impossible. »

Les conjurés approuvèrent à l'unanimité la conduite de Kaliaïev. Rien ne caractérise mieux leur « classe » morale. Ils n'ont pas trouvé leurs pareils dans les événements qui ensanglantèrent le XXe siècle. Albert Camus a bien défini ce qui les plaçait sur un autre plan que les terroristes qui leur ont succédé : « Deux races d'hommes. L'un tue une seule fois et paie de sa vie. L'autre justifie des milliers de crimes et accepte de se payer d'honneurs. »

Savinkov et les siens n'avaient pas seulement poussé la technique de l'attentat jusqu'à la plus extrême perfection. Leur conscience était, elle aussi, un instrument de précision. La fréquentation de la mort ne l'avait pas émoussée, elle l'avait au contraire aiguisée. Déjà, les conjurés de 1881 n'avaient pas cherché à se faciliter leur rôle de bourreaux. La rigueur de leurs idées apparaît dans la déclaration qu'ils firent au peuple américain en octobre 1881, après l'assassinat du président des Etats-Unis, Garfield.

« Au nom du Parti révolutionnaire russe, nous protestons contre cet acte criminel. Dans un pays où la liberté des citoyens leur permet d'exposer librement leurs idées, où la volonté du peuple fait non seulement les lois, mais élit aussi la personne chargée de les appliquer, l'assassinat politique est l'expression d'une tendance despotique semblable à celle que nous voulons abolir en Russie. Le despotisme est toujours condamnable et la violence ne se justifie que quand elle s'oppose à la violence. »

Méticuleusement consciencieux, les membres de l'Organisation de Combat veillaient à ce que leurs actions ne frappassent pas des innocents. Cela se retrouvait jusque dans les détails : lorsque, après l'exécution de Plehve, deux Anglais furent condamnés à Londres à une amende de cent livres par tête pour avoir fourni aux conjurés des passeports anglais, l'Organisation de Combat offrit sur-le-champ d'en acquitter le montant. Quand, plus tard, la question se posa de savoir si on tuerait l'amiral Doubassov dans le rapide de Saint-Pétersbourg-Moscou, Savinkov renonça à ce projet parce que « ... la moindre imprudence aurait pu produire une explosion dans la voiture et tuer des étrangers ».

Lorsque Savinkov fut arrêté en 1906 à Sébastopol et prépara son évasion hors de la forteresse, il décida, en cas d'absolue nécessité, de tirer à la rigueur sur les officiers de garde, mais de se suicider plutôt que d'attenter à la vie des simples soldats.

Le grand-duc Serge n'échappa pas à ceux qui le poursuivaient.

« Au moment où j'approchais du pont, j'entendis au loin un bruit sourd. Je n'y prêtai pas attention, tant il ressemblait peu au vacarme d'une explosion. A la pâtisserie, je rencontrai Dora Brillant. Nous nous dirigeâmes vers le Kremlin. Devant la Madone ibérique, un gamin nous croisa et cria : " Le grand-duc est tué : il a la tête arrachée ! "

« Tout le monde courut en direction du Kremlin. Dora et moi demeurâmes immobiles. Elle se pencha vers moi et éclata en sanglots. Elle ne pouvait retenir ses larmes. Tout son corps était secoué par des sanglots contenus. Je m'efforçai de la calmer. Elle ne cessait de répéter :

« " Nous l'avons tué... C'est moi qui l'ai tué... moi...

— Qui ? demandai-je, croyant qu'elle parlait de Kaliaïev.
— Le grand-duc... " »

Lettre de Kaliaïev à ses amis en date du 20 mars 1905 :

« C'est tout à fait contre mon gré que je suis en vie. J'ai jeté la bombe d'une distance de quatre pas, pas davantage, en plein élan, directement. Je fus étourdi par le souffle de l'explosion et je vis la voiture éclater. Je me souviens encore de la fumée et des éclats de bois qui vinrent frapper mon visage ; ma casquette fut arrachée de ma tête. A cinq pas devant moi, je voyais les vêtements en loques du grand-duc et son corps dénudé. Ma veste était brûlée. Je regardai autour de moi. Personne à proximité. Je m'éloignai. Au même instant, j'entendis un appel derrière moi : " Attrapez-le ! Attrapez-le ! " Le traîneau de la police faillit m'écraser. Je n'opposai aucune résistance. " Voyez s'il n'a pas de revolver sur lui... bégaya en tremblant l'homme de l'Okhrana. Dieu merci, il ne nous a pas atteints ! " Je regrettai de n'avoir pas à ma disposition une balle pour abattre ce glorieux lâche. " Pourquoi me tenez-vous ? demandai-je. Je ne m'enfuirai pas. J'ai accompli ce que je voulais faire... " Nous traversâmes le Kremlin en voiture et j'avais envie de crier : A bas le maudit tsar, vive la liberté, à bas ce maudit gouvernement ! »

Quelques jours plus tard eut lieu un événement qui semble presque invraisemblable. La grande-duchesse Elisabeth Feodorovna, la femme de la victime, vint rendre visite au meurtrier dans sa cellule de la prison Boutyrki, où Kaliaïev était au secret.

« Je vous assure, écrivait Kaliaïev de la prison, que nous nous sommes regardés dans les yeux avec un curieux sentiment, comme deux rescapés. Je remercie le hasard qui m'a permis, selon la volonté de l'Organisation et la mienne, d'épargner sa vie.

« Et c'est cela que je lus sur le visage de la grande-duchesse. De la reconnaissance envers moi, sinon envers le destin, de ce que la mort lui eût été évitée. " Je vous en prie, prenez cette image sainte en souvenir de moi. Je prierai pour vous... ", me dit-elle. Et je pris la petite image. C'était pour moi comme le symbole de ses remords pour les crimes commis par le grand-duc.

« “ J'ai la conscience pure, lui dis-je. Je suis désolé de vous avoir causé du chagrin. Mais si j'avais mille vies, je les donnerais toutes. Adieu, j'ai fait mon devoir et je le ferai jusqu'au bout. Adieu, car nous ne nous reverrons plus. ” »

Le 5 avril 1905, Kaliaïev fut traduit devant ses juges. Voici ce que fut sa dernière déclaration : « Ici, je ne suis pas un accusé : je suis votre prisonnier. Nous sommes deux puissances en guerre. Des monceaux de cadavres nous séparent. Vous avez déclaré la guerre au peuple, nous avons accepté votre défi. Il ne vous est pas donné de me juger. Dans ce procès, vous ne pouvez pas plus envisager mon acquittement qu'il ne peut y avoir pour moi de condamnation. Regardez autour de vous : du sang partout, des larmes. C'est vous qui êtes au pilori, au pilori de l'Histoire. C'est elle qui rendra son verdict. »

A trois heures, le jugement était prononcé : Kaliaïev était condamné à mort par strangulation. Il dit : « Je suis heureux de ma condamnation. Je considère ma mort comme une suprême protestation contre un monde de larmes et de sang. » A l'aube du 10 mai, Kaliaïev franchit les marches du gibet, tout de noir vêtu, sans pardessus, coiffé d'un chapeau de feutre. Debout, immobile, il écouta la lecture du jugement. Le prêtre lui présenta le crucifix. Kaliaïev le repoussa en disant : « Je vous ai déjà dit que j'en ai fini avec la vie. Je n'ai pas besoin de consolation. Je suis prêt à mourir. » Le bourreau Filipov lui passa la corde au cou et, d'un coup de pied, fit tomber l'escabeau. Kaliaïev est enterré dans l'enceinte de la forteresse, entre le rempart qui entoure la forteresse du côté de la mer et la Tour du Roi.

Parmi les nombreuses entreprises de l'Organisation de Combat, l'attentat contre le grand-duc Serge occupe une place particulière. Il fut à la fois un sommet et le point de départ d'une phase critique. Le 17 mars 1905, on assiste, avec dix-sept arrestations mystérieuses, au début du chapitre le plus obscur de sa ténébreuse histoire. L'intervention de la police était inexplicable. Ni Kaliaïev ni aucun des autres lanceurs de bombes n'avait révélé le nom de leurs camarades. Et cependant, un filet invisible se tissait lentement autour des conjurés. En juin, il y eut de nouvelles arrestations. L'été venu, il ne restait du noyau du groupe, outre Gotz et Asev, que Savinkov et Dora Brillant. Aussitôt, ces quatre personnages s'empressèrent de recruter de nouveaux adhérents et de préparer de nouveaux attentats.

« Au début d'août, Asev revint de Nijni-Novgorod. Ses premières paroles furent : " Nous sommes surveillés. "

« Je n'avais rien remarqué et, en conséquence, commençai par ne pas le croire. Au but de deux jours, Asev et Silberberg s'aperçurent qu'ils étaient suivis. Et quand je revins à mon auberge, je constatai dans l'attitude de mes hôtes un changement à peine perceptible à mon égard. La prudence exigeait d'immédiates et énergiques mesures. Si nous poursuivions notre travail à Novgorod, nous pouvions craindre que l'Organisation tout entière ne fût bientôt encerclée d'une nuée d'espions. »

Mettant en œuvre tous les moyens d'une technique éprouvée de la conspiration, Savinkov et les membres du cercle s'efforcèrent de semer leurs « ombres ». Ils y parvenaient ; mais les gens de l'Okhrana reparaissaient toujours au bout de peu de temps. Pour leur échapper, Savinkov alla se cacher dans un coin retiré de la région de Klin.

« Le jour même de mon arrivée, la maîtresse de maison vint me trouver dans ma chambre, très émue. " On vous file ! — Impossible ! — Le jardinier sort d'ici. Il m'a dit que deux espions sont venus de la gare et vous ont demandé ". »

Par trois fois, Savinkov frôla l'arrestation. En fin de compte, il ne restait plus qu'une explication à ces perpétuelles arrestations et à l'activité des espions : la trahison. La police était au courant des moindres déplacements des conjurés. Elle disposait évidemment d'un informateur au sein des cercles clandestins ou du Parti révolutionnaire social.

En août 1905, Gotz et Savinkov reçurent une lettre anonyme :

« Camarades ! Un pogrom menace le Parti. Il est trahi par deux espions particulièrement dangereux. L'un d'eux est un certain Tatarov ; l'autre, un ingénieur, s'appelle Asev... Détruisez immédiatement cette lettre, de laquelle il vous est interdit de tirer une copie ou des extraits. Agissez rapidement, sans révéler ce secret ! »

L'accusation portée contre Asev était grotesque ; tous les membres du groupe savaient qu'Asev avait été personnellement l'auteur des plus terribles coups fomentés contre le gouvernement, qu'il les avait préparés, organisés, dirigés. Le cas de Tatarov était moins clair. Cet homme faisait partie du Comité central du Parti. Il en savait plus sur l'Organisation de Combat qu'elle n'en connaissait sur lui. Dans la vie de Tatarov, bien des choses demeuraient obscures — et surtout ses affaires personnelles (il possédait en propre une maison d'édition). L'Organisation se rendit à l'étranger pour délibérer.

« A Genève, je vis Gotz, malade et grabataire. Il me demanda ce que je pensais de la lettre anonyme. " Rien ! — Et Tatarov ? — Je ne puis pas croire que ce soit un agent provocateur. — Je suppose que la lettre émane de la police. Il y a quelque intrigue là derrière. A parler franc, il semblerait en effet qu'il y ait un traître parmi nous. La surveillance à laquelle nous avons été soumis à Nijni ne s'explique pas autrement. Il faut faire une enquête. La situation est très grave. Nous devons nous placer uniquement au point de vue révolutionnaire : autrement dit, il n'y a ni nom ni autorité qui tienne. C'est le Parti qui est en danger et non l'individu. Admettons *a priori* que chacun de nous est suspect. Je ne m'excepte pas. Vous connaissez ma vie. Qui a quelque chose à me reprocher ? "

« Et il en fut ainsi de tous les membres présents. Puis, Gotz dit : " Il existe certaines présomptions contre Tatarov. D'après mes calculs, au cours des dernières six semaines, il a dépensé plus de cinq mille roubles pour ses affaires privées. D'où tient-il cet argent ? En outre, sa maison d'édition est assez — ou plutôt pas assez — douteuse. Il n'a jamais eu d'ennuis avec la censure. Comment est-ce possible ? " »

Avec la conscience méticuleuse, la précision morale qui étaient la marque de leurs attentats, les conjurés se mirent à approfondir le cas. Une commission d'enquête fut constituée ; Tatarov ne fut pas exécuté dans une embuscade : on le fit comparaître. Au cours des interrogatoires qui eurent lieu à Genève, il ne tarda pas à se fourvoyer dans des contradictions.

« Nous cherchions aussi à établir le rôle de Tatarov en dehors des interrogatoires. J'allais lui rendre personnellement visite à son hôtel. Quand j'entrai, il était assis dans un fauteuil, la tête dans les mains. Nous ne nous saluâmes pas. Il ne se tourna pas vers moi.

« " Il y a longtemps que je te connais, lui dis-je, et je ne puis croire à ta trahison. Je te défendrais avec joie devant la commission, mais je ne puis le faire sans ton aide. Il faut que tu m'expliques ton attitude. Je ne la comprends pas. Parle franchement. Cela seul peut te sauver. "

« Tatarov demeura silencieux et ne retira pas les mains de devant son visage. Je vis au mouvement de ses épaules qu'il pleurait. Il dit : " Quand je parle avec vous, je me considère comme un misérable. Quand je suis seul, ma conscience est tranquille. " Ce fut tout. Je ne pus tirer de lui rien de plus. »

Acculé, Tatarov chercha à se disculper en dirigeant les soupçons sur Asev. Il le savait de bonne source. Quand on lui demanda quelle était cette source, il dut avouer avoir eu des relations — si lointaines fussent-elles — avec la police.

« Pour finir, je fus complètement convaincu de la culpabilité de Tatarov. Naturellement, je n'ignorais pas que les preuves juridiques manquaient. Aux assises, on eût été obligé de l'acquitter. Malheureusement, et pour défendre leur parti contre les infiltrations de la police, il ne reste aux révolutionnaires pas d'autre alternative que de recourir aux méthodes de leurs adversaires. Ils doivent déférer l'agent de la police parvenu dans leurs rangs à un conseil de guerre, un tribunal d'exception, auquel les normes strictes d'une procédure régulière ne conviennent pas. »

La commission d'enquête décida à l'unanimité que Tatarov était coupable. En conséquence, il fut condamné à mort.

« Je m'adressai au Comité central et me déclarai prêt à organiser l'exécution. Le Comité central accepta ma proposition et me fit parvenir les sommes nécessaires à cette action. »

Entrefilet dans un journal de Varsovie :

« Le 22 mars, un inconnu s'introduisit dans la demeure de l'archiprêtre Youri Tatarov et tua le fils du maître de la maison d'un coup de revolver. La police n'a pas découvert la raison de ce meurtre. L'assassin a disparu sans laisser de traces. »

Quelques années plus tard, devant la troisième Douma, le ministre-président Stolypine révéla, dans un discours officiel, que Tatarov avait en effet travaillé pour la police secrète du tsar. La commission d'enquête des terroristes n'avait pas fait d'erreur.

Aussitôt après la liquidation de Tatarov, l'Organisation de Combat se remit à l'œuvre. A l'intérieur du Parti, tout danger semblait écarté. Huit nouveaux attentats furent préparés. Le plus important concernait le ministre de l'Intérieur, Dournovo. Cette fois, Gotz proposa une attaque à découvert.

« Sans approfondir les détails techniques de ce plan, Asev déclara : " Je ne donnerai mon accord que si je marche en tête. — Ce n'est pas admissible. L'Organisation ne peut pas sacrifier son chef, même pour cette action. Renonce à cette condition. — Mais il s'agit d'une attaque à découvert. Dans ce cas, le chef doit se trouver en tête. Et c'est ce que je ferai ". »

Avant qu'on en fût à la mise en œuvre du plan, la police frappa de nouveau. En été, Gotz fut arrêté. Plusieurs autres arrestations inexpliquées suivirent. Savinkov lui-même fut appréhendé à Sébastopol. Il passa deux mois en prison préventive à la forteresse. Mais, le 19 juillet, les murs de la ville portaient des affiches avec le texte suivant : « Dans la nuit du 16 juillet, et comme suite à la décision de l'Organisation de Combat, Boris Savinkov s'est évadé de la prison principale de Sébastopol. Vive la Révolution ! »

Savinkov s'échappa par la Roumanie et gagna Paris. Mais c'en était fait de son activité sur le sol russe pour un temps assez long. L'Organisation de Combat était affaiblie par ces saignées continuelles. La plus grande partie de ses membres étaient morts, pendus ou exilés ; d'autres se suicidèrent. Et il restait aux rescapés à éprouver la plus terrible des déceptions.

Durant l'automne de 1907, Savinkov reçut une autre lettre de Russie accusant Asev de collaborer avec la police.

« Nous n'attachions aucune attention à ces dénonciations. Nous y voyions une intrigue de la police. Pour l'Okhrana, il y avait en effet un grand avantage à jeter une ombre sur un des meneurs de la révolution et, ainsi, à le rendre inoffensif. J'avais vu Asev au travail. Je connaissais sa tranquille logique dans l'action révolutionnaire, sa fidélité, son courage terroriste. Je ne doutais pas de son honnêteté. Aucune rumeur ne pouvait ébranler l'affection et l'estime que je lui réservais. »

Mais la rumeur ne se taisait pas. Celui qui la répandait était un terroriste du nom de Bourtsev. Le Comité central résolut de faire comparaître ce Bourtsev devant un tribunal d'honneur afin de mettre fin une fois pour toutes aux méchants bruits qui circulaient sur Asev et nuisaient considérablement à la réputation du Parti. Savinkov n'était pas d'accord avec cette mesure :

« Je fis l'impossible pour l'empêcher. La comparution de Bourtsev, pensai-je, ne ferait pas cesser les rumeurs ; au contraire, elle contribuerait à leur propagation. En outre, il est extrêmement difficile de démentir une rumeur, surtout quand elle provient d'une source policière. Enfin, une enquête devant un tribunal me semblait incompatible avec la dignité de l'Organisation de Combat. Les soupçons émis contre Asev n'offensaient pas que lui, mais aussi tous les terroristes. On ne pouvait répondre à une offense de cette importance par de simples paroles. »

Cependant Asev insista pour que la procédure eût lieu :

« Un tribunal arbitral est absolument nécessaire. Ce n'est que devant lui que l'absurdité de ces calomnies peut être étalée au grand jour. »

En octobre 1908 se réunit à Paris, 50, rue Lhomond, un tribunal formel. Parmi les six juges se trouvaient deux grandes figures du mouvement révolutionnaire : le prince Kropotkine et Véra Figner, qui, après vingt ans de réclusion dans la forteresse de Schlüsselburg, avait réussi à s'évader de Russie. Bourtsev demeura sur ses positions. Il apportait une série d'indices qui parlaient contre Asev. Savinkov essaya de les démentir.

« Le tribunal ne se rendit pas à mes raisons. La Figner conservait à Asev son ancienne confiance, mais Kropotkine hésitait. Visiblement, il croyait Asev capable d'un double jeu ; autrement dit, il tenait pour possible que le chef de l'Organisation de Combat trompât à la fois son propre groupe et le gouvernement. L'un des juges me dit : " De tels indices devraient suffire à abattre le suspect. "

« En novembre, Asev vint à Paris. Il était inquiet, las, abattu. " Tu dis que Kropotkine croit à un double jeu ? — Oui ! " Asev demeura silencieux. Puis il éclata soudain de rire. " Oui, vous n'êtes pas très malins. Rien de plus facile que de vous tromper. Par ailleurs, je me suis laissé dire que l'on a de nouvelles preuves contre moi. D'où les tenez-vous ? De la police ? — Je ne saurais te le dire. Ecoute, Asev, je ne comprends rien à ton attitude. Je t'avais conseillé de refuser de te présenter devant ce tribunal et de retourner en Russie. Notre travail de terrorisme aurait démenti toutes les rumeurs. Tu ne l'as pas voulu. Tu as souhaité la création de ce tribunal et tu essaies d'influencer ce qu'il en résultera par mon intermédiaire. Qui donc, ici, est l'accusé ? Bourtsev ou toi ? De toute manière, il faut que tu comparaisses, que tu opposes un démenti à Bourtsev et que tu défendes ton honneur. Personne ne peut faire cela pour toi... — J'imaginais qu'en bons camarades, vous alliez me défendre... — Nous avons fait ce que nous avons pu. — Tu crois donc qu'il vaut mieux me présenter devant le tribunal ? — Oui, cela vaut mieux. " Il demeura longtemps sans répondre. Puis il dit : " Non, je ne le peux pas. Je n'en ai pas la force. "

« Il paraissait complètement abattu. Au bout d'un instant, il se leva sans un mot. Il m'embrassa avant de s'en aller.

« Cette conversation provoqua en moi pour la première fois un vague soupçon. »

En janvier 1909, le tribunal d'honneur du Parti acquitta Bourtsev. C'était la condamnation d'Asev. Il s'enfuit en Russie. La police du tsar ne l'a pas arrêté, mais au contraire protégé. En février 1909, il y eut à la Douma une interpellation au sujet de l'affaire Asev. Le ministre-président Stolypine répondit aux questions de la fraction social-démocrate et libérale par ces paroles :

« Asev fut engagé comme collaborateur de la police en 1892. Il a d'abord été l'agent de liaison du ministère de la Police avec les cercles clandestins. Puis il fut détaché à la direction du département de l'Okhrana de Moscou. Il nous a également rendu de grands services à l'étranger. Jusqu'en 1905, il a travaillé pour le directeur du département de la police secrète de Saint-Pétersbourg. Naturellement, Asev n'était pas constamment à notre service : chaque fois que l'on commençait à le soupçonner, chaque fois que l'on se préparait à de nombreuses arrestations, on le mettait en vacances pour plusieurs mois. »

D'après les déclarations d'un des dirigeants de l'Okhrana, Asev a été le plus grand provocateur que le service eût jamais employé. Le gouvernement lui versait un salaire annuel de 14 000 roubles.

C'est cet homme qui fut la cause de l'effondrement de l'Organisation de Combat. Il ne l'a pas seulement décimée physiquement, il lui a moralement brisé la colonne vertébrale. Pas plus qu'un homme comme Kaliaïev ne peut être évalué selon les normes de la justice politique, Asev ne peut être considéré comme un vulgaire dénonciateur. Le mystère de ce personnage ne sera jamais tout à fait élucidé. Il est d'une stature luciférienne... Le plus petit des gestes d'Asev est d'une ambiguïté vertigineuse. Non seulement il a trahi les révolutionnaires au profit du gouvernement, mais il trahissait en même temps le gouvernement en faveur des révolutionnaires. Il n'a pas seulement été membre du Parti révolutionnaire social. Il a été sans aucun doute l'un des terroristes les plus doués et les plus radicaux de son temps. Il a préparé et organisé une série interminable d'attentats. Les actes de terrorisme auxquels il a participé étaient dirigés contre les personnages suivants :

Le gouverneur de Kharkov, le prince Obolienski ; le gouverneur d'Oufa ; le ministre de l'Intérieur Plehve (donc, le plus haut placé de ses supérieurs) ; le grand-duc Serge Alexandrovitch ; le général Trepov, gouverneur général de Saint-Pétersbourg ; Kleigels, gouverneur général de Kiev ; le gouverneur de Nijni-Novgorod ; l'amiral Doubassov, gouverneur général de Moscou ; le général commandant la place de Saint-Pétersbourg, von der Launitz ; le général Pavlov, gouverneur de Saratov, avocat général militaire ; le grand-duc Nicolas ; Herschelmann, gouverneur général de Moscou ; le général Min ; le colonel Riemann ; Ratchkovski, directeur du département politique de l'Okhrana (également un des chefs directs d'Asev) ; Gapon, révolutionnaire et agent provocateur ; l'amiral Tchounine ; le ministre-président Stolypine et le tsar lui-même.

Cette liste fantastique témoigne qu'Asev n'a jamais été un instrument de ses chefs de la police secrète. Il n'était l'instrument de personne. C'était un homme qui ne se laissait pas exploiter, fût-ce par ses camarades ; et pas plus par la révolution que par la contre-révolution. Il exploitait tous les autres. Mais dans quel but ? Nous ne le savons pas. Mais nous savons par les autotémoignages des conjurés russes de quel incomparable sentiment ils étaient envahis en cet instant tellement solitaire où ils se préparaient à lancer leur engin. En même temps que la bombe, ils tenaient en main leur propre destin, celui de la victime et celui de tous. Cet instant les élevait au-dessus d'eux-mêmes et de tous les autres. Asev, dans son repaire, a dû éprouver une intense sublimation de ce sentiment, que les terroristes ont vainement tenté de décrire : le sentiment de dominer tous les partis imaginables du combat auquel il prenait part, qu'il dirigeait et duquel il se retirait. Aucun souverain de ce monde ne pouvait être plus arrogant que lui. La souveraineté qui lui était alors conférée était sans limites et elle était vide.

L'Organisation de Combat offrait un champ idéal pour la réalisation de l'abominable liberté qu'avait choisie Asev. Leur tendance à imposer une terreur absolue, le trait artistique de leur œuvre stimulaient sans aucun doute un esprit comme le sien. Mais la police secrète convenait tout aussi parfaitement à son jeu. Les deux rôles d'Asev exigeaient à un cheveu près le même entraînement, le même habitus, les mêmes méthodes : des deux côtés régnait un climat de dissimulation, de méfiance, de vigilance ; des deux côtés, le métier exigeait la même décision, la même froideur, le même travail dans les disparitions sans laisser de traces. Toute conspiration est, psychologiquement parlant, contaminée par son adversaire, la police secrète, et réciproquement. Le double jeu obéissait ici comme là-bas aux mêmes lois : ce qu'il possédait de plus que les autres, c'était cette faculté d'échanger avec la rapidité de l'éclair et à chaque seconde son système de couverture et de ne pas avoir la moindre pensée sans songer aussitôt à sa contrepartie.

Peut-être Asev s'est-il livré à ce calcul extrême, où la police secrète apparaît elle-même comme un organe d'exécution de la révolution. On peut imaginer un point de vue duquel la conspiration et son adversaire, la police, apparaissent comme des complices. Cette idée est curieusement plaisante. Maurice Laporte, l'historien de l'Okhrana, prétend que la provocation était la pierre angulaire de son activité. Les pouvoirs illimités que le régime lui accordait devenaient dangereux pour celui-ci. Ses intérêts n'étaient pas du tout les mêmes que ceux de la police secrète. Celle-ci était avant tout préoccupée d'assurer sa propre existence. Mais son existence dépendait de l'existence du mouvement révolutionnaire : s'il n'y avait plus de conjuration, l'Okhrana devenait superflue. Depuis sa fondation, la terreur n'avait pas diminué en Russie, tant s'en faut ; au contraire, ce n'était qu'au moment de l'apparition de l'Okhrana que l'on avait vu également surgir un mouvement clandestin organisé et continu. Les agents secrets du tsarisme y jouent un tel rôle qu'il est impossible de séparer l'histoire de la révolution de leurs provocations. La provocation est un moyen d'une extrême ambiguïté. Elle livre, certes, quelques conspirateurs aux tribunaux et justifie ainsi l'existence de la police — mais elle veille aussi à ce que l'enchaînement des actions terroristes ne soit pas interrompu. « La tradition de la révolution russe de 1917, dit Hannah Arendt, est, pour une part assez substantielle, un succédané de la police secrète russe. » Ce qui est sûr, c'est que l'œuvre d'Asev, cette œuvre hermétique, déformée par une dialectique macabre, a porté au tsarisme de terribles blessures et valu à la révolution quelques-unes de ses victoires les plus secrètes et les plus emberlificotées. Nous ne savons rien de précis sur la fin de cet homme infernal ; on dit qu'il s'est pendu.

Boris Savinkov a vécu jusqu'à quarante-cinq ans : pour un homme de sa profession, c'est un grand âge. En août 1924, il fut arrêté par la police soviétique. Quatre semaines plus tard, un tribunal militaire le condamnait à mort. Le Comité central le gracia et transforma sa peine en dix ans de prison. Peu de jours après, Savinkov se jetait dans la cour intérieure de la prison. Il mourut sur le coup. Les communistes n'ont pas cessé de couvrir Savinkov et ses amis d'injures et de sarcasmes. La préface de l'édition russe de ses mémoires a été écrite par un certain Félix Kon. Il caractérisait les conspirateurs de 1905 par les épithètes de « hystériques... écume aux lèvres... calomniateurs... petits-bourgeois sans scrupule... rêveurs décadents. »

C'est là le vocabulaire traditionnel des polémiques communistes, qui, de tout temps, eurent un ton singulier, plein de vocifération et de hargne. Les objections politiques contre les conceptions des terroristes pèsent d'un poids plus convaincant. Il est en effet assez remarquable de constater que les grands événements de 1905, en Russie, n'apparaissent chez Savinkov que comme des choses accessoires : les troubles de Saint-Pétersbourg, le dimanche sanglant, les démonstrations, l'immense vague de grèves de l'automne de cette année, toute cette première révolution russe, qui a échoué, mais qui a arraché au gouvernement tsariste des concessions décisives, tout cela se passait en dehors du champ de vision du « terroriste individuel ». Avec une grande perspicacité et d'excellents motifs, Lénine s'est, dès le début, attaqué aux révolutionnaires sociaux, a critiqué leurs tendances anarchiques et mis à nu leurs hypothèses sociales. Ils n'ont jamais compris le rôle historique du prolétariat. L'analyse de Lénine prouve le manque de sens politique des conspirateurs, mais elle ne réfute pas leur action ; comme toute argumentation purement politique, elle passe à côté du sens réel de ces actes.

Les communistes n'ont jamais compris ce qui animait cette inoubliable phalange de justiciers meurtriers. Pour Véra Sassoulitch et Igor Sasonov, il ne s'agissait pas d'une ligne, d'une recette politique, d'une doctrine sociale. Il s'agissait de leur salut et de celui des autres : un salut qui était de ce monde et qu'ils ne pouvaient atteindre qu'au prix de leur propre vie. Durant la seconde de vérité où ils lançaient la bombe, ils réalisaient leur salut et anticipaient celui des autres.

Et à ce salut correspond la damnation. Kaliaïev d'un côté, Asev de l'autre : ils incarnent les deux possibilités terminales, les desseins extrêmes de l'existence de leurs moments historiques. On comprend que leur exemple soit insupportable au communisme. Car il évoque une grandeur inconnue, qui se soustrait à tout calcul. Dans les malédictions dont Lénine et ses disciples accablent les meurtriers des tsars se mêle, aux arguments rationnels, une institution des limites de leur puissance, un mouvement de peur, une nuance d'inquiétude secrète. L'exemple de Kaliaïev menacera toujours une souveraineté reposant sur la misère des opprimés. Cinquante ans avant que Kaliaïev ne montât sur l'échafaud, Marx, qui voyait plus loin que ses successeurs, avait forgé un mot qui rend justice à Kaliaïev et à tous ceux qui lui ressemblent : il appelait tous les conspirateurs de cette espèce « les rêveurs de l'absolu ». Un rêveur de cette trempe, un inconnu au milieu d'une foule, suffit pour plonger tous les puissants de ce monde dans la terreur.

Contribution à la théorie de la trahison

Nos lois ne sont pas universellement connues : elles sont le secret des petits groupes de l'aristocratie qui nous gouvernent... C'est par tradition qu'elles existent et sont confiées à l'aristocratie comme un secret ; mais cela n'est pas — et ne saurait être — autre chose qu'une vieille tradition que son antiquité même a rendue digne de foi, car le caractère de ces lois exige aussi que leur pérennité demeure secrète.

Franz Kafka, *Zur Frage der Gesetze.*

1. *Les traîtres, ce sont les autres.* — Nul ne veut passer pour un traître. Quel que soit leur législateur, la forme de société dans laquelle ils vivent, la plupart des hommes, pour ne pas dire presque tous, sont fermement convaincus de ne pas mériter ce nom ; tout comme ils sont profondément persuadés qu'il y a en fait des traîtres et qu'ils doivent être sévèrement punis ; de préférence par la mort, en tout cas par les châtiments les plus durs que connaisse la Loi.

2. *Tous, nous sommes des traîtres.* — Ces convictions sont extrêmement curieuses. Elles sont en opposition flagrante avec les expériences historiques que chacun d'entre nous, de nos jours, a pu — et peut encore — amasser. Mettons tout d'abord de côté la question de

savoir ce qu'est en fait une trahison — c'est à peine si quelques-uns des plus convaincus oseraient y répondre — et tenons-nous-en provisoirement à la jurisprudence effective, tout au moins en Europe, pendant les trente dernières années, il ne fait aucun doute qu'à peu près chacun des habitants de ce continent s'est à un moment quelconque de son existence conduit comme un traître aux yeux des autorités au pouvoir. Certes, toutes ces « trahisons », n'ayant pas été découvertes, n'ont pas fait l'objet de poursuites et n'ont pas été punies : cela n'aurait pu se faire qu'au prix d'un dépeuplement complet de notre partie du monde.

3. *Nécessité de la trahison.* — Il nous paraît superflu d'apporter des exemples à l'appui d'un fait si généralement reconnu. Cependant, il ne suffit pas de constater que chacun *peut* devenir un traître. Le décisif, pour la logique de cette notion, c'est que, dans certaines conditions historiques, chacun est *obligé* de devenir un traître. Par exemple, l'entière population de la Norvège, de la Hollande, de la France, de la Grèce et de la Yougoslavie ne se composait que de traîtres (toujours au sens techniquement juridique du mot) durant l'occupation allemande de ces pays ; quel que fût le gouvernement que chaque individu considérait comme le sien, il en existait en même temps un autre aux yeux duquel il trahissait. Ce même genre de situations inversées et imposées par les circonstances se retrouve dans tous les pays divisés, comme notamment en Allemagne depuis 1948.

4. *Dialectique de la trahison.* — Pour peu que l'on se place au point de vue des lois actuellement en vigueur, tout changement radical des conditions de gouvernement transforme en traîtres des millions d'êtres humains ; un processus qui peut être regardé comme un inversement des pôles : devient traître en puissance quiconque ne l'était pas jusque-là et *vice versa.* On ne peut obvier à ce brusque changement que par l'abandon immédiat de la position adoptée auparavant et par la très rapide

adaptation à celle qui s'offre désormais ; quand on ne veut pas passer pour un traître, on se doit de trahir sur-le-champ ce à quoi on s'était attaché jusqu'alors.

Le 8 mars 1943, un certain Wilhelm Lehmann, rentier, âgé de soixante-quinze ans, fut condamné à mort à Berlin pour s'être livré à des préparatifs de haute trahison parce qu'il avait écrit sur le mur des cabinets : « Hitler, meurtrier de masses, doit être tué » [1]. Dix ans plus tard, c'eût presque été considéré comme une trahison que d'exprimer l'opinion contraire. Un inversement des pôles dans le sens opposé a eu lieu en Espagne ; Margret Boveri signale qu'entre 1936 et 1945, l'épithète de « loyaliste » s'appliquait naturellement aux républicains, alors qu'aujourd'hui on l'emploie aux Etats-Unis d'une manière tout à fait générale pour qualifier les partisans de Franco [2]. Il est évident que la notion de trahison subit une interversion correspondante. On pourrait citer d'innombrables exemples analogues. Les diverses phases du conflit algérien ont fait un traître de chaque Français à un moment ou un autre entre 1954 et 1962 ; il en va de même pour les habitants de tous les pays africains et asiatiques qui se sont libérés du colonialisme par la violence ; sans même parler de l'histoire de l'Union des Soviets pendant le stalinisme.

5. *Caractère archaïque.* — Dans ces conditions, on ne peut que s'étonner de ce que la trahison ait pu, en matière de jurisprudence, s'affirmer comme une situation de fait. Rares sont ceux — si tant est qu'il en existe — qui savent ce qu'il faut entendre par cela, mais moins que quiconque ceux qui s'en défendent avec le plus d'ardeur et en exigent la punition avec le plus d'insistance. Les juristes professionnels eux-mêmes ne sont pas en mesure de donner une explication rationnelle de la chose. Ils se cantonnent dans l'application purement formelle des textes de loi en vigueur qui s'y rapportent. Devant cette perplexité générale se dresse en un contraste frappant l'indignation sans cesse renouvelée que suscite le traître et la résolution de lui infliger les sanctions les plus sévères. L'idée de trahison est donc

tellement ancrée dans les esprits qu'elle ne peut être ébranlée par aucune expérience historique et si irrationnelle qu'elle semble échapper à tout contrôle, à toute hésitation. Ces deux faits indiquent sa haute antiquité, son caractère archaïque. En effet, le code de droit le plus ancien d'Europe, la loi romaine des douze Tables, parle déjà d'un délit de trahison (*perduellio*), et le tribunal permanent le plus ancien de l'histoire romaine était un tribunal spécial qui ne prononçait que dans des cas de trahison (le *duumviri perduellionis*).

6. *La trahison considérée comme « laesa maiestas »*. — Dans la loi des douze Tables, comme dans toutes les constitutions républicaines, sans même parler des constitutions démocratiques, le nucléus archaïque du délit est obscurci. On le voit reparaître dans le droit romain au temps de l'Empire. Désormais, la trahison porte le nom de *crimen maiestatis* ou *laesa maiestas,* terme qui s'est conservé tout au long de l'histoire du droit européen. Le *Treason Act* anglais de 1351, encore en vigueur aujourd'hui, désigne comme haute trahison *to compass or imagine the death of the King, the Queen or their eldest son and heir.* Les codes européens de toutes les monarchies européennes donnent des définitions analogues, par exemple les paragraphes 80 et 81 du premier Code pénal allemand, qui menacent de la peine de mort tout meurtre ou tentative de meurtre d'un empereur ou d'un souverain. Le *laesa maiestas* survit dans les lois du XIXᵉ siècle sous forme de crime de lèse-majesté. Pour souligner cette affinité avec la trahison, signalons notamment la sentence prononcée en 1872 contre le chef socialiste August Bebel, pour actes de trahison *et* crime de lèse-majesté. Dans la législation républicaine d'aujourd'hui, le meurtre d'un chef d'Etat est apparemment relégué dans la périphérie de la notion de trahison ; mais il ne manque dans aucun code ; il ne peut pas manquer, parce qu'il indique la conception fondamentale secrète de la trahison. D'après les dictionnaires étymologiques, le mot allemand *trahison* a comme signification originale le fait « de prendre une décision

en vue de la ruine de quelqu'un ». Ce quelqu'un n'est nul autre que le détenteur du pouvoir.

7. *Le tabou du souverain et son double sens.* — Le nucléus archaïque et irrationnel de la trahison est une interdiction magique, dont il faut rechercher l'origine au-delà de tout droit écrit, en fait dans le tabou du souverain. La « violation » de ce tabou est très clairement exprimée dans le mot romain pour trahison, le *laesa* [3].

On sait que le tabou est une interdiction de contact. La personne qui en est revêtue ne doit pas être touchée ; ainsi, elle est protégée contre toute agression. Mais l'action réelle du tabou réside plutôt dans son double sens. Le tabou du souverain ne protège pas seulement le souverain de ses sujets, mais tout autant les sujets du souverain. *He must not only be guarded, he must also be guarded against* [4]. Ce double but est atteint à l'aide d'un système extraordinairement embrouillé de règlements. Ce qu'il y a de plus remarquable dans ces restrictions, c'est leurs complètes symétrie et réciprocité.

Ce tabou est tout simplement la condition de la souveraineté. Ceci est prouvé par les sanctions extrêmes qui s'y rattachent. Elles seules garantissent la sécurité du souverain comme celle des sujets et neutralisent la menace mortelle, la peur qu'ont les partis l'un de l'autre.

Ce faisant, on imagine que la *mana* du souverain est la substance même de son pouvoir, une « charge » magique qui motive le tabou et rend le contact dangereux. Cette *mana*, tel un potentiel électrique, permet des gradations et, en conséquence, des intermédiaires entre le souverain et les sujets. C'est ainsi qu'un sous-chef ou un conseiller d'une *mana* inférieure peut toucher sans danger le souverain et se soustraire de son côté au contact de ses subordonnés. Cette représentation autorise la formation de hiérarchies. Une des caractéristiques du tabou est d'être transmissible. Il est d'une certaine manière contagieux. Ce que le souverain a touché devient à son tour tabou. On part ici du principe de la contiguïté, tout à fait particulier à l'idée de magie. Freud a fait remarquer sa ressemblance avec l' « association », au sens psychanalytique du mot. Ce principe est demeuré de nos jours déterminant pour la trahison. Il rentre dans la notion de *guilt by association* et nous le rencontrons prolongé dans la jurisprudence se rapportant à la trahison.

8. *La trahison considérée comme un sacrilège.* — La naissance des grandes religions a transformé les rapports entre le souverain et ses sujets. Il existe entre les dieux et les rois certaines relations auxquelles les sujets n'ont pas de part. A la place de la *mana,* on voit apparaître la consécration ; le pouvoir devient sacral ; sa violation approche du sacrilège. Dans le droit romain de l'Empire, la trahison et le sacrilège étaient déjà deux aspects d'une seule et même chose : on les nommait *laesa maiestas* et *laesa maiestas divina.* Au lieu de la sanction automatique par le tabou, qui venge lui-même sa violation, surgissent les poursuites par des puissances de ce monde. L'identification de la souveraineté et de la divinité, allant jusqu'au droit divin de l'absolutisme et au-delà, aboutit à ceci que la trahison et l'hérésie coïncident : dans la jurisprudence romaine classique, confesser que l'on était chrétien comptait pour un *crimen maieastis,* c'est-à-dire pour une trahison. Pour léser la majesté divine, il suffit donc d'une conviction. La portée de ce développement est évidente. La consécration religieuse du pouvoir compromet en même temps ce qu'il y a de plus efficace dans le tabou du souverain, à savoir ce qui se fonde sur son double sens. Il en demeure toujours un reste dans la notion de loyauté ; elle repose sur des relations de réciprocité, faute de quoi elle n'existe pas. Cela est institutionnellement exprimé dans le serment, qui n'a de sens que s'il est observé par les deux partis. C'est par des liens de ce genre, conservés pendant longtemps dans le système féodal, que s'affirme le double sens du tabou : le suzerain était tout aussi capable de trahison que son vassal ; il était en principe, et pour peu qu'il eût manqué à son serment, menacé des mêmes sanctions que son homme lige. Mais plus la souveraineté de conception sacrale se consolide, moins

le principe de réciprocité peut prétendre à des obligations. Sa désagrégation ne cesse de progresser. Il est facile de suivre tous les détails de ce processus dans la législation. Désormais, les « gouvernés » seront d'emblée sujets à la trahison, alors que le souverain en sera l'objet ; un renversement de ces conditions est juridiquement à peine imaginable ; toutefois, il est théoriquement pensable. Le tabou archaïque sur lequel repose la trahison devient tout bonnement un instrument de la souveraineté.

9. *Indétermination et contagion.* — « C'est assez que le crime de lèse-majesté soit vague pour que le gouvernement dégénère en despotisme » [5]. Si l'on prend cette remarque de Montesquieu au pied de la lettre, il n'existe guère de gouvernements qui soient libres de traits de despotisme. La tendance à la reproduction était établie *a priori* dans l'état de fait de la trahison, et cela précisément dans ce caractère de tabou qui en constitue l'efficacité. Il permet en même temps la propagation du délit indiqué par transfert et par contagion. Son indétermination n'est pas accidentelle. Bien plus, c'est même elle qui conditionne l'utilité du tabou de la trahison au service du gouvernement. Déjà dans le droit romain, son nucléus — l'interdiction de tuer le souverain — est tellement étouffé par des situations de fait secondaires et tertiaires qu'il est devenu presque indécelable. Au temps de Justinien, la trahison ne comporte pas seulement toute action contre la sécurité et l'honneur du peuple romain, mais aussi la désertion, la critique de la succession au trône, l'occupation de lieux publics, la libération de prisonniers, la falsification de documents officiels et la réception de serments illégaux ; l'intention suffit pour être châtié ; les traîtres étaient décapités. La propagation en tache d'huile de la situation de fait amena les juristes à codifier ce qui *n'était pas* une trahison. N'était pas châtié comme traître : quiconque réparait une statue d'empereur détériorée par les intempéries ; quiconque faisait fondre une statue de métal n'ayant pas été consacrée ; quiconque lançait

par erreur une pierre sur une de ces statues. L'institution du crime d'opinion considéré comme trahison vint encore aggraver les choses. Cette conception s'est répandue dans l'Europe tout entière, ce faisant, dès la fin du Moyen Age et durant la Renaissance, elle donna des résultats monstrueux. Par exemple, Henri VIII d'Angleterre avait eu deux filles qui pouvaient toutes deux prétendre au trône. Se rendait coupable de haute trahison : selon une loi de 1534, quiconque ne reconnaissait pas Marie ou soutenait les prétentions d'Elisabeth ; d'après une loi de 1536, quiconque défendait l'une ou l'autre de ces prétentions ; selon une loi de 1543, enfin, quiconque s'avisait de mettre en doute une de ces prétentions.

Le tabou-trahison est ici traité déjà d'une manière tout à fait moderne : le souverain définit à sa guise et unilatéralement qui il faut en cet instant regarder comme un traître. Cela correspond exactement, du point de vue méthodique, aux agissements des hommes au pouvoir d'aujourd'hui, lesquels décident également à leur gré celles des déviations de la doctrine officielle que l'on devra considérer comme trahisons. Ainsi, la trahison est en quelque sorte attribuée au « traître » sans qu'il y ait eu intervention de sa part ; le malheureux devient un « adversaire objectif », comme cela se dit dans le langage du stalinisme [6]. Le cercle de ce « traître objectif » peut être incommensurablement élargi par de nouvelles définitions du délit ; il s'élargit de lui-même selon le principe du tabou par contagion. Sont considérés comme « inadmissibles », comme *security risk*, comme traîtres en puissance, non seulement les parents, les amis et les relations des traîtres, mais, partant de là, tous ceux qui ont eu ou ont connaissance d'un délit de trahison ou l'ont soupçonné et n'en ont pas dénoncé l'auteur. Le caractère magique de la contagion du crime apparaît fort bien dans l'expression de « contact » (qui s'emploie dans le jargon des sociétés secrètes et des polices secrètes). Le sens du tabou considéré comme un instrument au service du gouvernement et non comme un phénomène concomitant ou de dégénérescence repose en ceci qu'il fait de chacun un traître en puissance et de chaque action une trahison possible.

10. *Structure paranoïde.* — La prolifération du délit de trahison, les sanctions bestiales — comme l'arrachement des entrailles d'un corps vivant et l'écartèlement —, telle qu'elles étaient en usage au Moyen Age chrétien, les « traitements spéciaux » des camps de concentration, tout cela exprime dans quelle mesure les hommes au pouvoir voient leur puissance menacée. Plus la réciprocité du vieux tabou décroît, moins ils ont le sentiment d'être en sécurité. Parce qu'une quelconque action d'un quelconque de leurs sujets leur semble menaçante, ils ripostent par la contre-menace de châtier comme une trahison n'importe quel agissement, voire n'importe quelle opinion. Là où, chez le souverain, la loyauté est inconnue, elle ne peut jamais être sous-entendue chez les « gouvernés ». L'homme au pouvoir se croit constamment poursuivi et en tire l'autorisation de poursuivre sans cesse les autres ; un *circulus vitiosus* en est la conséquence.

Ce « schéma » de la trahison et de sa répression montre une structure connue en psychiatrie, la structure de la paranoïa. Un récit que fait le savant arabe Ibn Batouta de son séjour à la cour du sultan de Delhi, Mohammed Tughlak, est un témoignage classique de cette structure. Il reproduit l'argumentation du souverain qui suit :

« Il existe aujourd'hui beaucoup plus de méchants et de rebelles (qu'autrefois). Je les punis au plus petit soupçon ou à la moindre supposition d'une intention de rébellion ou de trahison et je punis de mort le moindre acte d'insubordination. Je continuerai à agir ainsi jusqu'à ce que je meure ou que les gens se conduisent convenablement et renoncent à la rébellion et à la désobéissance... Je punis ces gens parce qu'ils sont tous devenus subitement mes ennemis et mes contradicteurs » [7].

Pour la logique de la paranoïa, il n'existe pas d'innocent, ou seulement ceux qui n'ont pas encore été convaincus de trahison, donc des traîtres déguisés. Partout, elle flaire des conjurations ; il ne s'agit que de les démasquer, d' « arracher le masque de leurs visages ». C'est le langage du *Völkischer Beobachter* d'Hitler, le langage de la presse chinoise d'aujourd'hui et le langage de l'anticommunisme actuel.

Pour combattre les présentes « conjurations mondiales » du système obsessionnel paranoïde, des contre-conjurations sont nécessaires. Partout où le tabou de la trahison est utilisé comme un instrument de domination, on voit surgir des services d'espionnage organisés. A l'époque de Tibère, à Rome, est apparu le métier de dénonciateur professionnel, du *delator*. Ce qui correspond aujourd'hui à ce métier, c'est la police secrète. Elle devient une instance politique au fur et à mesure que le nombre des procès en trahison et, du même coup, celui des traîtres en puissance augmentent.

11. *Projection.* — Une telle interprétation de la trahison fait naître l'objection qu'elle néglige le rôle de l'ennemi. En fait, dans les dispositions légales relatives à la trahison, l'ennemi de l'extérieur prend très vite l'aspect du tiers intéressé auquel profite le délit ; bien plus, on peut même dire que ce renvoi à l'ennemi de l'extérieur est indispensable à la législation. On l'évoque sans le moindre égard pour la vraisemblance ; c'est ainsi qu'en Union Sud-Africaine, toute action dirigée contre la politique d'apartheid du gouvernement est considérée comme un acte de haute trahison ; cet interdit est fondé sur l'idée que c'est au bénéfice, mieux, au service de l'Union soviétique que la trahison a été commise ; en revanche, le régime de Staline interprétait toute action d'opposition comme une trahison perpétrée au profit et au service des puissances capitalistes. La légende allemande des Poignards, qui fut après la Première Guerre mondiale la condition psychologique des nombreux procès de trahison de la république de Weimar, fonctionnait d'une manière analogue. Comme à chaque déclaration de la critique, à tout mouvement d'opposition, on découvre un tiers qui rit, il n'est de pays qui ne grouille de « manœuvres » fomentées par n'importe

quelle autre nation. C'est la logique de la paranoïa.
Le mécanisme psychique qui agit ici se nomme la projection. Les conflits non résolus entre le gouvernement et les « gouvernés » se déchargent sur l'adversaire extérieur ; ce qui menace le gouvernement de l'intérieur est transféré à l'extérieur. Le rôle qui revient au facteur de la projection lors de la naissance des guerres est connu. Sans cette projection, le tabou de la trahison s'écroulerait. Aussitôt qu'elle a été percée à jour, on s'aperçoit que l'ennemi qu'il conjure n'est autre que celui de l'intérieur. N'est uniquement redouté et placé sous le verdict de la trahison que ce qui menace le gouvernement et prend son origine chez les « gouvernés ». La haute trahison n'est pas autre chose que le nom juridique de la révolution.

12. *Révolution et trahison.* — La puissance magique de la contagion du tabou de la trahison s'étend aussi sur ceux qui la brisent. L'histoire de la conspiration révolutionnaire montre partout des traces de cette infection. Au serment par lequel le souverain veut se protéger de la trahison, correspond l'engagement pris par les conjurés. Les organisations révolutionnaires combattent plus implacablement les traîtres qu'ils découvrent parmi eux que l'ennemi proprement dit. C'est ainsi que se transmet au nouvel ordre la structure paranoïde de l'ancien avant même qu'il se soit imposé. La conspiration de Netchaïev et l'Organisation de Combat des Révolutionnaires sociaux en Russie tsariste offrent de cela des exemples remarquables. Les analogies de structure avec l'adversaire, c'est-à-dire la police secrète, sont frappantes : elles permettent le double jeu d'un homme comme Asev, lequel put d'autant mieux garder l'incognito que l'activité révolutionnaire, pour tout ce qui concerne la manière d'être et les méthodes, ressemble à s'y méprendre à celle des contre-révolutionnaires.

13. *Nouveaux tabous de la trahison.* — Après la victoire de la révolution, les conquêtes qu'elle a rem-

portées sur l'*ancien régime*[1] sont consolidées de la même manière que l'était auparavant l'*ancien régime*[1] contre la révolution. Le tabou de la trahison n'est donc pas écarté, mais simplement inversé. Néanmoins, ce faisant, on voit disparaître la figure centrale à laquelle avait trait la trahison jusque-là. La *mana* du souverain s'applique alors à des « valeurs », des « biens » abstraits, à des doctrines et à leur administrateur, l'anonyme appareil de l'Etat. Une énorme extension des délits de trahison en puissance en est la suite. Des aspects jusqu'ici secondaires du tabou passent au premier plan : par exemple, la souveraineté et l'intégrité territoriale des Etats nationaux. Il s'y ajoute des interdictions de « toucher » toutes nouvelles. Passent désormais pour intangibles la propriété privée de moyens de production, la « ligne » du parti d'Etat, les conquêtes socialistes, les intérêts d'une « race » ou d'une classe. En tout état de cause, le tabou de trahison sert le gouvernement présentement au pouvoir.

La démocratie bourgeoise s'est efforcée de rétablir la réciprocité du tabou de trahison, et cela par ses règlements en ce qui concerne la trahison de la Constitution. Ces règlements (§ 89 du Code pénal de la République Fédérale d'Allemagne) tiennent compte de la possibilité que l'appareil de l'Etat puisse lui-même devenir un traître ; ils « tabouisent » explicitement certaines garanties de la Constitution contre les attaques du gouvernement lui-même. Toutefois, c'est à peine s'il est jugé une demi-douzaine des plus de 150 000 instructions pénales introduites depuis son existence par les procureurs de la République Fédérale contre d'éminents politiciens gouvernementaux pour délits de trahison et de mise en péril de l'Etat [8]. S'il suffit, pour obtenir une condamnation de haute trahison, qu'un ouvrier distribue des tracts communistes, il ne suffit pas qu'un ministre de l'Intérieur en exercice déclare devant le Parlement que les agissements du gouvernement s'écartent de la légalité. Quiconque excite des soldats de la Bundeswehr à refuser

1. En français dans le texte.

de se servir des armes atomiques peut être poursuivi pour « manœuvres criminelles de trahison et de dissolution de la Constitution » ; en revanche, quatre ministres du gouvernement d'Adenauer se sont proposés comme membres du conseil d'administration d'une organisation qui se faisait officiellement le champion d'une abolition de la démocratie parlementaire (ladite « Abendlädischen Akademie » — Académie occidentale) ; personne ne leur en a demandé compte. La réciprocité du tabou reste donc fictive ; en fait, l'interdit de trahison, après comme avant, sert exclusivement d'instrument au gouvernement.

14. *Le secret d'Etat.* — L'interdiction de vendre des secrets d'Etat à des puissances étrangères n'appartient pas à l'antique noyau des lois contre la trahison. L'aspect même duquel la propagande officielle tire le plus d'effets est tout à fait périphérique et remonte à une extension tardive de la notion de trahison. Elle ne joue aucun rôle dans les législations anciennes ; dans le droit anglo-saxon, la trahison de secrets d'Etat ne s'appelle même pas trahison (*treason*) ; ce délit ne ressortit pas au *Treason Act,* mais bien à l'*Officiel Secrets Act* de 1889. La distinction que fait aussi le droit allemand entre haute trahison (*Hochverrat*) et trahison envers le pays (*Landesverrat*) est une indication de sa récente origine. Secret d'Etat et espionnage en tant que conceptions juridiques sont des inventions de la fin du XIX siècle. Elles sont nées de l'esprit de l'impérialisme. Leur marche triomphale a commencé en 1894 avec l'affaire Dreyfus.

Depuis, le secret d'Etat est devenu un instrument de gouvernement de première importance. Sa capacité d'action est presque illimitée. Son succès et sa faveur sont fonction du fait qu'en lui se concentrent, pour ne plus former qu'un seul complexe, les représentations magiques qui furent de tout temps liées au tabou de trahison. Dans le secret d'Etat s'objective à nouveau d'une manière à la fois palpable et immatérielle l'antique *mana* du Chef et *Prêtre-Roi* ; c'est en quelque sorte le secret du pouvoir. Sa présence appelle l'épouvante et le respect, son abandon provoque une indignation hystérique. Pour violer un tabou, plus n'est besoin d'une agression ; il suffit de l'échelon au-dessous : la question. C'est là un moyen de se dérober tel qu'aucun souverain ne l'avait encore connu. La *mana* du secret d'Etat est partagée par ceux qui le gardent et les immunise, chacun selon le degré de son initiation, contre la question ; ainsi, ils sont dispensés de répondre et irresponsables au sens littéral du mot. Le nombre de secrets d'Etat connus par l'un ou l'autre varie avec son rang et ses privilèges, selon une hiérarchie subtilement graduée. La masse des « gouvernés » est sans secret ; cela signifie qu'elle n'a pas le droit de prendre sa part du pouvoir, de le critiquer et de le surveiller.

15. *Imprécision et puissance contagieuse du tabou du secret.* — Un des éléments du caractère magique du secret d'Etat, c'est le fait qu'il n'exige pas de définition. Cette imprécision, ou plutôt cette impossibilité à le déterminer qui a toujours été particulière au tabou de trahison, ne lui est pas extérieure ; c'est elle qui lui donne un sens. Il suffit tout bonnement d'un tampon de caoutchouc pour établir qu'une chose soit déclarée secrète. Mais cette déclaration n'est même pas nécessaire et n'engage à rien. La législation allemande admet avec beaucoup de logique que la marque officielle caractérisant le secret n'est pas forcément une garantie ; ce qui lui manque peut être à tout instant et même rétroactivement considéré comme « secret » par une déclaration unilatérale des autorités compétentes. D'ailleurs, le tabou ne se limite pas aux organismes d'Etat comme l'appareil gouvernemental ou militaire ; d'après la législation allemande, le programme de politique étrangère d'un parti, voire même son « état d'esprit », compte pour un secret d'Etat. Si l'on a recours à ce que l'on est convenu d'appeler la théorie de la mosaïque, ce genre de secret peut, par-dessus le marché et d'une certaine manière, prendre forme par génération spontanée, par la simple addition d'informations dont aucune n'est secrète en soi. La force contagieuse du tabou du secret est illimitée. Elle se transmet à chacun et sur tout ce avec

quoi elle entre en contact. Le traître du secret contamine son entourage du soupçon qui pèse sur lui. L'action engagée contre lui est secrète, elle aussi. Deviennent secrètes les organisations qui s'occupent de protéger les secrets. Secret aussi de décider qui est en possession d'un secret et qui ne l'est pas. *Mais ce qui est surtout secret, c'est de savoir ce qui est un secret et ce qui ne l'est pas* ; c'est peut-être cela, le vrai secret d'Etat. Dans la législation allemande, on y veille par des règlements de protection spéciaux, où l'on peut reconnaître le couronnement de tout le système. Ils menacent de châtiment quiconque transmet à toute personne non autorisée, ou fait connaître officiellement comme étant authentiques ou vrais des faits, des objets ou des nouvelles qui seraient faux ou falsifiés, mais qui, en cas d'authenticité ou de véracité, *pourraient être* des secrets d'Etat.

Par conséquent, ici, on menace de punition la trahison de secrets d'Etat qui n'en sont pas ; il suffit qu'ils le puissent être. Le tabou contamine sa négation. Ainsi, le système est sans faille. Un fait est-il vrai (p), non seulement son énonciation est une trahison (q), mais aussi sa négation ($\overline{q}$). Si le fait est inexact ($\overline{p}$), c'est la même chose : tant ($\overline{q}$) que ($\overline{p}$) sont considérés comme une trahison. Ainsi, et avec la minutie logique et calculée reposant sur ce qui se peut dire, toute déclaration à propos de quelque fait que ce soit se trouve visée.

16. *Projection, encore une fois.* — Le système obsessionnel issu du tabou du secret révèle la logique de la paranoïa avec une pureté toute clinique. La « ponction des idées », l'auréole du mystère de laquelle le patient se sent entouré, la sensation d'être épié, écouté, font partie des traits classiques du tableau pathologique. C'est pourquoi le secret d'Etat se prête mieux que tout autre tabou personnel au noyau de cristallisation d'un système obsessionnel. L'énorme succès de ce système est dû à un mécanisme que nous connaissons déjà, la projection.

En tout état de cause, le tabou du secret est motivé et justifié par l'existence de l'ennemi extérieur. Cet ennemi est représenté comme étant d'une ignorance sans bornes et infiniment avide de savoir ; c'est contre lui que se fait l'appel à la solidarité. La situation modèle que l'on évoque alors comme raison, c'est la guerre. Ce n'est que dans le secret militaire que le secret d'Etat prend sa vraie valeur ; comme l'on part de la supposition que la guerre est un état permanent et total, n'importe quel fait peut être classé dans des catégories militaires : vis-à-vis de l'ennemi, tout est secret et chaque citoyen peut être considéré comme un traître en puissance.

Les résultats de ce principe en matière de politique intérieure sont évidents. Il « tabouise » l'armée en en faisant l'instrument du gouvernement et la soustrait à tout contrôle de la part des « gouvernés ». Comme la guerre moderne atteint tous les domaines de l'existence et n'est plus isolable de la vie sociale, tous les secrets imaginables sont du genre militaire, peu importe qu'il s'agisse d'armes ou du ravitaillement en vivres, de l'existence économique et du « moral » de la population civile.

Il ne fait pas de doute que le secret, comme d'ailleurs le tabou de trahison, soit établi par ceux qui s'en servent non pas dans un mauvais esprit, mais avec la meilleure conscience et les meilleures intentions du monde. Il n'y a pas que ceux qui en sont frappés qui souffrent de ce système obsessionnel ; il y a aussi ceux qui en sont les instigateurs ; et c'est précisément parce que la projection ne peut pas être percée à jour par ceux qui s'en servent que les résultats sont obtenus. Il faut aussi peu s'attendre que les administrateurs du tabou se rendent compte de son côté obsessionnel que de voir un paranoïaque être conscient de sa maladie. Toute explication restera pour eux lettre morte, aucune vision, si claire soit-elle, de la réalité lointaine de leurs représentations ne peut les convaincre. Voudrait-on donc faire constater que le tabou du secret n'est pas en premier lieu dirigé contre l'ennemi du dehors, mais toujours contre la population de l'intérieur, que l'on se heurterait aux protestations les plus indignées. On ne manque pas d'indices dans ce sens.

Premièrement, on met généralement sur le même pied les informations données au public et les renseignements fournis à l'ennemi du dehors. Pour ce qui concerne le droit allemand tout au moins, cela ne signifie pas grand-chose que l'ennemi ait ou non déjà été au courant du secret à l'époque de la publication. Bien plus, la Haute Cour de la république de Weimar considérait comme punissable la reproduction de publications étrangères traitant de la situation en Allemagne. Ainsi, elle ne faisait que souligner le sens propre du tabou : garder secret l'état de choses politiques non pas vis-à-vis de l'ennemi extérieur, mais envers l'ennemi intérieur, c'est-à-dire la population. Les procès contre Dreyfus, Ebert et Ossietzky, ainsi que les procès d'espionnage en Russie stalinienne et les poursuites en haute trahison contre la résistance allemande pendant le troisième Reich étaient exclusivement dirigés contre des ennemis politiques de l'intérieur.

17. *La mythologie de l'espionnage.* — Pendant la Seconde Guerre mondiale, Gœbbels mit en train une offensive de propagande placée sous le signe : « Méfiez-vous ! L'ennemi vous écoute ! » On vit apparaître sur tous les murs et les colonnes Morris un homme noir sur fond jaune. Ce personnage est le fantôme de l'espionnage. On le conjure avec d'autant plus d'ardeur (comme d'autres fantômes protégés par des tabous, par exemple celui de la souveraineté) qu'il est moins réel. Dans aucune guerre moderne, l'espionnage ou la trahison de secrets n'ont joué un rôle vraiment prépondérant. La défaite d'Hitler n'est pas due à la fouille des corbeilles à papier ou à des messages tracés à l'encre sympathique. Mata Hari et le courrier secret de l'Orient-Express appartiennent au domaine du roman-feuilleton politique. La légende traditionnelle de l'espionnage reprend avec entrain les représentations obsessionnelles du tabou officiel, les popularise et les rend acceptables.

L'espionnage, dans ce sens, n'a qu'une fonction mythologique : il contribue à la conservation du tabou de politique intérieure se rattachant aux secrets d'Etat. Si tant est qu'il ait jamais eu un atome de réalité, cela fait longtemps qu'il est devenu un anachronisme. Il n'a rien à voir avec le travail exécuté par les services d'information des grandes puissances. Ce travail fait partie de la routine militaire, presque sous forme d'une quatrième arme. Il se déroule assez curieusement dans une atmosphère de grande objectivité. Les adversaires s'en tiennent à certaines règles, en sorte que l'on pourrait presque parler d'un jeu entre des services ennemis qui sont naturellement en contact constant. On fait, par exemple, des prisonniers que l'on échange à la première occasion favorable. Il y manque l'hystérie, encore plus la paranoïa. Il s'agit d'un métier normal, fort bien vu ; les têtes de ces états-majors d'information, de défense et de planification sont habituellement tout à fait convaincues que leurs efforts communs servent exclusivement et uniquement au maintien de la paix.

Les données élémentaires sur lesquelles on se penche proviennent presque uniquement de deux sources : premièrement, du flot d'information intérieures normales d'une société moderne industrialisée qui ne peut pas être ligotée sans danger de mort pour elle-même ; et, deuxièmement, des résultats des observations technologiques de l'adversaire obtenues à la suite de missions de reconnaissance faites par des avions et des satellites. En regard de celles-ci, il n'est pas de secrets balbutiés sur l'oreiller ou de microphones cachés qui tiennent. Cela devient l'affaire des experts qui ont remplacé les espions aux lunettes noires : il s'agit surtout de mathématiciens, de statisticiens, de théoriciens du jeu et autres spécialistes de l'analyse et du traitement de l'information. Dans leur travail méthodique, il n'y a pas place pour la notion du secret : chacun des côtés n'est pas seulement exactement au courant de tout ce qui concerne l'adversaire, il sait aussi que cette connaissance repose sur la réciprocité.

D'ailleurs, la stratégie de la peur qui règne sans rivale

sur le monde entier exige qu'il soit ostensiblement fait parade de la plus récente situation de l'armement (par conséquent, le secret militaire *par excellence*). Jusqu'ici, cette stratégie correspond absolument aux théorèmes du pacifisme le plus extrême ; son efficacité repose sur le fait que le secret est éliminé.

18. *La trahison considérée comme un indice.* — L'on peut donc tirer de la menace d'une guerre totale deux conclusions : que tout est secret d'Etat ou qu'il n'y a plus de secret d'Etat. Ces deux propositions signifient d'une certaine manière la même chose : la première confine à la seconde. Il s'ensuit que la trahison de ces secrets est poursuivie avec d'autant moins de scrupules que les hommes d'Etat les évoquent avec plus d'ardeur. L'absurdité de cette situation est de notoriété publique ; mais c'est le côté hallucinatoire du tabou qui s'oppose à sa disparition. Il est incompatible avec une démocratie réelle. La politique doit être faite publiquement. Si les libertés politiques telles qu'elles sont garanties par les constitutions doivent avoir un sens, on le retrouve ici.

Les projections auxquelles en appelle le grand tabou s'écroulent sous les yeux de tous. La manière dont on traite ceux qui s'y attaquent est la pierre de touche de la situation intérieure d'un pays. Plus il défend de secrets d'Etat, plus un gouvernement se cache de ceux qu'il prétend représenter. Plus il élève de tabous de trahison, plus il est craint des citoyens de son pays et moins il a de valeur.

Références et notes

RÉFLEXIONS DEVANT UNE VITRINE

1. Onzième édition, vol. II, p. 447.
2. *Leviathan,* chap. XXVII.
3. Chap. V de *Totem et tabou,* Vienne, 1913. L'argumentation de Freud ne s'adresse d'ailleurs pas uniquement à la doctrine de la psychanalyse. Elle demeure claire même quand on met en doute la motivation du complexe d'Œdipe et que l'on exclut la question de l'inceste.
4. Pour ce qui concerne la critique scientifique de l'hypothèse freudienne, Bronislaw Malinowski donne, dans son ouvrage de recherches intitulé *Sex and Repression in Savage Society* (Londres, 1927), un bon exemple tout à fait caractéristique. Malinowski s'efforce de mettre sur pied une reconstitution empirique du meurtre du père et de ses suites, entreprise qui doit pousser l'hypothèse *ad absurdum.* Sa critique fait ressortir les limites de la représentation freudienne; mais Freud lui-même était tout à fait conscient de ces limites ; n'avait-il pas qualifié l'hypothèse de « mythe scientifique » ? Sur cette voie, une réfutation est aussi impossible qu'une preuve. La question de la priorité du crime et de l'organisation sociale conduit à d'éternelles discussions philosophiques et sémantiques aboutissant à l'anthropologie, mais qui ne peuvent être résolues.
5. *Masse und Macht,* Hambourg, 1960, consulter surtout les pp. 259 à 282.
6. *Tabou et ambivalence des sentiments,* dans Freud, *Totem et tabou*, Vienne, 1913.
7. Canetti, *op. cit.*, p. 542.

8. *Das Fischer Lexikon*, vol. XII : *Recht*, Francfort-sur-le-Main, 1959, p. 137 sq.

9. *Politik*, Leipzig, 1897.

10. *Zeitgemässes über Krieg und Tod* (1915), dans *Das Unbewusste. Schriften zur Psychoanalyse* (*Considérations actuelles sur la guerre et la mort,* extrait de Sigmund Freud, *L'Inconscient, Essais de psychanalyse*), Francfort-sur-le-Main, 1960, p. 191 sq.

11. Gerhard Schoenberner, *Der gelbe Stern. Die Judenverfolgung in Europa 1933 bis 1945*, Hambourg, 1960, p. 12.

12. *Es gibt keinen jüdischen Wohnbezirk in Warschau mehr !* (édition en fac-similé du rapport Stroop), Neuwied, 1960.

13. Felix Kersten, *Totenkopf und Treue*, p. 144 sqq., cité d'après Joachim C. Fest, *Das Gesicht des Dritten Reiches,* Munich, 1963, p. 169 sq.

14. Tribunal militaire international. *Der Prozess gegen die Hauptkriegverbrecher,* Nuremberg, 1947, vol. XXIX, p. 145.

15. *On Thermonuclear War*, p. 21.

16. *Op. cit.*, p. 133 et *passim.*

17. *Der Spiegel,* n° 47/1963, d'après le *Journal of Abnormal and Social Psychology*, Boston, octobre 1963.

18. Consulter l'ouvrage d'Eric J. Hobsbawm, *Sozialrebellen, Archaïsche Sozialbewegung im 19. und 20. Jahrhundert.*

19. Cité d'après Donald Kaplan et Armand Schwerner, *The Domesday Dictionary*, Londres, 1964, p. 157.

RAFAEL TRUJILLO, PORTRAIT D'UN « PÈRE DU PEUPLE »

Une version de ce chapitre a été diffusée par le Hessischer Rundfunk. Je m'empresse d'exprimer ici ma reconnaissance à L'Ibero-Amerikanischen Institut de Berlin et à son directeur, le Dr Bock, pour avoir mis à ma disposition des documents presque impossibles à obtenir par ailleurs.

Bibliographie :

Jesus de Galindez, *L'Ere de Trujillo, Anatomie d'un dictateur latino-américain*, Paris, 1962.

Juan Jimenez Grullon, *Una Gestapo en America*, La Havane, 1946.

Albert C. Hicks, *Blood in the streets. The Life and rule of Trujillo*, New York, 1946.

Félix Mejia, *Via crucis de un pueblo. Relato sinoptico de la tragedia dominicana*, Veracruz (Mexique), 1951.

Germàn E. Ornes, *Trujillo. Little Caesar of the Carribean*, New York, 1958.

Rafael L. Trujillo, *Discursos, mensajes y proclamas*, Madrid, 1957.

1. A cette difficulté spéciale s'en joint une autre d'origine locale. Je veux parler de la passion malheureuse de la plupart des auteurs latino-américains pour la statistique. Victimes du démon de la précision, ils opèrent de préférence à l'aide de chiffres. Il n'en résulte, hélas ! aucune idée d'ensemble. Levées d'impôts, recensements, estimations, chiffres de propagande sont cités pêle-mêle. L'incertitude commence déjà aux sources, qui sont rarement citées ou le plus souvent douteuses. Je me sens hors d'état de faire cesser cette incertitude. Tous les chiffres donnés ici n'ont qu'une valeur indicative. Je les accepte et les repasse comme les grandes banques européennes le font pour des reconnaissances de dettes de la République dominicaine : sans garantie.
2. Trujillo, *op. cit.*, p. 135. sqq.
3. Cité d'après Ornes, *op. cit.*, p. 36.
4. Cité d'après Hicks, *op. cit.*, p. 29.
5. Cité d'après Galindez, *op. cit.*, p. 40.
6. Cité d'après Galindez, *op. cit.*, p. 46.
7. Cité d'après Ornes, *op. cit.*, p. 55.
8. Cité d'après Ornes, *op. cit.*, p. 59.
9. Hicks, *op. cit.*, p. 29.
10. Trujillo, *op. cit.*, p. 180 sqq.
11. Ornes, *op. cit.*, p. 27.

12. « Trujillo, Dictator tropical y folklorico », dans *Combate, Publicacion des Instituto Internacional de Estudios Politico-Sociales*, San José, Costa Rica, 1962, n° 25, p. 27-31.

13. Trujillo, *op. cit.*, p. 190 sqq.

14. Ces chiffres proviennent de Juan Bosch, qui fut élu président après la mort du Bienfaiteur en 1962 et qui est l'un des rares politiciens dominicains à ne s'être jamais laissé corrompre. Cité d'après Harry Kantor, « Ascenso y caida de Rafael Trujillo », dans *Cuadernos 72*, Paris, 1963, p. 53.

15. Assemblé d'après les donnés de Galindez, Ornes et Kantor.

16. La *Staatsbürgerfibel* est entièrement reproduite dans le livre de Lawrence de Besault, *President Trujillo. His Work and the Dominican Republic,* 3ᵉ éd., Santiago de los Caballeros, 1941, pp. 399-410. Ce livre amusant est une des nombreuses biographies que Trujillo avait fait lui-même écrire par des écrivains à gages du journalisme américain. Ces œuvres furent envoyées gratis aux frais du gouvernement dans les bibliothèques étrangères. D'ailleurs, de Besault propose, dans son ouvrage, Trujillo pour le Prix Nobel de la paix.

17. Ces chiffres se trouvent dans un essai de Ramon Grullon, « Antecedentes y perspectivas del movimiento politico dominicano », publié aux *Cuadernos americanos,* XXI, 1, Mexico, 1962, pp. 221-252.

18. Cité d'après Ornes, *op. cit.*, p. 287.

19. Extrait du discours du 4 juin 1961, imprimé dans le journal *Revolucion,* La Havane, du 5 juin 1961, cité d'après *Cuadernos del Congreso por la Libertad de la Cultura 54*, Paris, 1961 (les remarques entre parenthèses sont des adjonctions de l'auteur).

20. Toute analyse prémarxiste du phénomène Trujillo est sans valeur : mais tout aussi sans valeur serait une réflexion se réclamant de Lénine tout en s'insurgeant désespérément contre l'opinion de ce dernier qui prétendait qu'une révolution mal faite est contre-révolutionnaire.

CHICAGO-BALLADE. MODÈLE D'UNE SOCIÉTÉ TERRORISTE

Une version radiophonique de ce chapitre a été diffusée par le Hessischer Rundfunk. En ce qui concerne le matériel assemblé pour évoquer le thème du gangstérisme de Chicago, cet essai doit beaucoup à :
Kenneth Alsop, *The Bootleggers,* Londres, 1961.

Autre bibliographie :

Herbert Ashbury, *The Underworld of Chicago,* Londres, 1942.
Herbert Ashbury, *An Informal History of Prohibition,* New York, 1950.
W. R. Burnett, *Little Caesar*, Londres, 1929.
Estes Kefauver, *Crime in America,* Garden City, 1951.
John Landesco, *Organized Crime in Chicago. The Illinois Crime Survey, Part III*, Chicago, 1929.
Eliot Ness, *The Untouchable*, New York, 1957.
Fred Pasley, *Al Capone. The Biography of a Self Made Man*, Londres, 1930.
Paul Sann, *The Lawless Decade. A pictorial History of a Great American Transition*, New York, 1957.
Frederick Sondern, *Brotherhood of Evil : The Mafia,* Londres, 1959.
Frederick M. Thrasher, *The Gang : A Study of 1313 Gangs in Chicago,* Chicago, 1931.

1. Günter Anders, « Die Welt als Phantom und Matriz », dans *Die Antiquiertheit des Menschen,* Munich, 1956. *Fantomas* est, soit dit en passant, le titre classique d'un roman-feuilleton *fin de siècle*. La série de *Fantomas* fait encore aujourd'hui les beaux jours d'innombrables bandes dessinées. Son héros réunit les traits du gangster avec ceux du super-homme (*Superman*).
2. Cité d'après Alsop, *op. cit.*, p. 185 sq.
3. Cité d'après Landesco, *op. cit.*

4. *He was the world's greatest racketeer, but I could have wised him up on some things.*

5. Estes Kefauver nous donne une large représentation de leur activité. Son livre se base sur les travaux de la Commission d'Enquête pour la Recherche de la Criminalité, créée par le Sénat en 1950. Kefauver en était le président.

6. Dans *Gasoline*, San Francisco, 1958, p. 32. Traduction allemande de l'auteur.

PUPETTA OU LA FIN DE LA NOUVELLE CAMORRA

Cet exposé a été diffusé par le Süddeutscher et le Hessischer Rundfunk et a été reproduit dans le fascicule 160 du *Merkur* (Stuttgart, 1961). Il a été rédigé d'après des rapports de la presse italienne des années 1955 et 1956. On s'est surtout servi de *Il Tempo, Il Giornale d'Italia, Giustizia, L'espresso* et *Legge e Giustizia*. L'auteur tient à remercier ici Maria Lucarini, de Rome, pour tous les documents qu'elle lui a fournis.

Bibliographie

Alberto Consiglio, *La Camorra*, Milan, 1959.

1. *Eveillez-vous, jeunes hommes de la Malavita / car cette sérénade est très amère : / Je suis amoureux de Margherita / la plus jolie fille de Frascata. — Je viens lui donner une sérénade / parce qu'il me plaît qu'elle m'entende chanter... / J'ai bu un verre de vin / car cette nuit je ne veux pas la tourmenter... / Eveillez-vous, jeunes hommes de la Malavita ! — La lune s'est tout à coup levée, / pour lui laisser le plaisir de me voir malheureux : / à cause de ce que cette fille m'a fait, / je voudrais que la lune prenne le deuil... — Lorsqu'elle est venue chez moi / j'étais le Guappo le plus célèbre de Sanità... / maintenant que j'ai dispersé toute la Guapperia, / renvoyez-moi de l' « honorable société »... / Eveillez-vous, jeunes hommes de la Malavita ! — Jouez, garçons, dépêchez-vous, / ne soyez pas tristes, je suis en voix... / et je puis continuer à chanter*

jusqu'à demain / tourmenter celle qui m'a tourmenté... Pourquoi la mandoline ne joue-t-elle plus en mesure ? / Pourquoi n'entend-on plus la guitare ? / Comment, tout l'orchestre pleure / alors que je devrais être le seul à pleurer... / Ils pleurent, ces jeunes hommes de la Malativa !

2 et 3. Cité d'après Consiglio.

4. Bertolt Brecht, *La résistible ascension d'Arturo Ui.*

5 et 8. Illustration dans *Stücke IX*, Francfort-sur-le-Main, 1957, pp. 229 sq., 267.

WILMA MONTESI. UNE VIE APRÈS LA MORT

Cet essai, d'abord diffusé par les Süddeutscher et Hessischer Rundfunk, et ensuite reproduit dans *Merkur,* fasc. 152-153 (Stuttgart, 1960), se fonde sur d'innombrables journaux et revues italiens des années 1953-1957. L'auteur tient à remercier ici Maria Luisa Lucarini, de Rome, pour l'aimable concours qu'elle lui a apporté en réunissant pour lui tous les documents, revus et complétés grâce à un travail de Wayland Young, sur l'affaire Montesi : *The Montesi Scandal,* Wayland Young, Londres, 1957.

Nous avons renoncé à préciser les différences entre les procédures pénales allemande et italienne. Le *giudice d'istruzione* ne correspond pas tout à fait au juge d'instruction allemand et la fonction de *pubblico ministero* est différente de celle du procureur de la République allemand. Cet essai n'a pas l'intention d'évoquer ces détails juridiques.

LE DÉSERTEUR SANS MALICE. RECONSTITUTION D'UNE EXÉCUTION CAPITALE

Le Süddeutscher Rundfunk a diffusé une version radiophonique de ce chapitre ; une partie de ce récit a été reproduite dans les *Frankfurter Hefte,* 14e année, fasc. 1, Francfort, 1959. La seule source de cet exposé sur l'affaire Slovik :

William Bradford Huie, *The Execution of Private Slovik,*

New York, 1954 (il existe une traduction en allemand sous le titre de *Der Fall des Soldaten Slovik,* publiée à Genève en 1959).

LES RÊVEURS DE L'ABSOLU, 1re PARTIE

Une version radiophonique de ce chapitre et du suivant a été diffusée par le Hessischer Rundfunk.

Bibliographie

Michel Bakounine, *L'Etat et l'anarchie*, Zurich, 1873.

Michel Bakounine et Serge Netchaïev, *Catéchisme du révolutionnaire*, Zurich.

Albert Camus, *L'Homme révolté*, Paris, 1951.

Véra Figner, *Nacht über Russland*, Berlin, 1926.

Hans Kohn, *Die Welt der Slawen II : Russen, Weissrussen, Ukrainer,* Francfort-sur-le-Main, 1962.

Pierre Kropotkine, *Mémoires d'un révolutionnaire*, 2e éd. en deux volumes, Stuttgart, 1901.

Karl Oldenberg, *Der russische Nihilismus von seinen Anfängen bis zur Gegenwart*, Leipzig, 1888.

Boris Savinkov, *Souvenirs d'un terroriste*, Berlin, 1930.

Peter Schebiert, *Von Bakunin zu Lenin. Geschichte der russischen revolutionären Ideologien,* 1840-1895, t. I, Leyde, 1956.

Stepniak (S. M. Krawtschinski), *Das unterirdische Russland,* Berne, 1884.

Alphons Thun, *Geschichte der revolutionären Bewegungen in Russland,* Leipzig, 1883.

Dimitri Tchitchevski, *Russland zwischen Ost und West. Russische Geistesgeschichte,* t. II, Hambourg, 1961.

Franco Venturi, *Roots of Revolution. A History of the Populist and Socialist Movements in 19th Century Russia,* Londres, 1960.

1. Tchitchevsky, *op. cit.*, p. 147 ; Savinkov, p. XIX ; Kohn, p. 91.
2. Oldenberg, *op. cit.*, p. 24.
3. Camus, *op. cit.*, p. 167.

4 et 5. Kohn, p. 92 sq.

6. Sous le pseudonyme de Jules Elysard et le titre de *Die Reaktion in Deutschland. Ein Fragment von einem Franzosen*; cité d'après Scheibert.

7. Camus, *L'homme révolté,* p. 578. (éd. La Pléiade).

8. Oldenberg, p. 66 sq.

9. Oldenberg, p. 77.

10. Thun, p. 67.

11. Thun, p. 95 sq.

12 et 13. Oldenberg, p. 87 sq.

14. Figner, p. 52.

15. Thun, p. 149.

16. Figner, p. 89.

17. Figner, p. 88.

18. Figner, p. 89.

19. Figner, p. 96.

20. Thun, p. 273.

21. Figner, p. 116.

22. Figner, p. 138.

23. Figner, p. 125.

24. Oldenberg, p. 167 sqq.

25. Oldenberg, p. 173.

LES RÊVEURS DE L'ABSOLU, 2e PARTIE

Ce chapitre suit de très près les *Mémoires* de Boris Savinkov déjà cités. Pour ce qui concerne l'Okhrana, voir encore : Maurice Laporte, *Histoire de l'Okhrana,* Paris, 1935.

Au sujet du point de vue des bolcheviks en ce qui concerne le terrorisme, voir, de Vladimir Ilitch Lenine, *Die Kinderkrankheit des Kommunismus,* Berlin, 1957.

Traitent aussi du double jeu de la police secrète et d'autres propos, l'ouvrage d'Hannah Arendt, *Ursprünge und Elemente totaler Herrschaft,* Francfort-sur-le-Main, 1958, et une pièce de théâtre inspirée par les souvenirs de Savinkov : *Les Justes,* d'Albert Camus (traduite en allemand sous le titre « Die Gerechten », dans *Dramen* Hambourg, 1959).

CONTRIBUTION A LA THÉORIE DE LA TRAHISON

1. D'après Günther Weisenborn, *Der Lautlose Aufstand. Bericht über die Widerstandsbewegung des deutschen Volkes 1933 bis 1945*, Reinbeck, 1962, p. 250 sqq.

2. Margret Boveri, *Der Verrat im 20. Jahrhundert, I : Für und gegen die Nation*, Hambourg, 1956, p. 12.

3. Voir *Totem et tabou,* de Sigmund Freud.

4. J. G. Frazer, *The Golden Bough, Part II : Taboo and Perils of the Soul,* 3e éd., Londres, 1911, p. 132.

5. Montesquieu, *Esprit des Lois,* XII, 7.

6. Hannah Arendt analyse avec perspicacité la notion de l' « adversaire objectif » dans son livre *Elemente totaler Herrschaft,* Francfort-sur-le-Main (1961), p. 208 et *passim.*

7. Ibn Batouta, *Die Reise des Arabers Ibn Batuta durch Indien und China.* Adapté par H. v. Mzik, Hambourg, 1911. Cité d'après Elias Canetti, *Masse und Macht,* Hambourg, 1960, p. 497. L'œuvre de Canetti est indispensable à l'étude des rapports entre la domination et la paranoïa.

8. Le nombre de 150 000 est basé sur les indications de l'avocat d'Essen Dieter Posser, qui s'est fait un nom comme défenseur dans des procès politiques devant la Evangelischen Akademie de Mülheim. Voir la *Süddeutsche Zeitung* du 30 avril 1964.

Postface

Vous venez de lire neuf essais cherchant à faire un peu de lumière sur certains rapports en raison desquels nous pouvons tous mourir, mais dont personne n'est responsable : les rapports entre la politique et le crime.

Philosophe de l'Histoire, ethnologue, historien, juriste, sociologue et psychiatre, c'est tout cela qu'il faudrait être pour avoir quelque compétence en la matière — « tout cela » et plus encore, car il faudrait être mieux qu'un « expert ».

Je ne suis rien de « tout cela ». Pourtant, je livre ces essais au public ; car il est des questions que l'on ne peut écarter. Existe-t-il un meurtrier juste ? Sommes-nous tous des traîtres ? A quoi servent les secrets d'Etat ? Y a-t-il des pères du peuple qui sont des gangsters et des gangsters qui sont des entrepreneurs ? Le « crime ordinaire » est-il un souvenir, une relique ? 10 à 60 millions de morts sont-ils un « prix acceptable » ? Quel est l'avenir d'Auschwitz ? Les amis des animaux et les bons pères de famille sont-ils capables de tout ? Existe-t-il encore des innocents ?

Quiconque pose ces questions est bien obligé de raconter encore d'anciennes histoires. Peut-être la rétrospective nous ouvrira-t-elle les yeux sur un avenir que l'on pourrait encore éviter. Ce qui est connu semble étrange et dangereux et, du coup, ce qui paraît éloigné se rapproche : le Palais d'Hiver des tsars, une île sucrière des tropiques, le Chicago des années vingt. Terrain vague entre le roman-feuilleton et la philosophie. Le détail est vérifiable, l'hypothèse est la légitime défense d'une façon de penser — que l'on n'a pas exprimée, mais que l'on cherche à rendre compréhensible sur ce qui nous attend depuis vingt ans : le crime palpable est devenu abstrait et le crime abstrait est devenu palpable.

Ce livre ne veut pas avoir raison. Ses réponses sont provisoires, ce sont des questions déguisées. Il reste à souhaiter que d'autres réussissent mieux dans cette tâche.

Juin 1964.

H. M. E.

DU MÊME AUTEUR

Aux Éditions Gallimard

POLITIQUE ET CRIME

LE BREF ÉTÉ DE L'ANARCHIE

LE NAUFRAGE DU TITANIC

EUROPE, EUROPE !

MÉDIOCRITÉ ET FOLIE

LA GRANDE MIGRATION suivi de VUES SUR LA GUERRE CIVILE

REQUIEM POUR UNE FEMME ROMANTIQUE

FEUILLETAGE

UNE FEMME À BERLIN

LE PERDANT RADICAL

MAUSOLÉE précédé de DÉFENSE DES LOUPS ET AUTRES POÉSIES

JOSÉPHINE ET MOI

HAMMERSTEIN OU L'INTRANSIGEANCE

Chez d'autres éditeurs

ESTERHAZY, *Éditions Solin*

L'EUROPE EN RUINE, *Éditions Actes Sud*

LE DÉMON DES MATHS, *Éditions Le Seuil Jeunesse*

CHICAGO BALLADE, *Éditions l'Esprit frappeur*

LES RÊVEURS DE L'ABSOLU, *Éditions Allia*

LES SEPT VOYAGES DE PIERRE, *Éditions Le Seuil Jeunesse*

tel

Volumes parus

13. Marthe Robert : *Roman des origines et origines du roman.*
14. Erich Auerbach : *Mimésis.*
15. Georges Friedmann : *La puissance et la sagesse.*
16. Bruno Bettelheim : *Les blessures symboliques.*
17. Robert van Gulik : *La vie sexuelle dans la Chine ancienne.*
18. E.M. Cioran : *Précis de décomposition.*
19. Emmanuel Le Roy Ladurie : *Le territoire de l'historien.*
20. Alfred Métraux : *Le vaudou haïtien.*
21. Bernard Groethuysen : *Origines de l'esprit bourgeois en France.*
22. Marc Soriano : *Les contes de Perrault.*
23. Georges Bataille : *L'expérience intérieure.*
24. Georges Duby : *Guerriers et paysans.*
25. Melanie Klein : *Envie et gratitude.*
26. Robert Antelme : *L'espèce humaine.*
27. Thorstein Veblen : *Théorie de la classe de loisir.*
28. Yvon Belaval : *Leibniz, critique de Descartes.*
29. Karl Jaspers : *Nietzsche.*
30. Géza Róheim : *Psychanalyse et anthropologie.*
31. Oscar Lewis : *Les enfants de Sanchez.*
32. Ronald Syme : *La révolution romaine.*
33. Jean Baudrillard : *Le système des objets.*
34. Gilberto Freyre : *Maîtres et esclaves.*
35. Verrier Elwin : *Maisons des jeunes chez les Muria.*
36. Maurice Merleau-Ponty : *Le visible et l'invisible.*
37. Guy Rosolato : *Essais sur le symbolique.*
38. Jürgen Habermas : *Connaissance et intérêt.*
39. Louis Dumont : *Homo hierarchicus.*
40. D.W. Winnicott : *La consultation thérapeutique et l'enfant.*
41. Soeren Kierkegaard : *Étapes sur le chemin de la vie.*
42. Theodor W. Adorno : *Philosophie de la nouvelle musique.*
43. Claude Lefort : *Éléments d'une critique de la bureaucratie.*
44. Mircea Eliade : *Images et symboles.*
45. Alexandre Kojève : *Introduction à la lecture de Hegel.*
46. Alfred Métraux : *L'île de Pâques.*

47. Émile Benveniste : *Problèmes de linguistique générale, II.*
48. Bernard Groethuysen : *Anthropologie philosophique.*
49. Martin Heidegger : *Introduction à la métaphysique.*
50. Ernest Jones : *Hamlet et Œdipe.*
51. R.D. Laing : *Soi et les autres.*
52. Martin Heidegger : *Essais et conférences.*
53. Paul Schilder : *L'image du corps.*
54. Leo Spitzer : *Études de style.*
55. Martin Heidegger : *Acheminement vers la parole.*
56. Ludwig Binswanger : *Analyse existentielle et psychanalyse freudienne (Discours, parcours et Freud).*
57. Alexandre Koyré : *Études d'histoire de la pensée philosophique.*
58. Raymond Aron : *Introduction à la philosophie de l'histoire.*
59. Alexander Mitscherlich : *Vers la société sans pères.*
60. Karl Löwith : *De Hegel à Nietzsche.*
61. Martin Heidegger : *Kant et le problème de la métaphysique.*
62. Anton Ehrenzweig : *L'ordre caché de l'art.*
63. Sami-Ali : *L'espace imaginaire.*
64. Serge Doubrovsky : *Corneille et la dialectique du héros.*
65. Max Schur : *La mort dans la vie de Freud.*
66. Émile Dermenghem : *Le culte des saints dans l'Islam maghrébin.*
67. Bernard Groethuysen : *Philosophie de la Révolution française*, précédé de *Montesquieu.*
68. Georges Poulet : *L'espace proustien.*
69. Serge Viderman : *La construction de l'espace analytique.*
70. Mikhaïl Bakhtine : *L'œuvre de François Rabelais et la culture populaire au Moyen Âge et sous la Renaissance.*
71. Maurice Merleau-Ponty : *Résumés de cours (Collège de France, 1952-1960).*
72. Albert Thibaudet : *Gustave Flaubert.*
73. Leo Strauss : *De la tyrannie.*
74. Alain : *Système des beaux-arts.*
75. Jean-Paul Sartre : *L'Idiot de la famille, I.*
76. Jean-Paul Sartre : *L'Idiot de la famille, II.*
77. Jean-Paul Sartre : *L'Idiot de la famille, III.*
78. Kurt Goldstein : *La structure de l'organisme.*
79. Martin Heidegger : *Le principe de raison.*
80. Georges Devereux : *Essais d'ethnopsychiatrie générale.*
81. J.-B. Pontalis · *Entre le rêve et la douleur.*

82. Max Horkheimer / Theodor W. Adorno : *La dialectique de la Raison.*
83. Robert Klein : *La forme et l'intelligible.*
84. Michel de M'Uzan : *De l'art à la mort.*
85. Sören Kierkegaard : *Ou bien... Ou bien...*
86. Alfred Einstein : *La musique romantique.*
87. Hugo Friedrich : *Montaigne.*
88. Albert Soboul : *La Révolution française.*
89. Ludwig Wittgenstein : *Remarques philosophiques.*
90. Alain : *Les Dieux* suivi de *Mythes et Fables* et de *Préliminaires à la Mythologie.*
91. Hermann Broch : *Création littéraire et connaissance.*
92. Alexandre Koyré : *Études d'histoire de la pensée scientifique.*
93. Hannah Arendt : *Essai sur la Révolution.*
94. Edmund Husserl : *Idées directrices pour une phénoménologie.*
95. Maurice Leenhardt : *Do Kamo.*
96. Elias Canetti : *Masse et puissance.*
97. René Leibowitz : *Le compositeur et son double (Essais sur l'interprétation musicale).*
98. Jean-Yves Tadié : *Proust et le roman.*
99. E.M. Cioran : *La tentation d'exister.*
100. Martin Heidegger : *Chemins qui ne mènent nulle part.*
101. Lucien Goldmann : *Pour une sociologie du roman.*
102. Georges Bataille : *Théorie de la religion.*
103. Claude Lefort : *Le travail de l'œuvre Machiavel.*
104. Denise Paulme : *La mère dévorante.*
105. Martin Buber : *Judaïsme.*
106. Alain : *Spinoza.*
107. Françoise Collin : *Maurice Blanchot et la question de l'écriture.*
108. Félicien Marceau : *Balzac et son monde.*
109. Ludwig Wittgenstein : *Tractatus logico-philosophicus*, suivi de *Investigations philosophiques.*
110. Michel Deguy : *La machine matrimoniale ou Marivaux.*
111. Jean-Paul Sartre : *Questions de méthode.*
112. Hannah Arendt : *Vies politiques.*
113. Régis Debray : *Critique de la Raison politique ou L'inconscient religieux.*
114. Jürgen Habermas : *Profils philosophiques et politiques.*
115. Michel de Certeau : *La Fable mystique.*

116. Léonard de Vinci : *Les Carnets, 1.*
117. Léonard de Vinci : *Les Carnets, 2.*
118. Richard Ellmann : *James Joyce, 1.*
119. Richard Ellmann : *James Joyce, 2.*
120. Mikhaïl Bakhtine : *Esthétique et théorie du roman.*
121. Ludwig Wittgenstein : *De la certitude.*
122. Henri Fluchère : *Shakespeare, dramaturge élisabéthain.*
123. Rémy Stricker : *Mozart et ses opéras.*
124. Pierre Boulez : *Penser la musique aujourd'hui.*
125. Michel Leiris : *L'Afrique fantôme.*
126. Maître Eckhart : *Œuvres (Sermons-Traités).*
127. Werner Jaeger : *Paideia (La formation de l'homme grec).*
128. Maud Mannoni : *Le premier rendez-vous avec le psychanalyste.*
129. Alexandre Koyré : *Du monde clos à l'univers infini.*
130. Johan Huizinga : *Homo ludens (Essai sur la fonction sociale du jeu).*
131. Descartes : *Les Passions de l'âme* (précédé de *La Pathétique cartésienne* par Jean-Maurice Monnoyer).
132. Pierre Francastel : *Art et technique au* XIXe *et* XXe *siècles.*
133. Michel Leiris : *Cinq études d'ethnologie.*
134. André Scobeltzine : *L'art féodal et son enjeu social.*
135. Ludwig Wittgenstein : *Le Cahier bleu et le Cahier brun* (suivi de *Ludwig Wittgenstein* par Norman Malcolm).
136. Yves Battistini : *Trois présocratiques (Héraclite, Parménide, Empédocle)* (précédé de *Héraclite d'Éphèse* par René Char).
137. Étienne Balazs : *La bureaucratie céleste (Recherches sur l'économie et la société de la Chine traditionnelle).*
138. Gaëtan Picon : *Panorama de la nouvelle littérature française.*
139. Martin Heidegger : *Qu'est-ce qu'une chose ?*
140. Claude Nicolet : *Le métier de citoyen dans la Rome républicaine.*
141. Bertrand Russell : *Histoire de mes idées philosopniques.*
142. Jamel Eddine Bencheikh : *Poétique arabe (Essai sur les voies d'une création).*
143. John Kenneth Galbraith : *Le nouvel État industriel (Essai sur le système économique américain).*
144. Georg Lukács : *La théorie du roman.*
145. Bronislaw Malinowki : *Les Argonautes du Pacifique occidental.*
146. Erwin Panofsky · *Idea (Contribution à l'histoire du concept de l'ancienne théorie de l'art).*

147. Jean Fourastié : *Le grand espoir du XXe siècle.*
148. Hegel : *Principes de la philosophie du droit.*
149. Sören Kierkegaard : *Post-scriptum aux Miettes philosophiques.*
150. Roger de Piles : *Cours de peinture par principes.*
151. Edmund Husserl : *La crise des sciences européennes et la phénoménologie transcendantale.*
152. Pierre Francastel : *Études de sociologie de l'art.*
153. Gustav E. von Grunebaum : *L'identité culturelle de l'Islam.*
154. Eugenio Garin : *Moyen Âge et Renaissance.*
155. Meyer Schapiro : *Style, artiste et société.*
156. Martin Heidegger : *Questions I et II.*
157. G.W.F. Hegel : *Correspondance I, 1785-1812.*
158. G.W.F. Hegel : *Correspondance II, 1813-1822.*
159. Ernst Jünger : *L'État universel* suivi de *La mobilisation totale.*
160. G.W.F. Hegel : *Correspondance III, 1823-1831.*
161. Jürgen Habermas : *La technique et la science comme « idéologie ».*
162. Pierre-André Taguieff : *La force du préjugé.*
163. Yvon Belaval : *Les philosophes et leur langage.*
164. Sören Kierkegaard : *Miettes philosophiques — Le concept de l'angoisse — Traité du désespoir.*
165. Raymond Lœwy : *La laideur se vend mal.*
166. Michel Foucault : *Les mots et les choses.*
167. Lucrèce : *De la nature.*
168. Élie Halévy : *L'ère des tyrannies.*
169. Hans Robert Jauss : *Pour une esthétique de la réception.*
170. Gilbert Rouget : *La musique et la transe.*
171. Jean-Paul Sartre : *Situations philosophiques.*
172. Martin Heidegger : *Questions III et IV.*
173. Bernard Lewis : *Comment l'Islam a découvert l'Europe.*
174. Émile Zola : *Écrits sur l'art.*
175. Alfred Einstein : *Mozart (L'homme et l'œuvre).*
176. Yosef Hayim Yerushalmi : *Zakhor (Histoire juive et mémoire juive).*
177. Jacques Drillon : *Traité de la ponctuation française.*
178. Francis Bacon : *Du progrès et de la promotion des savoirs.*
179. Michel Henry : *Marx I (Une philosophie de la réalité).*
180. Michel Henry : *Marx II (Une philosophie de l'économie).*
181. Jacques Le Goff : *Pour un autre Moyen Âge (Temps, travail et culture en Occident : 18 essais).*

182. Karl Reinhardt : *Eschyle, Euripide.*
183. Sigmund Freud : *Correspondance avec le pasteur Pfister (1909-1939).*
184. Benedetto Croce : *Essais d'esthétique.*
185. Maurice Pinguet : *La mort volontaire au Japon.*
186. Octave Nadal : *Le sentiment de l'amour dans l'œuvre de Pierre Corneille.*
187. Platon : *Hippias mineur, Alcibiade, Apologie de Socrate, Euthyphron, Criton, Hippias majeur, Charmide, Lachès, Lysis.*
188. Platon : *Protagoras, Gorgias, Ménon.*
189. Henry Corbin : *En Islam iranien,* I.
190. Henry Corbin : *En Islam iranien,* II.
191. Henry Corbin : *En Islam iranien*, III.
192. Henry Corbin : *En Islam iranien,* IV.
193. Herbert Marcuse : *L'Ontologie de Hegel et la théorie de l'historicité.*
194. Peter Szondi : *Poésie et poétique de l'idéalisme allemand.*
195. Platon : *Phédon, Le Banquet, Phèdre.*
196. Jean Maitron : *Le mouvement anarchiste en France*, I.
197. Jean Maitron : *Le mouvement anarchiste en France*, II.
198. Eugène Fleischmann : *La philosophie politique de Hegel.*
199. Otto Jespersen : *La philosophie de la grammaire.*
200. Georges Mounin : *Sept poètes et le langage.*
201. Jean Bollack : *Empédocle*, I *(Introduction à l'ancienne physique).*
202. Jean Bollack : *Empédocle*, II *(Les origines).*
203. Jean Bollack : *Empédocle*, III *(Les origines).*
204. Platon : *Ion, Ménexène, Euthydème, Cratyle.*
205. Ernest Renan : *Études d'histoire religieuse* (suivi de *Nouvelles études d'histoire religieuse*).
206. Michel Butor : *Essais sur le roman.*
207. Michel Butor : *Essais sur les modernes.*
208. Collectif : *La revue du cinéma (Anthologie).*
209. Walter F. Otto : *Dionysos (Le mythe et le culte).*
210. Charles Touati : *La pensée philosophique et théologique de Gersonide.*
211. Antoine Arnauld, Pierre Nicole : *La logique ou l'art de penser.*
212. Marcel Detienne : *L'invention de la mythologie.*
213. Platon : *Le politique, Philèbe, Timée, Critias.*
214. Platon : *Parménide, Théétète, Le Sophiste.*

215. Platon : *La Republique (livres I à X).*
216. Ludwig Feuerbach : *L'essence du christianisme.*
217. Serge Tchakhotine : *Le viol des foules par la propagande politique.*
218. Maurice Merleau-Ponty : *La prose du monde.*
219. Collectif : *Le western.*
220. Michel Haar : *Nietzsche et la métaphysique.*
221. Aristote : *Politique (livres I à VIII).*
222. Géralde Nakam : *Montaigne et son temps. Les événements et les* Essais *(L'histoire, la vie, le livre).*
223. J.-B. Pontalis : *Après Freud.*
224. Jean Pouillon : *Temps et roman.*
225. Michel Foucault : *Surveiller et punir.*
226. Étienne de La Boétie : *De la servitude volontaire ou Contr'un* suivi de sa réfutation par Henri de Mesmes suivi de *Mémoire touchant l'édit de janvier 1562.*
227. Giambattista Vico : *La science nouvelle (1725).*
228. Jean Kepler : *Le secret du monde.*
229. Yvon Belaval : *Études leibniziennes (De Leibniz à Hegel).*
230. André Pichot : *Histoire de la notion de vie.*
231. Moïse Maïmonide : *Épîtres (Épître sur la persécution — Épître au Yémen — Épître sur la résurrection des morts — Introduction au chapitre Helèq).*
232. Épictète : *Entretiens (Livres I à IV).*
233. Paul Bourget : *Essais de psychologie contemporaine (Études littéraires).*
234. Henri Heine : *De la France.*
235. Galien : *Œuvres médicales choisies*, tome 1 *(De l'utilité des parties du corps humain).*
236. Galien : *Œuvres médicales choisies*, tome 2 *(Des facultés naturelles — Des lieux affectés — De la méthode thérapeutique, à Glaucon).*
237. Aristote : *De l'âme.*
238. Jacques Colette : *Kierkegaard et la non-philosophie.*
239. Shmuel Trigano : *La demeure oubliée (Genèse religieuse du politique).*
240. Jean-Yves Tadié : *Le récit poétique.*
241. Michel Heller : *La machine et les rouages.*
242. Xénophon : *Banquet* suivi d'*Apologie de Socrate.*
243. Walter Laqueur : *Histoire du sionisme*, I.
244. Walter Laqueur : *Histoire du sionisme*, II.

245. Robert Abirached : *La crise du personnage dans le théâtre moderne.*
246. Jean-René Ladmiral : *Traduire, théorèmes pour la traduction.*
247. E.E. Evans-Pritchard : *Les Nuer (Description des modes de vie et des institutions politiques d'un peuple nilote).*
248. Michel Foucault : *Histoire de la sexualité, tome I (La volonté de savoir).*
249. Cicéron : *La République* suivi de *Le Destin.*
250. Gilbert Gadoffre : *Du Bellay et le sacré.*
251. Claude Nicolet : *L'idée républicaine en France (1789-1924). Essai d'histoire critique.*
252. Antoine Berman : *L'épreuve de l'étranger.*
253. Jean Bollack : *La naissance d'Œdipe.*
254. Donald Kenrick et Grattan Puxon : *Destins gitans.*
255. Isaac Newton : *De la gravitation* suivi de *Du mouvement des corps.*
256. Eberhard Jäckel : *Hitler idéologue.*
257. Pierre Birnbaum : *Un mythe politique : la « République juive ».*
258. Peter Gay : *Le suicide d'une République (Weimar 1918-1933).*
259. Friedrich Nietzsche : *La volonté de puissance, I.*
260. Friedrich Nietzsche : *La volonté de puissance, II.*
261. Françoise van Rossum-Guyon : *Critique du roman (Essai sur « La Modification » de Michel Butor).*
262. Leibniz : *Discours de métaphysique* suivi de *Monadologie.*
263. Paul Veyne : *René Char en ses poèmes.*
264. Angus Wilson : *Le monde de Charles Dickens.*
265. Sénèque : *La vie heureuse* suivi de *Les bienfaits.*
266. Rémy Stricker : *Robert Schumann.*
267. Collectif : *De Vienne à Cambridge.*
268. Raymond Aron : *Les désillusions du progrès.*
269. Martin Heidegger : *Approche de Hölderlin.*
270. Alain Besançon : *Les origines intellectuelles du léninisme.*
271. Auguste Comte : *Philosophie des sciences.*
272. Aristote : *Poétique.*
273. Michel Butor : *Répertoire littéraire.*
275. Xénophon-Aristote : *Constitution de Sparte - Constitution d'Athènes.*
276. Isaac Newton : *Écrits sur la religion.*
277. Max Horkheimer : *Théorie traditionnelle et théorie critique.*

310. Kostas Papaioannou : *Marx et les marxistes.*
311. Ludwig Wittgenstein : *Tractatus logico-philosophicus.*
312. Philippe Muray : *Céline.*
313. Wladimir Granoff : *Filiations (L'avenir du complexe d'Œdipe).*
314. Jean Starobinski : *La relation critique.*
315. Pierre Manent : *Les libéraux.*
316. Marc Fumaroli : *La diplomatie de l'esprit.*
317. Marcel Gauchet : *La démocratie contre elle-même.*
318. Bertrand de Jouvenel : *Arcadie. Essai sur le mieux-vivre.*
319. John Maynard Keynes & Jacques Bainville : *Les conséquences économiques de la paix. Les conséquences politiques de la paix.*
320. John Maynard Keynes : *La pauvreté dans l'abondance.*
321. Bernard de Fallois : *Simenon.*
322. Léon Bloy : *L'Âme de Napoléon.*
323. Patrice Gueniffey : *La politique de la Terreur.*
324. Denis Lacorne : *La crise de l'identité américaine.*
325. Angelo Tasca : *Naissance du fascisme. L'Italie de l'armistice à la marche sur Rome.*
326. Joseph A. Schumpeter : *Histoire de l'analyse économique*, I.
327. Joseph A. Schumpeter : *Histoire de l'analyse économique*, II.
328. Joseph A. Schumpeter : *Histoire de l'analyse économique*, III.
329. Mona Ozouf : *Les aveux du roman.*
330. Max Weber : *L'Ethique protestante et l'esprit du capitalisme.*
331. Ludwig Wittgenstein : *Le Cahier bleu et le Cahier brun.*
332. Pierre Manent : *Cours familier de philosophie politique.*
333. Jacques Bainville : *Napoléon.*
334. Benedetta Craveri : *L'âge de la conversation.*
335. Bernard Lewis : *Comment l'Islam a découvert l'Europe.*
336. Jean Fourastié : *Productivité et richesse des nations.*
337. Marcel Gauchet : *La condition politique.*
338. Marc Fumaroli : *Chateaubriand. Poésie et Terreur.*
339. Albert Thibaudet : *La poésie de Stéphane Mallarmé.*
340. Max Weber : *Sociologie des religions.*
341. Pierre Manent : *Tocqueville et la nature de la démocratie.*
342. Collectif : *Histoire des droites en France, I* (Politique).
343. Collectif : *Histoire des droites en France, II* (Cultures).
344. Collectif : *Histoire des droites en France, III* (Sensibilités).

345. Élie Halévy : *Histoire du socialisme européen.*
346. Bertrand Saint-Sernin : *Le rationalisme qui vient.*
347. Moses Mendelssohn : *Jérusalem ou Pouvoir religieux et judaïsme.*
348. Philippe Muray : *Après l'Histoire.*
349. Marcel Gauchet et Gladys Swain : *La pratique de l'esprit humain.*
350. Alexandre Kojève : *Esquisse d'une phénoménologie du droit.*
351. Pierre Manent : *Enquête sur la démocratie - Études de philosophie politique.*
352. Pierre Manent : *Naissances de la politique moderne Machiavel-Hobbes-Rousseau.*
353. Louis Dumont : *Homo æqualis*, I.
354. Michel Foucault : *L'archéologie du savoir.*
355. Collectif : *Présence du bouddhisme.*
356. Aristote : *Météorologiques.*
357. Michael Screech : *Rabelais.*
358. Marcel Jousse : *L'Anthropologie du Geste.*
359. Collectif : *Midrash Rabba sur Ruth. Midrash Rabba sur Esther.*
360. Leo Strauss : *La Persécution et l'Art d'écrire.*
361. Leo Strauss : *La renaissance du rationalisme politique classique.*
362. Karl Polanyi : *La Grande Transformation.*
363. Georges Roque : *Art et science de la couleur.*
364. René Descartes : *Œuvres complètes*, III.
365. Marcel Detienne : *Apollon le couteau à la main.*
366. Michel Henry : *Marx.*
367. Raymond Aron : *Penser la guerre, Clausewitz*, I.
368. Raymond Aron : *Penser la guerre, Clausewitz*, II.
369. Paul Mattick : *Marx et Keynes.*
370. Robert Darnton : *Bohème littéraire et Révolution.*
371. Louis Massignon : *La Passion de Husayn ibn Mansûr Hallâj*, I.
372. Louis Massignon : *La Passion de Husayn ibn Mansûr Hallâj*, II.
373. Louis Massignon : *La Passion de Husayn ibn Mansûr Hallâj*, III.
374. Louis Massignon : *La Passion de Husayn ibn Mansûr Hallâj*, IV.

Ouvrage reproduit
par procédé photomécanique.
Impression CPI Firmin Didot
à Mesnil-sur-l'Estrée, le 4 janvier 2011.
Dépôt légal : janvier 2011.
Numéro d'imprimeur : 102066.

ISBN 978-2-07-013151-8/Imprimé en France.

178975